Gerhard Berger / Gabriele Gerngroß
Die neu gewonnene Freiheit

Gerhard Berger / Gabriele Gerngroß

Die neu gewonnene Freiheit

Vier Modelle für erfolgreiches Altern

Kreuz

Alle in diesem Buch enthaltenen Angaben, Daten, Ergebnisse etc. wurden von den Autoren nach bestem Wissen erstellt und von ihnen mit größtmöglicher Sorgfalt überprüft. Gleichwohl sind inhaltliche Fehler nicht vollständig auszuschließen. Daher erfolgen die Angaben etc. ohne jegliche Verpflichtung oder Garantie des Verlags oder der Autoren. Beide, Autoren und Verlag, schließen deshalb jegliche Verantwortung und Haftung für etwaige inhaltliche Unrichtigkeiten aus, es sei denn im Falle grober Fahrlässigkeit.

Das Ministerium für Arbeit, Gesundheit und Sozialordnung Baden-Württemberg gewährte für das Vorhaben einen Sachkostenzuschuß.

Die Deutsche Bibliothek – CIP-Einheitsaufnahme

Berger, Gerhard:
Die neu gewonnene Freiheit: vier Modelle für erfolgreiches Altern / Gerhard Berger; Gabriele Gerngroß. – Zürich: Kreuz-Verl., 1994
ISBN 3-268-00159-9
NE: Gerngroß, Gabriele:

1 2 3 4 5   98 97 96 95 94

© Kreuz Verlag AG Zürich 1994
P.O.B. 245, CH-8034 Zürich
Umschlaggestaltung: Jürgen Reichert, Stuttgart
Umschlagbild: Picasso, La Colombe du Festival de la Jeunesse
VG Bild-Kunst, Bonn 1994
Gesamtherstellung: Clausen & Bosse, Leck
ISBN 3 268 00159 9

Inhalt

Vorwort 7

1. **Einleitung:
   Wie Sie dieses Buch nutzbringend
   lesen können** 9

1.1 Was Sie erwartet:
    Zum Sinn und Zweck dieses Buches 11

1.2 Erfolgreich altern –
    ein Thema mit Variationen 13

2. **Warum wird »erfolgreich altern«
   ein zunehmend wichtiges Thema?** 19

2.1 Wandlungen zu einer »ergrauenden
    Gesellschaft« in ihrer Bedeutung für den
    einzelnen älteren Menschen oder:
    Die gesellschaftliche Strukturierung des Alterns   20

2.2 Resümee:
    Das »dritte Lebensalter« wandelt sich vom
    gesellschaftlich verordneten »Ruhe-Stand«
    zur Herausforderung für den einzelnen
    oder: Die Notwendigkeit der individuellen
    Selbst-Verpflichtung auf ein »erfolgreiches«
    Altern nach der gesellschaftlichen
    Entpflichtung von Familien- und Erwerbsarbeit   42

2.3 Pfade »erfolgreichen« Alterns 47

3. **Die »Weitermacher«:
   »…ich mache es, bis mir der Taktstock aus
   den Händen fällt…«** 55

4. Die »Anknüpfer«:
   »…ja, ich wußte wohl nicht, aber ich ahnte, daß für mich nach der Pensionierung doch ein recht arbeitsamer oder intensiver oder für mich interessanter Lebensabschnitt noch käme.« 85

5. Die »Befreiten«:
   »…es ist für mich ein völlig neues Leben, und ich bin so glücklich jetzt…« 115

6. Die »Nachholer«:
   »…jetzt wirst du mal das machen, wofür du dich vorher schon interessiert hast, aber nie die Zeit gehabt hast, dich intensiv damit zu beschäftigen.« 145

7. Pfade erfolgreichen Alterns – allgemein gesehen und (ein wenig) theoretisch beleuchtet 183

7.1 »Erfolgreiches« Leben:
    Über die »Produktion« von Sinn und (damit auch) Glück 188

7.2 »Erfolgreiches« Altern:
    Die Fortsetzung »erfolgreichen« Lebens unter etwas veränderten Bedingungen 203

8. Was uns die Pioniere mit auf den Weg geben 227

Quellennachweis 233

Vorwort

Wie will ich die Phase gestalten, die in zehn bis 15 Jahren vor mir liegt? Wie werde ich damit fertig werden, wenn ich das aufgeben muß, was jetzt einen großen Teil meines Lebensinhaltes ausmacht: nämlich die Arbeit, die Berufstätigkeit. Muß ich das überhaupt aufgeben? Was kann ich mitnehmen? Was kann ich eventuell jetzt schon für diesen Lebensabschnitt im Hinblick darauf, was ich später gerne tun möchte, vorbereiten? So lauten die Fragen, die wir uns vor etwa zwei Jahren selber stellten und die für uns am Anfang dieses Buches standen.

Wir waren gespannt darauf, wie andere Menschen für sich diese Fragen »erfolgreich« beantworten, und gespannt darauf, ob sich daraus für andere Interessierte (und auch für uns) »publizierbare Lehren« würden ziehen lassen. Wir wollten dieses Thema ganz bewußt nicht ausschließlich theoretisch anpacken, wir wollten nicht über die Älteren, sondern mit älteren Menschen reden, sie selber zu Wort kommen lassen. Und wir wollten diese Gespräche quasi stellvertretend für andere Interessierte führen.

Wir möchten uns an dieser Stelle ganz herzlich bei all unseren Interviewpartnerinnen und Interviewpartnern bedanken, die die Zeit, die Bereitschaft und die Offenheit aufbrachten, mit uns ihr Leben in entscheidenden Punkten zu reflektieren, uns von befriedigenden und auch von kritischen Situationen zu erzählen, uns und nun auch die Leserinnen und Leser daran teilhaben zu lassen, wie sie für sich diesen Prozeß des Älterwerdens gestalten. Ganz besonders möchten wir uns auch bedanken, daß sie sich beim späteren Lesen überwinden konnten – denn so war es für einige von ihnen –, die gesprochene Rede (mit einigen Glättungen) im Text zu belassen.

Nahezu alle von uns Angefragten waren zu einem Gespräch und der anschließenden – anonymisierten – Veröffentlichung bereit, weil auch ihnen das Thema am Herzen lag. Mit ihnen gemeinsam hoffen wir nun – gerade weil wir wissen, daß viele Menschen sich nicht gerne und schon gar nicht im voraus mit dem eigenen Älterwerden befassen wollen –, daß das Thema stärker und konstruktiver in die Diskussion kommt.

Gabriele Gerngroß und Gerhard Berger
Stuttgart, im Sommer 1994

1. Einleitung:
Wie Sie dieses Buch nutzbringend lesen können

Dies ist keines jener »Rezeptbücher«, die mit vielen Worten schließlich (zumeist) fünf oder sieben goldene Regeln aufstellen, in deren Befolgung die geschätzte Leserin und der werte Leser mit Sicherheit und in schnellen Schritten schöner, begehrenswerter, entspannter oder gar glücklicher werden. Von Glück und Lebenssinn wird hier zwar auch die Rede sein. Doch wir gehen davon aus, daß die sinn-volle und glück-hafte Gestaltung des dritten Lebensabschnitts so vielgestaltige und zahlreiche Formen annehmen kann und muß, wie es Menschen gibt, die dies versuchen oder versuchen wollen. Eine erfolgreiche Reise in und durch diesen dritten Lebensabschnitt ist eine individuelle und in ihrer konkreten Ausgestaltung ziemlich einzigartige Angelegenheit. Reisetips nach dem Motto »Das müssen Sie gesehen haben« sind ab-wegig und kaum hilfreich.

Wir wollen statt dessen in diesem Buch zunächst einige Menschen davon erzählen lassen und dabei »beobachten«, wie sie es schaffen, diese Reise von einer bedrohlichen oder bestenfalls langweiligen Pauschalreise (mit fremder Reiseleitung) ins Abseits des »Alters« zu einer möglichst selbst ausgearbeiteten, sinnvollen und (trotz aller Belastungen und Unwägbarkeiten) Lebensglück spendenden Individualreise durch das eigene Altern zu machen. Auf der Grundlage dieser erzählten Lebensgeschichten kommen wir dann zu einigen allgemeinen Überlegungen oder »Prinzipien«, die jenseits des Einzelfalls beachtenswert sind, wenn es darum geht, »erfolgreich« den dritten Lebensabschnitt anzugehen.

Wir versprechen also keine ausgearbeiteten Routen und keine konkreten Reisetips. Dieses Buch kann und will kein Reiseführer in diesem Sinne sein. Nur Ihr eigenes Nachdenken und Nachsinnen über das, was dieses Buch vor Ihnen ausbreitet, kann schließlich zu dem beitragen, was wohl das Wichtigste ist: daß Sie sich immer mehr und immer besser ihrer eigenen Reiseleitung anvertrauen können.

1.1 Was Sie erwartet:
Zum Sinn und Zweck dieses Buches

Immer mehr Menschen erreichen ein immer höheres Alter. Immer jünger und rüstiger, immer wohlhabender und besser ausgebildet verlassen sie den »mittleren Lebensabschnitt«, der in der Regel durch Arbeit im Beruf und/oder in der Familie geprägt ist. Vor allem durch diese beiden Entwicklungen hat der »dritte Lebensabschnitt«, das sogenannte »Alter«, an Dauer und an Vielfalt der möglichen Lebensweisen zugenommen. Für immer mehr Menschen ist diese Lebensphase mit 20 bis 30 Jahren inzwischen länger geworden als die ihrer Kindheit und Jugend.

Die Entwicklung einer Konsum- und Freizeitindustrie für Senioren oder der Ausbau der wohlfahrtsstaatlichen »Altenbetreuung« können wohl kaum die einzigen Antworten hierauf bleiben. Der dritte Lebensabschnitt bedarf darüber hinaus auch und zunehmend der individuellen und sinn-vollen Gestaltung durch Menschen, die nicht nur konsumieren, ihre »Frei«-Zeit verwaltet vorfinden und »betreut« sein wollen. Die Zahl der Menschen, die im dritten Lebensalter eigene und selbstbestimmte Wege gehen und sich den Herausforderungen eines sehr viel längeren und gesellschaftlich immer weniger normierten Lebensabschnittes ganz bewußt stellen müssen und wollen, wächst ständig. Zugleich aber besteht ein Mangel an »Leitbildern« oder »Modellen« dafür, wie Menschen in der dritten Lebensphase diesen Herausforderungen begegnen können: Die Kultur des Alterns steckt noch in den Kinderschuhen.

Wir suchten daher nach Menschen, die für sich selbst einen anderen, konstruktiveren und sinnvolleren Alternspfad gefunden haben, als ihn die Gesellschaft bisher der Mehrheit ihrer »Alten« vorgezeichnet hat: Menschen, die in ihrem dritten Lebensabschnitt etwas Neues begonnen, die ihre Kenntnisse und Fähigkeiten weiter entwickelt oder für sie ein neues Anwendungsfeld gefunden, die ihrem Leben eher »zufällig« oder ganz bewußt und geplant eine andere Wendung oder gar einen neuen Sinn gegeben haben.

Die hier zu Wort kommenden »Pionierinnen« und »Pioniere« einer konstruktiveren und sinnvolleren Gestaltung des dritten Lebensabschnitts sollen keineswegs glorifiziert oder gar als einzigartig dargestellt werden. Vorgestellt werden keine Parade-Pensionäre mit allgemeingültigen Patentrezepten für ein ewig glückliches, von allen Belastungen freies Altern. Wir alle können uns im Grunde auf den Weg machen, unser Altern erfolgreich zu bewältigen – im uns jeweils eigenen Stil und Entwurf. Aber wir alle benötigen hierzu auch anregende Leitbilder und neue Ideen. Und daher versucht dieses Buch, den wichtigsten »Lehren« auf die Spur zu kommen, die aus den Gesprächen mit Pionieren eines erfolgreichen Alterns zu ziehen sind. Wir alle (das Autorenpaar eingeschlossen), denen die Herausforderungen, die Möglichkeiten und Chancen des dritten Lebensabschnittes noch nicht so deutlich vor Augen stehen, können wahrscheinlich einiges Neue und Überraschende für uns selbst, für das eigene Älterwerden hieraus erfahren.

Insofern haben wir mit diesen Pionieren stellvertretend für alle diejenigen gesprochen und wollen in diesem Buch die Quintessenz aus den Gesprächen für alle diejenigen skizzieren, die in ihren dritten Lebensabschnitt nicht einfach so »hineinstolpern« oder seine Herausforderungen verdrängen wollen – gleichgültig, ob man sich dies nun mit 45 oder mit 65 vorgenommen hat.

1.2 Erfolgreich altern – ein Thema mit Variationen

Wir werden in diesem Buch auf der einen Seite argumentieren: »Erfolgreich altern« heißt, einem bestimmten Grundprinzip der Lebensführung zu folgen. Auf der anderen Seite gibt es dabei jedoch eine Fülle unterschiedlichster Wege, die der einzelne in Verfolgung dieses Grundprinzips für sich ganz persönlich wählen und gehen kann. Lassen Sie uns hierzu einige Beispiele skizzieren:

- Da ist etwa **Frau J.** (69 Jahre, geschieden und alleine lebend, 7 Kinder), die nach Beendigung ihrer Berufstätigkeit neue Tätigkeitsfelder für sich gefunden hat. Sie beteiligt sich intensiv an verschiedenen Selbsthilfegruppen, von der Zeitung für Ältere über das Seniorenkabarett bis zur Organisation des Gedächtnistrainings. Ihr zentrales Thema dabei: die Älteren müssen weg vom passiven Konsumieren irgendwelcher »Angebote« und müssen hin zu einer Selbstgestaltung und Selbstbestimmung ihrer Aktivitäten. Sie selbst ist inzwischen über das »Loch« hinweg, in das sie mit dem Ende der Berufstätigkeit gefallen war, und hat durch ihr Engagement in den Selbsthilfegruppen wieder viel mit Menschen zu tun. Das alles gibt ihrem Leben einen neuen Sinn, vor allem auch deshalb, weil es sich um selbstgewählte und selbstbestimmte Verpflichtungen handelt. Um diese Verpflichtungen zu organisieren, hat sie zwar inzwischen schon wieder einen Terminkalender. Aber, sagt sie, da ist ein Unterschied: sie nennt ihn nun ihren »Lustkalender«.

- Ein ganz anderes Beispiel:
»Also ich glaube, wenn ich mir das so überlege, das Alter wird eigentlich erst für mich bemerkenswert, weil die andern immer fra-

gen, ja arbeiten Sie denn noch? Ich habe mir darüber – also ohne Koketterie – keine Gedanken gemacht. ...ich werde versuchen, so lang wie möglich zu arbeiten, weil ich mich höchstwahrscheinlich langweilen würde, wenn ich nicht zu arbeiten hätte. Das heißt nicht, daß ich nicht eine Reihe von Passionen hab' und Vergnügungen. Aber die sind ja immer am schönsten, wenn man die sozusagen gegen etwas setzen kann, wenn man also nicht nur auf sie angewiesen ist. Wenn ich mir vorstelle, daß ich jetzt bei diesem schönen Wetter jeden Tag Tennis spielen könnte oder zum Fischen gehen könnte oder sagen wir mal drei Monate Ski laufen könnte, dann würde mich das Grausen packen.«

So beschreibt **Herr E.** (77 Jahre, geschieden und alleine lebend, 2 Kinder), ein erfolgreicher Verleger, sein gegenwärtiges Lebensgefühl. Es ist vor allem dadurch charakterisiert, daß er ganz selbstverständlich über die »normale« Pensionierungsgrenze hinaus weiterarbeitet, da für ihn auch im Alter die Spannung aus Arbeit und Vergnügen ein glückliches und erfülltes Leben ausmacht. Und weiter:

»...das Schöne ist die Spannung. Daß man sagen kann, ich arbeite und ich vergnüge mich. Wobei ich beides für gleichwertige Dinge halte. Das Vergnügen ist nicht die Schlagsahne, die auf dem Kaffee schwimmt, sondern das sind wirklich diese zwei Pole. Und der eine Pol wäre weg, das Spannungsverhältnis wäre weg. ...Ich glaube, ich würde mich, also ich will's nicht übertreiben, aber ich glaube doch, ich würde mich unglücklich fühlen, wenn ich nicht mehr arbeiten könnte. ...Vielleicht ein ganz gutes Beispiel: Das haben Sie ja sicher auch schon erlebt, Sie sind in einem Konzert, und die Musik geht wirklich in Sie ein. Sie sind unerhört glücklich. Wenn ich an irgend etwas arbeite, dann habe ich das gleiche Glücksgefühl. Das ist wirklich das Entscheidende. Sicher, ich geh' seltener ins Konzert als ich arbeite. Ich frag' mich manchmal, was wird denn jetzt auf deinem Schreibtisch liegen? Und daß man eigentlich mit seiner gestalterischen Fähigkeit etwas zu lösen hat, halte ich für genauso schön, wie über ein Buch nachzu-

denken oder Musik zu empfinden. Das ist doch eigentlich eine ziemlich verbreitete Lehre, daß Arbeit erst den Menschen zum Menschen macht. Marx war ja auch der Ansicht, daß erst durch die Arbeit der Mensch sich zum humanen Wesen konstituiert. Soweit will ich gar nicht gehen. Vielleicht auch noch ein praktischer Grund: Soviel kann man sich gar nicht vergnügen, um damit sein Leben auszufüllen.«

- **Ehepaar L.** kümmert sich intensiv mit einer Gruppe Gleichgesinnter um die Vorbereitung und Realisierung einer gemeinschaftlichen Lebens- und Wohnform für jung und alt. Die beiden sind mit über 50 aus der Stadt weit hinaus aufs Land gezogen, in ein Haus, das nur über 80 Stufen an einem steilen Hang zu erreichen ist. Sie sind jetzt 63 und 66 Jahre alt, pensioniert, und wissen, daß sie mit zunehmendem Alter und eventuell auftretenden Gehbehinderungen hier nicht wohnen bleiben können. In dieser Situation wollen sie ein Experiment wagen:

»Wenn man mit Bekannten über dieses Thema spricht, ist die Skepsis groß. Die finden das zwar alle interessant, aber das klappt ja nie und nimmer, da kriegt ihr Händel. Ich hab' mir überlegt: Es ist doch eigentlich ein Wahnsinn, auf allen Gebieten gibt's eine ständige Weiterentwicklung, eine Verbesserung. In der Technik – wenn ich bloß an meinen Beruf denk', was sich da alles in den letzten 30 Jahren bewegt hat. Auf allen Sektoren wird was verändert und werden Änderungen auch akzeptiert und angenommen. Und auf diesem Sektor, da macht man weiter wie vor 100 Jahren, und keiner ist in Gedanken bereit zu sagen, hier kann man doch was verändern. Die sagen, das klappt ja doch nicht. Ich geb' natürlich zu, daß es einfacher ist, 'ne neue Maschine zu erfinden, als so was durchzuziehen. Aber das heißt doch nicht, daß so was nicht geht. ...Vielleicht ist das die Pionierarbeit, wenn wir wenigstens einen Grundstein legen können. Vielleicht kommen wir nimmer in den Genuß davon, aber vielleicht wird da dran weitergearbeitet.«

- **Frau F.** (66 Jahre, verheiratet, 6 Kinder) zog vor kurzem aus ihrem großen Haus zusammen mit ihrem Mann, einem noch tätigen Architekten, in ein 2-Zimmer-Appartement einer Altenwohnanlage. Hier kümmert sie sich als renommierte Expertin für Orchideen um die Pflanzengestaltung und -pflege der Eingangshalle, wirkt aktiv im Heimbeirat, veranstaltet sozialtherapeutisch orientierte Nähkurse für Mitbewohnerinnen, initiierte einen Blockflötenchor und anderes mehr:

»...und da hat sich dann gleichzeitig gegeben, daß mein Mann dieses Haus hier gebaut hat. Ich hab' auch wiederum als Gastgeberin immer dabeigesessen, wenn der Kreis, der das geplant hat, beisammen war, so daß ich es mit wachsen sah. Bis ich dann eines Tages gesagt hab', wär doch 'ne Aufgabe, die wir eigentlich wahrnehmen könnten. Wir hatten gar keinen äußeren Anlaß, hierher zu gehen. Wir sind gesund, wir beide, mein Mann und ich. Wir haben drüben in K. gewohnt und haben da unser Haus gehabt. Es gab von außen her eigentlich nichts, wo wir hätten sagen können, jetzt wird's nötig, in ein Altersheim zu gehen. Aber das wachsen zu sehen und das Bedürfnis zu haben, da möchte ich mich integrieren, da was entstehen lassen, nicht nur rein baulich, sondern nachher auch im Zusammenleben der Menschen. Ja, also einfach eine Lebensgemeinschaft im Alter – das ist ja der Untername unseres Hauses – die wird nicht von alleine, die kann nur werden, wenn viele Menschen etwas einbringen. Und ich glaubte etwas zu haben, was ich einbringen könnte. Es ist mehr geworden, als ich ursprünglich vorhatte.«

- Aus sehr viel zwingenderen Gründen ging dagegen **Frau S.** (87 Jahre alt, alleinstehend) ins Altenheim. Mit schwerer Gehbehinderung und ohne familiäre Unterstützung war es für sie klar, daß sie auf eine derartige Wohnform angewiesen war. Inzwischen wohnt sie schon acht Jahre dort und versucht, trotz ihres hohen Alters und ihres eher eingeschränkten Aktionsradius, in diesem Rahmen ihre Talente und Fähigkeiten einzusetzen. Sie engagiert sich im Heimbeirat, spielt Klavier im Gottesdienst und anderes mehr.

»Ja, und wie gesagt, das gibt mir einen inneren Frieden, und ich find' eben, das ist richtig so: Wenn man irgendwie eine Gabe bekommen hat, wenn man die auch für die anderen verwenden kann, nicht bloß für sich alleine. Man ist ja auch nicht bloß für sich alleine auf der Welt.«

- **Herr B.** (81 Jahre, verheiratet, 1 Sohn), einer der großen zeitgenössischen Maler, ist bei einem diszipliniert-geregelten Tagesablauf sehr produktiv und sieht das ihn Um- und Antreibende in der Herausforderung, im Provozierenden der selbstgesetzten Aufgabe, die auch mißlingen kann. Finanziell wohlhabend, ist er auf Aufträge nicht angewiesen, sondern kann sich seine Herausforderung selbst stellen:

»Ja, zum Beispiel hab' ich da jetzt vor mir einen großen Auftrag, ein Wandbild von neun Meter mal sieben Meter. Diese Perspektive, das nun in diesem Jahr noch zu machen, beschäftigt mich. Das verlangt natürlich auch von mir, daß ich erstmal den Entschluß habe, das zu machen. Ich hab' den Auftrag angenommen, und der wird dann, wahrscheinlich Ende des Jahres wird der dann fertig werden. Und... allein das Tun schon, und daß etwas gelingt oder daß es noch nicht gelungen ist, die Erwartung, ja, morgen wird's dann oder übermorgen. Es ist immer dabei, es ist immer etwas, was man erwartet,...

Ja, das Mißlingen provoziert mich, das Mißlingen im Atelier, wenn ich etwas begonnen habe. Das ist immer so. Das Bild hat für mich immer drei Zustände – ich geh' ja darauf ein jetzt als Maler, nicht als älterer Mann –, ich beginne das Bild und habe im Moment damit Erfolg, das prima Hingesetzte nimmt mich ein, das spontan Hingesetzte, das bejah' ich. Und dann stell' ich auf einmal fest bei näherer Betrachtung, bei Auseinandersetzung, daß das ein Irrtum ist. Und dieser Irrtum fordert mich heraus, etwas Neues da zu machen, dagegenzusetzen, irgendwelche Änderungen an dem Bild vorzunehmen. Und ich stelle fest, die Änderungen, das sind

Verschönerungen, das sind irgendwelche Dinge, die oberflächlicher Natur sind, die aber gar nicht mit dem Wesentlichen zu tun haben, mit dem Bild, was ich will. Ich will ein bestimmtes Bild, aber ich weiß nicht, welches Bild. Ich hab' das Bild in mir, und ich möchte das herausbringen, und bei dem zweiten Anlauf bin ich dann bis zu so einem Punkt, in dem ich verzweifelt bin und das Bild womöglich zerstöre, weil ich weiß, mit dem kann ich nichts anfangen. Das ist sowieso nichts und schöne Stellen im Bild, das zusammen addieren, das gibt noch lange kein Bild, es ist keine Aussage. Und dann zerstöre ich das Bild, und aus dieser Zerstörung und aus dieser Verzweiflung raus, die damit verbunden ist, kommt dann das neue Bild. Dann fühle ich mich wie neugeboren, wenn das Bild dann fertig ist, und es kommt auch aus einem echten Grund heraus, ein echter Beweggrund, der dann auch sichtbar wird in dem Bild. Das ist etwas Erlittenes, etwas Erfahrenes, etwas Neues, aus der Zerstörung heraus wieder entstanden. Dieser Prozeß ist eigentlich ein ganz glücklicher Prozeß, der hält dann zwar nicht lange Tage an. Der Erfolg, der muß dann wieder, weil es einfach in meiner Natur liegt zu malen, immer wieder ein neues Bild zu malen, immer wieder mich neu zu stellen. Auch dieser Reiz, der auch ein Reiz des Lebens ist...«

In unserem Verständnis sind alle diese hier nur äußerst knapp skizzierten Lebensperspektiven und Sichtweisen vielfältige Variationen des Themas »Wege eines erfolgreichen Alterns«. Warum dieses Thema zunehmend wichtiger wird, was erfolgreiches Altern über alle persönlichen Variationen hinweg bedeutet und wie verschieden im einzelnen dennoch die Pfade sind, auf denen diesem Ziel zugestrebt werden kann, alles dies ist Gegenstand dieses Buches.

2. Warum wird »erfolgreich altern« ein zunehmend wichtiges Thema?

Erfolgreich zu altern ist zwar zum einen eine Aufgabe des Individuums. Zugleich aber sind bestimmte Entwicklungen in der Gesellschaft insgesamt nicht ganz »unschuldig« daran, daß dies für den einzelnen überhaupt und heute zunehmend zum Problem wird. Sie bilden die Grenzen und eröffnen die Möglichkeiten, die der einzelne bei seinem Herangehen an dieses Problem immer schon vorfindet.

Das folgende Kapitel 2.1 skizziert diese Entwicklungen im gesellschaftlichen Hintergrund der individuellen Herausforderung, »erfolgreich« zu altern. Im Kapitel 2.2 ziehen wir dann das Resümee aus diesen Betrachtungen und schildern schließlich im Kapitel 2.3 jene vier Lebensweisen im Überblick, die wir im Verlauf unserer Gespräche als besonders erfolgversprechende Alternspfade identifizieren konnten.

2.1 Wandlungen zu einer »ergrauenden Gesellschaft« in ihrer Bedeutung für den einzelnen älteren Menschen
oder:
Die gesellschaftliche Strukturierung des Alterns

Angenommen und bewältigt werden kann das Altern als ganz persönliche Herausforderung immer nur innerhalb eines Rahmens vielfältiger Einflüsse der Lebenssituation und der Gesellschaft: Auf diese »Strukturierung des Alterns« durch gesellschaftlich gesetzte Rahmenbedingungen wollen wir hier zunächst unser Augenmerk lenken.

Immer dringlicher stellt sich derzeit die Frage nach den Voraussetzungen, den Chancen, aber auch den Grenzen eines »erfolgreichen« Alterns. Sie stellt sich für diejenigen Frauen und Männer, die über ihr eigenes zukünftiges Altern nachdenken wollen. Und sie stellt sich für alle in der Gesellschaft, die daran mitwirken wollen, die Rahmenbedingungen für individuell »erfolgreiche« Alternsprozesse herzustellen bzw. zu verbessern. Warum ist dies eine zunehmend wichtige Fragestellung?

In allen westlichen Industriegesellschaften haben sich in den letzten Jahrzehnten nahezu gleichförmig die gesellschaftlichen Rahmenbedingungen des »dritten Lebensalters« deutlich verändert. Sie werden sich aller Voraussicht nach auch weiter in eine Richtung entwickeln, die der individuellen Ausformung und Gestaltung der Alternsphase ein immer größeres Gewicht verleiht. Worum es dabei im einzelnen geht und warum diese individuelle Ausgestaltung des dritten Lebensabschnitts immer wichtiger wird, wollen wir in sieben Punkten näher charakterisieren[1]:

1. Die Anzahl und der Anteil älterer Menschen wird größer, damit tendenziell auch ihre Gruppenmacht in Politik, Wirtschaft und Kultur – und damit könnten auch die Spannungen und Verteilungskämpfe zwischen den Generationen schärfer werden.

2. Immer mehr Ältere verfügen über ein größeres ökonomisches, soziales und kulturelles Kapital und damit auch über bessere individuelle Möglichkeiten (»Ressourcen«) der Lebensgestaltung.

3. Der dritte Lebensabschnitt erstreckt sich über einen immer längeren Zeitraum – objektiv wie auch im subjektiven Erleben der Älteren.

4. Auch die biographische Strecke der sogenannten »nachelterlichen Gefährtenschaft« kann länger dauern als je zuvor und eine neue Lebensorientierung für gemeinsam älterwerdende Paare erforderlich machen.

5. Die Lebens- und Haushaltsformen auch der Älteren – und hier insbesondere die der älteren Frauen – sind zunehmend durch Vereinzelung (»Singularisierung«) gekennzeichnet.

6. Es ist zu einfach, von »dem« älteren Menschen zu reden: Gerade im dritten Lebensabschnitt stellen sich typische Herausforderungen für Männer und typische Herausforderungen für Frauen.

7. Auch bei den Älteren kommt es zu einer wachsenden Verzweigung der Lebenslagen, zu einer zunehmenden Vielgestaltigkeit der Lebensstile und Lebenswelten, zu der (im Soziologen-»Deutsch« sogenannten) »Pluralisierung« und »Polarisierung« der Alternsstile.

Soweit die Kurzfassung dieser sieben Entwicklungslinien. Was heißt das nun im einzelnen? Wir führen die sieben Thesen im folgenden etwas weiter aus.

1. *Die Anzahl und der Anteil älterer Menschen wird größer, damit tendenziell auch ihre Gruppenmacht in Politik, Wirtschaft und Kultur – und damit könnten auch die Spannungen und Verteilungskämpfe zwischen den Generationen schärfer werden.*

Immer mehr Menschen erreichen ein immer höheres Alter. Die Statistiken hierzu sind hinlänglich bekannt[2]: Die Gruppe der älteren Menschen wächst nicht nur in absoluten Zahlen, sie wächst – und das ist in diesem Zusammenhang besonders wichtig – auch in ihrem Anteil an der Gesamtbevölkerung. So hat sich in Deutschland der Anteil der über 60jährigen von etwa 8 % zu Beginn des Jahrhunderts auf heute 21 % erhöht (1989, früheres Bundesgebiet) und wird im Jahre 2010 bei wahrscheinlich 25 % liegen. Für das Jahr 2025 ist zu erwarten, daß ein Drittel der Bevölkerung älter als 60 Jahre sein wird. Dies führt dazu, daß die älteren Menschen auf wirtschaftlichem, politischem und kulturellem Gebiet einen Zuwachs an Macht und »Sichtbarkeit« verzeichnen können. Nachdem die Nachkriegszeit nahezu ausschließlich der Jugend gehörte, nehmen nun die politischen Parteien, die Medien, die Wissenschaften, die Freizeit- und Konsumgüterindustrie sowie Bildungs- und Weiterbildungsinstitutionen aller Art erstmals in nennenswertem Umfang Notiz auch von den Älteren.

Gleichzeitig geraten die Älteren aber auch unter der Perspektive der »Alterslast« stärker ins Blickfeld: Schlagworte wie »Alterslastquotient«, »Rentnerberg« und »Vergreisung« tauchen auf, man spricht von der »Last der teuren Alten« und vom »unproduktiven Sektor« der Gesellschaft. Die zunehmende Macht und Bedeutung der Älteren in der Bevölkerung und die entsprechende Verlagerung öffentlicher Aufmerksamkeit und Ressourcen könnte (wie in den USA bereits sichtbar) eine wachsende Altersfeindlichkeit der Jüngeren provozieren. Die zunehmende Wahrnehmung von »Ungerechtigkeiten« in der Verteilung knapper Ressourcen (Wohnraum, medizinische Versorgung etc.) oder auch die sichtbarer werdenden Probleme der Hochaltrigkeit (Pflegebedürftigkeit, psychische Erkrankungen) könnten das ohnehin vorhandene negative Bild vom Altern weiter verstärken und eine Zunahme der Konflikte zwischen den Generationen bewirken. Eine der Möglichkeiten, dem entgegenzusteuern, ist das wachsende und sichtbarere Engagement der Älteren für gesellschaftlich notwendige Aufgaben.

2. Immer mehr Ältere verfügen über ein größeres ökonomisches, soziales und kulturelles Kapital und damit auch über bessere individuelle Möglichkeiten der Lebensgestaltung.

Wir treffen bei der älteren Bevölkerung zweifellos sehr unterschiedliche Lebenslagen an, wenn wir die »Ausstattung« der einzelnen Personen und Haushalte mit »ökonomischem Kapital« (Einkommen, Vermögen), mit »sozialem Kapital« (Netzwerk von Verwandten und Freunden) sowie mit »kulturellem Kapital« (Bildung, Ausbildung) untersuchen.

Einerseits gibt es eine große Anzahl alleinstehender älterer Frauen, die nicht selten in allen drei Aspekten sehr deutlich unterprivilegiert sind. Es ist den bestehenden Alterssicherungssystemen nicht gelungen, Altersarmut ganz besonders bei ledigen und geschiedenen Frauen oder bei Arbeiterehepaaren und -witwen zu verhindern. Andererseits konnte das Problem der Altersarmut insbesondere bei den Frauen, die in den 60er und 70er Jahren noch zu den Gruppen mit einem hohen Armuts-Risiko gehörten, etwas eingedämmt werden. Es wird durch neuere Daten zumindest relativiert: So scheinen Einpersonen-, aber auch Partner-Haushalte mit einem Haushaltsvorstand über 65 Jahren inzwischen »lediglich« zu etwa 8–9% unterhalb der Armutsschwelle zu liegen und damit (im Vergleich zu anderen Haushaltstypen) kein überdurchnittlich hohes Armutsrisiko aufzuweisen[3].

Zugleich haben wir nach der vergleichsweise langen Periode einer sehr dynamischen Wohlstandsentwicklung in der Nachkriegszeit (»Wirtschaftswunder«) eine nie zuvor erreichte Zahl älterer Menschen, denen sich im Vergleich zu früheren Generationen weitergehende Ausbildungs- und Bildungschancen geboten haben und die ihren dritten Lebensabschnitt auch auf einem gesicherten finanziellen Fundament angehen können[4]. Diese Entwicklung könnte sich fortsetzen, wenn erst die Erben dieser »Wirtschaftswunder-Generationen«, die zugleich ja auch die Nutznießer der Bildungsexpansion der 70er Jahre sind, vor der Herausforderung des dritten Lebensabschnitts stehen.

3. Der dritte Lebensabschnitt bzw. die nachberufliche Phase erstreckt sich über einen immer längeren Zeitraum – objektiv wie auch im subjektiven Erleben der Älteren.

»Ich hab' mir überlegt, wenn ich recht alt werde, hab' ich gute Chancen, so lange ohne Arbeit zu sein, wie ich vorher mit Arbeit war« – diese Rechnung eines Mannes, der an einem Seminar zur Vorbereitung auf den Ruhestand teilnimmt[5], wird von immer mehr »jungen Alten« aufgemacht. Zum einen kommt es über eine steigende Inanspruchnahme der verschiedenen Modelle einer Frühverrentung zu einer stetigen Verkürzung der Lebensarbeitszeit. Wir hatten diesen Trend bereits in der alten Bundesrepublik, die erzwungenen Vorruhestandsregelungen und Frühverrentungsprogramme in den neuen Ländern haben ihn erweitert und verschärft[6]. Die Arbeitsmarkt- und Sozialpolitik hat derartige Regelungen ermöglicht, und viele Betriebe sehen derzeit hierin eine bevorzugte Strategie der Personalanpassung an Nachfrageschwankungen und an die Möglichkeiten neuer Technologien, die menschliche Arbeit einsparen und die Produktivität erhöhen. Und sieht man einmal von einer eher kleinen Gruppe von Wissenschaftlern, Managern, Künstlern oder Freiberuflern ab, deren Arbeitsbedingungen so attraktiv sind, daß sie eher zu einer Verlängerung der Lebensarbeitszeit motivieren, wollen viele Arbeitnehmer auf diesem Wege physisch und psychisch belastende Arbeitsverhältnisse hinter sich lassen, die ihnen oft auch keine persönlichen oder beruflichen Entwicklungsmöglichkeiten bieten.

Arbeit in der traditionellen Form von Berufs- bzw. Erwerbsarbeit wird knapper. Mit Recht spricht man von Gesellschaften, in denen es immer weniger beruflich zu arbeiten, aber immer mehr zu tun gibt. Die »jüngeren« Alten zwischen 50 und 65 sind eine der Gruppen, die dies vorrangig zu spüren bekommen. Sie bilden eine der Pionier-Gruppen des zu leistenden Übergangs von der »Arbeits-« zur »Tätigkeits-Gesellschaft«.

Ob und wie schnell dieser Übergang auch immer gelingt: Im Ergebnis haben wir derzeit jedenfalls eine zunehmende »Entberuflichung des Alters« zur Kenntnis zu nehmen. Die Schwelle des Ausscheidens aus der Erwerbsphase, das Berufsaustrittsalter, ist im Durchschnitt bereits auf etwa 58 Jahre abgesunken. Spätestens im Altersbereich zwischen 55 und 60 müssen sich daher Erwerbstätige mit den Fragen und Herausforderungen der Berufsaufgabe auseinandersetzen. Familien-Frauen (und Männer) stehen oft noch früher vor der Situation, daß sich die Kinder eine eigene Wohnung und ein eigenes Leben suchen, daß die biographische Phase der Kindererziehung zu Ende zu bringen und eine entsprechende Umorientierung zu bewältigen ist.

Gleichzeitig steigt die durchschnittliche Lebenserwartung weiter an, wir haben eine deutliche Steigerung der Hochaltrigkeit zu verzeichnen: über 80 Jahre alt waren 1970 etwa 2.4%, 1987 bereits 4.8% der Gesamtbevölkerung. Folgt man dem Statistischen Bundesamt, so lebten 1910 im Deutschen Reich nur etwa 14.000 Menschen, die 90 Jahre und älter waren. 1989 hatten dagegen im früheren Bundesgebiet 220.000 Menschen dieses Lebensalter erreicht, wobei die überwiegende Mehrheit (79%) weiblichen Geschlechts war.[7]

Das Ergebnis ist eine nicht unwesentliche Verlängerung des dritten Lebensabschnitts, man kann auch von einer Zunahme »gewonnener Jahre« sprechen. So haben die Rentenversicherungsträger herausgefunden, daß sich beispielsweise eine Angestellte im Durchschnitt heute auf 16.4 arbeitsfreie Jahre als Rentnerin freuen kann – vor 30 Jahren waren es lediglich neun Jahre.[8] Bei einer Berufsaufgabe etwa im Alter von 60 Jahren liegt derzeit im Durchschnitt noch eine weitere Lebenserwartung von 16–19 Jahren vor einem Mann und von 22–23 Jahren vor einer Frau. Und dies sind nur die statistischen Mittelwerte: im Einzelfall umfaßt dieser dritte Lebensabschnitt heute nicht selten bereits 30 Jahre und mehr.

Diese objektive Verlängerung des dritten Lebensabschnitts wird dadurch noch betont, daß sich die subjektive Selbsteinschätzung der Älteren offensichtlich »verjüngt«:

»Was auch im einzelnen die Selbsteinschätzung als alt... beeinflußt: die Mehrheit nicht einmal der über 70jährigen schätzt sich als »alt« ein. Hat sich das Alter in der Selbsteinschätzung verjüngt, vielleicht sogar um 10 Jahre nach oben verschoben? Wahrscheinlich bezeichnet sich heute erst die Mehrheit der über 80jährigen als »alt«. Wenn nach wie vor stimmt, woran nicht zu zweifeln ist, daß man so jung bzw. alt ist, wie man sich fühlt, dann fühlen sich die Älteren heute jünger als früher.[9]

Dies alles bedeutet: der einzelne ist sehr viel mehr als bisher gezwungen, über seine persönliche Form der Bewältigung dieser deutlich längeren »Alters-«(nun besser: Lebens-)Phase nachzudenken. Diese nachberufliche Lebensphase wird immer mehr von einer Art »Rest-Leben«, für das die Erwerbs-Gesellschaft bislang vor allem Etikettierungen wie »unproduktive Phase« oder »Nutzlosigkeitspotential« bereitgehalten hat, zu einem eigenständigen, in und für sich bedeutungsvollen Lebensabschnitt mit bisher nicht erfahrenen Möglichkeiten und Chancen. Für diesen Lebensabschnitt haben mit hohem gesellschaftlichen Nutzen und Prestige ausgestattete, damit auch individuell befriedigende »neue« Leitbilder und »Modelle« noch kaum Gestalt gewonnen. Entsprechend sinnstiftende Ziele und Lebensinhalte müssen erst noch gefunden werden.

4. Auch die biographische Strecke der sogenannten »nachelterlichen Gefährtenschaft« kann länger dauern als je zuvor und eine neue Lebensorientierung für gemeinsam älterwerdende Paare erforderlich machen.

Umbruchsituationen zu Beginn des dritten Lebensabschnitts entstehen heute verstärkt nicht nur für die Erwerbstätigen, die die »nachberufliche Phase« zu bewältigen haben. Historisch vergleichsweise »neuartige« Herausforderungen stellen sich auch Ehepaaren, die bis an die Schwelle zum dritten Lebensabschnitt heran zusammengeblieben sind, insbesondere Ehepaaren mit nun erwachsenen Kindern. Vor allem zwei Aspekte scheinen uns hier wichtig zu sein.

Zum einen: Der Anstieg der Lebenserwartung bedeutet auch, daß Ehepartner länger zusammen leben können, mit höherer Wahrscheinlichkeit *gemeinsam* älter werden können – sofern die Ehe nicht durch Scheidung aufgelöst wird. Die durchschnittliche »Lebens«-Dauer der Ehen, die nicht geschieden werden, hat sich im Verlauf des Jahrhunderts 1870–1970 von circa 23 Jahren auf etwa 43 Jahre nahezu verdoppelt.

Zum anderen: Elternpaare, die sich nicht trennen, leben auch biographisch früher und länger wieder ohne ihre Kinder zusammen. Nicht nur die nach-berufliche Lebensphase wird länger und nimmt einen größeren Abschnitt in der Biographie ein, sondern dies kann nun auch verstärkt auf die nach-elterliche Lebensphase zutreffen. Es sind demographische Veränderungen wie die höhere Lebenserwartung, der Rückgang der Kinderzahl pro Ehe und die Konzentration der wenigen Geburten auf die Frühphase der Elternschaft, die gemeinsam dazu führen, daß die Phase, in der Ehepartner wieder ohne die ständige Anwesenheit minderjähriger Kinder und damit ohne Erziehungsaufgaben und -belastungen zusammenleben, noch nie so lange währen konnte wie heute – sofern Trennung bzw. Scheidung diese sogenannte »nachelterliche Gefährtenschaft« nicht doch beenden. Diese nachelterliche Phase dauert heute in der Regel bereits länger als die eigentliche Familienphase, in der Kinder im Haushalt lebten:

> »Um 1900 lebten Eltern fast die gesamte Ehedauer mit ihren Kindern (durchschnittlich 4.1) zusammen, danach nur noch wenige Jahre allein. Ehe war mit Familie weitgehend identisch. Paare von heute leben mit ihren Kindern (durchschnittlich 1.4) nur etwa ein Drittel der Ehezeit zusammen, nach Loslösung der Kinder und von den Kindern dauert die Ehe noch etwa 20 Jahre an.«[10]

Je länger sich diese biographische Strecke hinziehen kann, auf die älterwerdende Paare gemeinsam geschickt werden, desto eher drängen sich den Beteiligten, insbesondere wohl den Frauen, bilanzierende Gedanken auf: Was wollten wir als Einzelperson, was wollten wir gemeinsam erreichen? Was davon konnte verwirklicht werden? Mit derartigen Fragen wachsen die Chancen, aber auch die Zwänge zur Weiterentwicklung der Partnerbeziehung im dritten Lebensabschnitt: Können wir wirklich die nächsten 20–30 Jahre so weitermachen wie bisher? Was wäre denn zu ändern, welche neuen Ziele wären anzustreben?

Die skizzierte Konstellation birgt die unterschiedlichsten Herausforderungen. Da ist Stoff für Chancen wie auch für Krisen. Paare, deren Ehe vor allem über die Kinder definiert und stabilisiert wurde, stehen vor der Aufgabe, für die sich nun anschließenden langen Jahre zu zweit zumindest ein Minimum anderweitig begründeter Gemeinsamkeit zu finden oder diesen neuen Lebensabschnitt geschieden anzugeben: gerade auch die langjährigen Ehen weisen in den letzten Jahren eine deutlich gestiegene Scheidungsrate auf. Häufiger als nach außen sichtbar sind Ehen, deren alleinige Klammern die Kinder und vielleicht noch die Konventionen sind, insbesondere für Frauen vor allem Gehäuse von bitterer Routine, von Zwang oder gar Gewalt. In diesen Fällen wird die Trennung als besonders befreiender Schritt in den dritten Lebensabschnitt empfunden, der neu aufgebaut und gestaltet werden kann – aber eben auch neu gestaltet werden muß. Nichterwerbstätige »Familien-Frauen«, deren zentrales Lebensthema bislang die nun nicht mehr im Haushalt lebenden Kinder waren, die darüber andere Ziele und Interessen und womöglich auch noch ihr persönliches Netzwerk von Freundinnen und Freunden vernachlässigt haben, sind von der Notwendigkeit der Neuorganisation ihres Lebens in dieser Situation des »leeren Nestes« besonders herausgefordert.

Gefühle der Sinn-, der Orientierungs- und der Nutzlosigkeit an der Schwelle zum dritten Lebensabschnitt, damit aber auch die (bei allen Chancen oft auch bedrohlich wirkende) Herausforderung, sich selbst dort anders und neu zu orientieren und zu organisieren, sind den frühverrenteten Erwerbstätigen sicherlich nicht allein vorbehalten. Auch bei der Gestaltung der Partnerbeziehung wird es immer weniger genügen können, die Dinge einfach nur resignativ-bequem in allen Aspekten so weiterlaufen zu lassen, wie sie sich unter den Möglichkeiten und Zwängen des zweiten Lebensabschnitts herausgebildet und eingegraben haben.

5. Die Lebens- und Haushaltsformen auch der Älteren – und hier insbesondere die der älteren Frauen – sind zunehmend durch Vereinzelung (»Singularisierung«) gekennzeichnet.

Eine niedrigere Heiratsbereitschaft, höhere Scheidungsraten und ein Rückgang der Wiederverheiratungsneigung, die Zunahme von Zweit- und Drittfamilien als Folge von Scheidungen und Wiederverheiratungen, die höhere Qualifikation und damit die höhere räumliche Mobilität der jüngeren Generationen, der Anstieg von Ein-Eltern-Familien und anderen nicht-traditionellen Familien- und Haushaltsformen (z. B. nichteheliche Lebensgemeinschaften), die abnehmende Zahl der Kinder pro (Ehe-)Paar und die Zunahme kinderloser Paare, sowie die steigende Zahl erwerbstätiger Frauen und Mütter: Dies sind nur einige der Faktoren, die die Verhältnisse im Familienverband verändern. Die Institution Familie steht angesichts dieser Veränderungen unter Druck. Es ist zu erwarten, daß sie zunehmend an Funktionsfähigkeit in der Versorgung und Betreuung ihrer immer älter werdenden Mitglieder einbüßt.

Ältere Menschen wohnen daher heute nur noch selten in Zwei- oder Mehrgenerationen-Haushalten, sondern in der Regel zusammen mit dem Ehepartner (mehrheitlich die Männer) oder ganz allein (überwiegend die Frauen). Insbesondere die Großstädte verzeichnen einen ausgeprägten Zuwachs der Einpersonen-Haushalte – bei den Jüngeren wie auch bei den Älteren. Der Anteil der Einpersonen-Haushalte stieg zwischen 1900 und 1990 von 7 % auf etwa 35 %, der Anteil der Zweipersonen-Haushalte von 15 % auf 30 %. Auf der Seite der Älteren betrifft der Anstieg der Einpersonen-Haushalte – aufgrund der unterschiedlichen Lebenserwartung von Männern und Frauen – vor allem die Frauen.

Dieses zunehmende, durch gesellschaftliche Veränderungen geförderte Alleinleben der Älteren, insbesondere der älteren Frauen, wird auch als »Singularisierung« bezeichnet. Es ist zunächst einmal keineswegs mit sozialer Isolation, Vereinsamung und einem Leiden an Einsamkeit gleichzusetzen – obgleich das Alleinleben der Älteren im Vergleich zu dem der Jugendlichen sehr viel häufiger ein (z. B. durch Verwitwung oder Scheidung) erzwungenes Alleinleben sein dürfte. Dennoch nehmen wohl die Fälle zu, in denen auch ältere Menschen das Alleinleben und -wohnen als eine ihnen gemäße und erwünschte Lebensform ganz bewußt wählen und dabei zur Vermeidung von Vereinsamung und sozialer Isolation ein familiäres wie auch ein außerfamiliäres Beziehungs-Netzwerk pflegen.

Doch ob nun eher als Zwang oder eher als selbstgewählter Lebensstil: Die derzeit sich abzeichnenden und auch für die Zukunft weiter zu erwartenden Tendenzen hin zu einer Schrumpfung und Ausdünnung der familiären Verwandtschaftsnetze stellen den alternden Menschen vor eine veränderte Situation:

»Singularisierung bezieht sich in diesem Zusammenhang nicht allein auf ein »Für-sich-Leben«, sondern umfaßt auch, daß Einzelpersonen in immer stärkerem Maße eigenständig Entscheidungen treffen und Verantwortung tragen, ohne durch traditionelle Bindungen Unterstützung oder Behinderung zu erfahren. ...Die bislang zu beobachtenden Veränderungen in den Formen familialen Zusammenlebens gehen offenbar einher mit einem Training zur Selbständigkeit, zur Eigenverantwortung. Veränderungen in der Familienstruktur wie auch in den Interaktionsformen lassen erwarten, daß Verhaltensweisen im Sinne eines »Sich verlassen auf andere« zurückgehen. Vielmehr kann davon ausgegangen werden, daß die eigene Aktivität zunimmt und sich größere Chancen zur intensiveren Pflege eigener Interessen und außerfamiliärer Kontakte anbieten.«[11]

Die Formel von der »inneren Nähe bei äußerer Distanz« zu Familienmitgliedern, aber auch zu Freunden und Bekannten kennzeichnet einen aufkommenden »singularisierten« Lebensstil jener »neuen« Alten, eine neuartige Form der Altersbewältigung. Angesichts der skizzierten Veränderungen in den Familien müssen die »Alten der Zukunft« lernen, mit Familienbeziehungen, die oftmals auf größere Distanz gelebt werden, positiv »auszukommen«. Sie müssen sich mit einem »Alleinsein ohne Einsamkeitsgefühle« anfreunden, stärker außerfamiliäre Kontakte pflegen und hierzu bei sich selbst Fähigkeiten wie Selbständigkeit, Eigenständigkeit und Unabhängigkeit entwickeln.

6. Es ist zu einfach, von »dem« älteren Menschen zu reden: Gerade im dritten Lebensabschnitt stellen sich typische Herausforderungen für Männer und typische Herausforderungen für Frauen.

Das Alter – insbesondere das höhere Alter - ist »weiblich«: Frauen prägen die Gruppe der Älteren zunächst einmal rein zahlenmäßig. Insbesondere durch die höhere weibliche Lebenserwartung sind heute (Jahresende 1991) 62% der Bevölkerung (des früheren Bundesgebietes) über 60 Jahre Frauen, in den neuen Ländern sogar 64%.[12] In den höheren Altersgruppen wird der sogenannte Frauenüberschuß immer deutlicher. Schon rein statistisch sind Frauen somit vom Älterwerden stärker betroffen als Männer. Uns interessiert hier jedoch vor allem die Frage: Altern

Frauen anders, unter anderen Bedingungen als Männer? Gertrud Backes[13] ist nicht allein, wenn sie diese Frage bejaht und die qualitativ andere Problematik der heute älteren und alten Frauen darin zusammenfaßt, daß sich Frauen im Verlauf ihres Alternsprozesses »mindestens zweimal, normalerweise sogar viermal mit dem Verlust lebensbestimmender Aufgaben und Beziehungen auseinanderzusetzen haben«, indem sie sich mit bis zu vier typischen »riskanten Einschnitten weiblichen Alterns« mit ihren jeweiligen Chancen und Bedrohungen konfrontiert sehen:

• Die (oben bereits angesprochene) Situation des »leeren Nestes«, in der die Kinder den Haushalt verlassen haben, stellt viele Frauen bereits in einem mittleren Lebensalter vor die Aufgabe, ihr Leben neu zu orientieren und zu organisieren. Wie oben bereits skizziert, stellt sich etwa die Frage der Gestaltung der Partnerbeziehung in oder außerhalb der Ehe, oder es stellt sich die Frage nach Möglichkeiten und Grenzen eines beruflichen Wiedereintritts.

• Im Fall einer eigenen Erwerbsarbeit muß im Übergang zur nachberuflichen Phase nicht nur der sich daraus ergebende Aufgabenverlust bewältigt und eine neue Lebensorientierung gefunden werden. Mit der oft gleichzeitigen Berufsaufgabe des (Ehe-)Partners kommt oftmals die »Krisenbewältigung« des Mannes als »Frauenarbeit« hinzu.

• Mit dem Tod des (Ehe-)Partners entsteht eine im Einzelfall sehr unterschiedliche Konstellation von (psychischen wie materiellen) Verlusten einerseits und neuen Lebenschancen andererseits. Die Frauen, die diesen Einschnitt der Verwitwung – wegen der niedrigeren Lebenserwartung der Männer und des Umstandes, daß sie bei der

Eheschließung meist jünger waren als ihre Männer – sehr viel häufiger erleben, stehen dann oft vor der Situation, daß Kontakte unter Altersgleichen fast »nur« noch zu Frauen, Partnerschaften zu Männern kaum mehr möglich sind. Dies einmal wegen des mit zunehmendem Alter zunehmenden Ungleichgewichts im zahlenmäßigen Verhältnis zwischen den beiden Geschlechtern: Bei den Hochbetagten, den über 85jährigen, stehen drei Frauen einem Mann gegenüber.[14] Und zum zweiten wegen der bestehenden Formen familiären Zusammenlebens: Die Mehrheit der älteren, über 60jährigen Männer ist verheiratet und lebt zumeist bis ins hohe Alter mit der Partnerin zusammen (1989 waren dies 82%). Bei den Frauen entsprechenden Alters waren dagegen 1989 nur 40% verheiratet, der größere Teil (48%) war bereits verwitwet.[15]

Wohl mehr, als dies öffentlich zutage tritt, gibt es Frauen, die sich nach der Verwitwung auch durchaus und mit guten Gründen sicher sind, derartige Partnerschaften zu Männern gar nicht mehr eingehen zu wollen. Wenn sie aber gewollt werden, sind sie für Frauen in dieser Lebensphase sehr viel schwieriger zu finden als für Männer in derselben Situation. Wie immer diese Konstellation des Alleine-Zurückbleibens und die Frage einer neuen Partnerschaft im Einzelfall auch aussehen und subjektiv bewertet werden mögen: In jedem Fall ergibt sich (oftmals in hohem Alter) die Notwendigkeit, das eigene Leben erneut zu re-orientieren und zu re-organisieren. Es braucht wohl nicht besonders betont zu werden, daß die oft bis dahin gelebte traditionelle Frauenrolle eine derartige Neuorientierung nicht gerade erleichtert.[16]

- Der Verlust der eigenständigen alltäglichen Lebensführung, insbesondere im Falle der Pflegebedürftigkeit, bedeutet schließlich einen erzwungenen Umbruch, der die starke Abhängigkeit von materieller wie immaterieller Unterstützung mit sich bringt. Es ist ein Umbruch, der Frauen mehr als Männern zu schaffen macht, da Männer (in der Regel) durch die Partnerin gepflegt werden, da den in dieser Situation sehr viel häufiger alleinstehenden Frauen dann der Umzug in ein Heim bevorsteht (durch den sie auch eher zu Sozialhilfeempfängerinnen werden) und da Frauen den Verlust der in ihrer traditionellen Rolle so hoch bewerteten »Haushaltsführungskompetenz« hinzunehmen haben.

7. Auch bei den Älteren kommt es zu einer wachsenden Verzweigung der Lebenslagen, zu einer zunehmenden Vielgestaltigkeit der Lebensstile und Lebenswelten oder: vom uniformen »Rest-Alter« zum vielgestaltigeren »Cafeteria-Altern«.

Je länger sich das »dritte Lebensalter« erstreckt und je wohlhabender unsere Gesellschaft insgesamt wird, desto bunter und vielgestaltiger sehen auch die Lebenslagen und Lebensstile aus, die wir innerhalb der Gesamtgruppe der Älteren antreffen. Um so deutlicher prägen sich diesbezüglich Unterschiede aus, etwa zwischen »jungen Alten«, »alten Alten« und »Hochaltrigen«, zwischen Männern und Frauen, zwischen Älteren mit verschieden gelagerten Lebens-, Bildungs- und Berufsverläufen.

Rückt man stärker die materiellen Lebensverhältnisse in den Mittelpunkt der Betrachtung, verzeichnen wir ein Nebeneinander unterschiedlichster Altersrealitäten: Wohlhabenden (z. B. mit Beamtenpensionen ausgestatteten) Älteren mit guten bis sehr guten Einkommens-, Versorgungs-

und Vermögensverhältnissen, die auf dieser Grundlage ihre »späten Freiheiten« genießen, stehen auf der anderen Seite des Spektrums Ältere (vor allem Frauen) gegenüber, deren Lebenslage nur noch durch den Begriff der Verarmung bzw. der Altersarmut adäquat zu beschreiben ist.

Rückt man dagegen eher die immateriellen Aspekte der Lebensführung ins Zentrum der Betrachtung, dann stoßen wir zunächst auf das Phänomen des »doppelten Altersbildes«[17]: Da gibt es auf der einen Seite des Spektrums den eher »klassischen« Alternsstil, der durch chronische und/oder psychische Krankheiten, durch Abhängigkeit vom Hilfesystem, durch Passivität und soziale Isolation charakterisiert ist – entsprechend negativ ist das Selbstbild der Betroffenen, aber auch das Bild dieses Altersverlaufs in der Gesellschaft. Und da konkretisieren und differenzieren sich andererseits unter Bezeichnungen wie »junge« oder »neue Alte« zunehmend Lebens- und Alternsstile, die eher durch einen befriedigenden Gesundheitszustand, durch Unabhängigkeit und Eigenständigkeit, durch Aktivität und Interessenvielfalt, durch soziale Integration und durch ein entsprechend positives Selbst- und Fremdbild gekennzeichnend sind:

> »Sie reisen anders, kleiden sich anders, haben andere Sinnfragen, kennen andere Arten von religiöser Suche, ernähren sich anders, bewegen sich anders, zeigen ein neues Gesundheitsverhalten, wollen anders sterben. Das Altersbild hat sich verändert. Alte sehen jünger aus, sind modebewußter. Kosmetische, schönheits- bis kieferchirurgische Behandlungen werden auch von Älteren in Anspruch genommen.«[18]

In der Fachliteratur finden sich in vielfältiger Form weitere Hinweise auf diese Auffächerung in den Alternsstilen.[19] Forschungsansätze, die sich seit einigen Jahren mit dem

Aufspüren von Lebensstilen, Konsumstilen und Milieus befassen, nehmen nun auch die Älteren genauer unter die Lupe. Eine dieser Studien meint etwa die folgenden vier Lebensstile unterscheiden zu können: »Pflichtbewußt-häusliche Ältere« (31 % der 55–70jährigen in Westdeutschland), »Aktive ›Neue Alte‹« (25 %), »Sicherheits- und gemeinschaftsorientierte Ältere« (29 %) und »Resignierte Ältere« (15 %). Tews berichtet über eine Untersuchung, nach der sich die Aussagen von Befragten zum eigenen Altsein in drei Typen zusammenfassen lassen:

»1. **Alter als Belastung:** wenig Abwechslung, nicht ausgefüllt, keine interessanten Aufgaben, keine Anerkennung, Fähigkeiten nicht mehr einsetzbar, zu Hause herumsitzen, Einsamkeit.

2. **Alter als Entpflichtung/Entlastung:** freie Verfügung über Zeit, für andere mehr Zeit zu haben, keine Verpflichtungen mehr, Zeit für interessante Dinge, verdiente Ruhe finden.

3. **Alter als Chance für Neues:** noch mit etwas Neuem anfangen zu können, noch Ansprüche ans Leben zu haben und wie bei 2.: Zeit für interessante Dinge und mehr Zeit für andere zu haben.«[20]

Die Gruppe alternder Menschen, die Alter eher »als Belastung« empfindet, dürfte den »traditionellen« Alternsstil verkörpern. Altern im Sinne einer »Entpflichtung/Entlastung« bezeichnet Tews als »konventionelles Altern«. Und er geht davon aus, daß die Anzahl derjenigen, die ihr »Alter als Chance für Neues« erleben und die er den Stil eines »innovativen Alterns« praktizieren sieht, größer geworden ist und in Zukunft noch wachsen wird.

Ganz allgemein beobachten wir auch bei den Älteren eine zunehmende Individualisierung der Lebensverläufe und Lebensstile, angeregt durch die oben skizzierten gesellschaftlichen Veränderungen. Man spricht auch von einer sich abschwächenden Gültigkeit und Verbindlichkeit der »Normalbiographie« oder des »Normalalterns«. Der dritte Lebensabschnitt verliert mehr und mehr den Charakter eines »Rest-Lebens«, eines »Rest-Alters«, in dem die einzelnen Menschen relativ gleichförmig und passiv das ihnen für diese restlichen Jahre noch Zugebilligte zu konsumieren haben. Demgegenüber zeigen sich Ansätze zu einer Art »Cafeteria-Alter«: Die Möglichkeiten der Lebensgestaltung nehmen zu, die einzelnen können sich ihr »Lebens-Menü« selbstgewählter und individueller zusammenstellen, die Pfade verzweigen sich, die Formen und Stile werden bunter.

Diese größere Vielfalt möglicher Altersstile entfaltet sich in dem Maße, in dem der individuelle Spielraum zur Gestaltung der eigenen Lebensrealität größer wird, und zwar durch eine Ausweitung des Rahmens, den einerseits die objektiven Möglichkeiten (ökonomisches Kapital) und andererseits die subjektiven Ressourcen (soziales und kulturelles Kapital) bilden. Insbesondere die weibliche »Normalbiographie« wird in Zukunft wohl zunehmend weniger standardisiert und erwartbar verlaufen: Vor allem die wachsende Infragestellung weiblicher Rollenmuster und die steigende Beteiligung der jüngeren Frauengenerationen an Erwerbstätigkeit sowie an qualifizierter Bildung und Ausbildung werden hierzu beitragen. Es kommt hinzu, daß zunehmend auch die Älteren von jenem Aspekt des Wertewandels erfaßt werden, der die individuelle, eigenständige, unterscheidbare Gestaltung des eigenen Lebens als positives, durch soziales Ansehen belohntes Bemühen erscheinen läßt.

Wir ziehen aus all dem den Schluß: Der Bereich dessen,

was in diesem nun längeren dritten Lebensabschnitt gesellschaftlich »erlaubt« ist, die Bandbreite »lebbarer« Lebensstile wird auch für die Älteren vor allem in den Großstädten merklich weiter. Die traditionell festgefügten Altersbilder und Altersnormen werden allmählich in Frage gestellt, erweitert und ergänzt. Staat, Kirchen, Familien oder sonstige gesellschaftliche Institutionen ziehen sich als umfassend normgebende Instanzen aus dem »Privat«-Leben des einzelnen immer weiter zurück. Sie verfügen diesbezüglich über immer weniger Sanktions- und Gestaltungsmacht. Ihre Leitbilder des »richtigen« Lebens im Alter büßen ihren Charakter als verpflichtende Norm ein. Entsprechend wachsen die Gestaltungsspielräume des einzelnen.

Hierzu parallel wächst zugleich aber auch die Verantwortung und die »Zuständigkeit« des einzelnen für sein eigenes Leben. Der dritte Lebensabschnitt wird gesellschaftlich unbestimmter, ungeregelter – und verlangt von jedem einzelnen neue, eigene Anstrengungen zur Bewältigung, zur Strukturierung dieser Unbestimmtheit. Die moderne Gesellschaft, die immer pluralistischer und unübersichtlicher wird, läßt die Individuen weitgehend allein mit der für sie zunehmend problematischen Kehrseite der größeren »Wahlfreiheit« im eigenen Lebensstil: mit der »Qual der Wahl«. Sie kommt dem fundamentalen Bedürfnis nach Sicherheit und Verortung immer weniger entgegen. Das »Finden des richtigen Weges«, die Definition des individuell adäquaten Lebensweges und -stiles, die Herstellung von Seinsgewißheit wird immer mehr dem Individuum überlassen.

Dies gilt zunehmend auch für die Organisation und Gestaltung des dritten Lebensabschnittes: die einzelnen Frauen und Männer treten heraus aus relativ (fremd-)gestalteten, kalkulierbaren biographischen Verläufen in sehr viel unbestimmtere und offenere, stärker selbst zu gestaltende, freiere, aber damit auch bedrohlicherere und unsicherere Lebensphasen. Wenn die Erwerbs-, aber auch die Familienarbeit wegfällt, die vom alltäglichen Lebensrhythmus bis zum sozialen Netzwerk so vieles reguliert und strukturiert hat, dann wird es stärker zur Aufgabe des einzelnen, den eigenen Alltag zu reorganisieren und das Leben in ein neues Gleichgewicht zu bringen. »Die Gesellschaft« hilft hierbei kaum – und sie kann es wohl auch nur sehr begrenzt angesichts des hochindividuellen Charakters dieses Vorgangs.

Wir haben es hier mit einer Struktureigentümlichkeit moderner Gesellschaften und mit zwei Seiten derselben Medaille zu tun: In zunehmendem Maße ist jeder »seines Glückes Schmied« – aber jeder hat sich auch für sich selbst um Hammer und Amboß und um ihren richtigen Einsatz zu kümmern.

2.2 Resümee:
Das dritte Lebensalter« wandelt sich vom gesellschaftlich verordneten Ruhe-Stand« zur Herausforderung für den einzelnen
oder:
Die Notwendigkeit der individuellen Selbst-Verpflichtung auf ein erfolgreiches« Altern nach der gesellschaftlichen Entpflichtung von Familien- und Erwerbsarbeit

Der dritte Lebensabschnitt wird länger. Er erweitert sich von der Restkategorie »Alter« zu einer eigenständigen biographischen Phase. Er wird vom »Ruhe-Stand« zur individuellen Herausforderung. Denn für den älteren Menschen wächst der Gestaltungsspielraum über das eigene Leben: Verglichen mit den Generationen zuvor, sind da mehr eigene Ressourcen, die Gruppe der Älteren erfährt insgesamt einen gesellschaftlichen Machtzuwachs; jenseits der bislang dominierenden Normvorstellung, wie »Altern« auszusehen hat, eröffnen sich Möglichkeiten für andere, alternative Lebens- und Alternsstile.

Dabei ist der ältere Mensch mehr auf sich selbst verwiesen: Der Individualisierungsschub in modernen Gesellschaften erfaßt nicht nur die Jüngeren. Wenn sich neue Möglichkeiten für vielgestaltigere Lebens- und Alternsstile eröffnen, sind da jedoch auch weniger und weniger verpflichtende Leit- und Vorbilder für das eigene Leben. Auch der ältere Mensch muß diese Herausforderung, die in den größeren Gestaltungsspielräumen eines längeren dritten Lebensabschnitts liegt, (stärker als frühere Generationen) aus sich selbst heraus und für sich allein annehmen und bewältigen.

Immer nötiger wird damit das Nachdenken über den eigenen Weg in diesen dritten Lebensabschnitt hinein. Immer unangemessener wird das heute noch weit verbreitete Bild, die Berufstätigkeit stelle die wichtigste und vor allem die letzte große Herausforderung im Leben des Menschen dar. So haben wir immer noch die Situation, daß diejenigen, die als nächste aus dem Erwerbsleben ausscheiden werden, am stärksten an der Berufsausübung hängen: daß der »Beruf wichtiger als die Freizeit« sei, sagten 1988 immerhin 33 % der 50–65jährigen, jedoch nur 20 % der 25–34jährigen.[21]

Wir alle müssen im Gegenteil zunehmend zur Kenntnis nehmen, daß die konstruktive und kompetente Bewältigung des dritten Lebensabschnitts eine ebenso große Herausforderung darstellt wie die Bewältigung der Berufs- oder der Familienphase: Da ist eben noch eine wichtige Aufgabe *nach* der Familienarbeit, nach der Berufskarriere. Immer bedeutsamer wird daher, daß die einzelnen älteren Menschen für diese »neue« Lebens-Herausforderung gut vorbereitet und gerüstet sind. Als immer unangemessener erweist sich somit auch die bislang weithin geteilte und stillschweigend praktizierte Vorstellung, es genüge, in »das Alter« einfach so hineinzustolpern, wenn es eben da ist. Zur Bewältigung der beruflichen Herausforderungen sind immer längere Bildungs- und Ausbildungszeiten und ein weiteres lebenslanges Lernen inzwischen selbstverständliche Voraussetzungen. Das »lebenslange« Lernen endet dann aber oft abrupt mit dem Ende der Berufsphase: Dem, was im dritten Lebensabschnitt auf sie zukommt, glauben die meisten Menschen bisher nicht nur ohne jede planende Vorbereitung, sondern auch ohne weitere Entwicklung von persönlichen Kenntnissen und Fähigkeiten entgegentreten zu können.

Da sich diese Herausforderung vor allem dem einzelnen stellt, werden diesbezügliche Angebote der kollektiven Bewältigung etwa im Rahmen der Tätigkeit von Wohlfahrtsverbänden oder der Animation durch die Freizeit- und Kulturindustrie, wenn sie keinen oder nur wenig Raum lassen für Selbstbestimmung und Mitgestaltung der Älteren, für sich allein immer unzulänglicher. Das heißt nicht, daß es nicht zu begrüßen wäre, daß sich neben den klassischen Anbietern von Altenhilfe (kommunale, kirchliche und gemeinnützige Träger) nun mit erweiterter Nachfrage auch andere gesellschaftliche Gruppen (Gewerkschaften, politische Parteien und Verbände, Institutionen der Erwachsenenbildung, des Sports oder der Kulturarbeit) stärker für die Bedürfnisse insbesondere der »jungen« oder der »neuen« Alten öffnen. Aber dieses ganze vielgestaltige Spektrum an organisierter Animation und Hilfeleistung, an sinnstiftenden Angeboten, das sich da (erfreulicherweise) allmählich für die Älteren zu eröffnen beginnt, kann überhaupt nur angenommen und fruchtbar gemacht werden, wenn es dem einzelnen (möglichst bereits in der »Voraltersphase«) gelungen ist, Fähigkeiten des kompetenten und konstruktiven Alterns bei sich selbst zumindest im Ansatz zu entwickeln.

Um es sehr plakativ zu formulieren: »Die moderne Gesellschaft« setzt ihre älteren Mitglieder zunehmend und in mehreren Dimensionen »frei«. Sie setzt sie frei von stark lebenszeit-verkürzenden Krankheiten. Sie setzt sie früher frei von den Zwängen, früher frei aber auch von dem Lebensrhythmus und Sinn stiftenden Charakter der Erwerbs- und der Familienarbeit. Sie setzt zumindest die meisten von ihnen ein gutes Stück frei von den Restriktionen, die mit Armut und allzu engen Bildungs- und Ausbildungshorizonten einhergehen. Sie befreit sie zunehmend von allzu engen und allzu verpflichtenden

Erwartungen, wie »der« sozial erwünschte Alternsstil des dritten Lebensabschnitts gefälligst auszusehen habe.

Die moderne Gesellschaft entpflichtet den älteren Menschen in vielfältiger Hinsicht, sie zieht sich, wozu die meisten von uns ja applaudieren, ein gutes Stück zurück aus der Gestaltung des dritten Lebensalters. Für die älteren Menschen, die in den dritten Lebensabschnitt eingetreten sind oder sich ihm nähern, ergeben sich daraus neue Lebens-Optionen, neue Handlungs-, Aktivitäts- und Entscheidungsspielräume. Es ergibt sich daraus jedoch auch ein zunehmendes Orientierungs-Defizit in einer Passage, in der sie nichts dringender bräuchten als Orientierung. Um die drohende Orientierungslosigkeit zu vermeiden, muß die bislang dominierende, sich nun zurückziehende (»gesellschaftliche«) Fremd-Steuerung – z. B. die Fremdzwänge des Berufslebens, z. B. die gesellschaftliche Normierung dessen, was man/frau als alter Mensch tun darf und was verpönt ist – durch eine Selbst-Steuerung des einzelnen Menschen in diesem dritten Lebensabschnitt ersetzt bzw. ausbalanciert werden.

Es kommt hinzu, daß in dieser gesellschaftlichen Umbruchsituation (derzeit noch) wenige Beispiele für stärker selbstbestimmte, selbst-gesteuerte (»erfolgreiche«) Alternspfade sichtbar und erlebbar sind. Eher selten sind heute noch vor-gelebte »Vorbilder« dieser »neuen« Alternspfade – und dabei haben Vorbilder im dritten Lebensalter genauso wichtige Orientierungs- und Ver-Sicherungsfunktionen wie in anderen Lebensphasen und Lebenslagen, etwa in der Jugend oder im frühen Erwachsenenalter. Die drohende Orientierungslosigkeit wird dadurch noch verschärft. Wenn die Gesellschaft den einzelnen (wie geschildert: immer früher) von Familien- und Berufsaufgaben entpflichtet, wenn bisher »verschlossene Wege in den dritten Lebensabschnitt nun zunehmend offenstehen, wenn sich die ersten alternativen Vorbilder für ein erfolgreiches

Altern zaghaft anbieten, dann ist die Selbst-Verpflichtung des alternden Menschen zu einer konstruktiven und kompetenten Bewältigung des dritten Lebensabschnitts gefordert.

Mit den skizzierten gesellschaftlichen Veränderungen verlieren die Pfade in den dritten Lebensabschnitt zunehmend den Charakter von Sackgassen, die von grauen Einheits-Wohnblöcken gesäumt sind und relativ früh enden. Sie führen uns auf eine Reise, und diese Reise wird länger. Sie wird bunter und interessanter, sie wird den Reisenden aber auch in unübersichtlicheres, ihm zunächst noch unbekanntes Terrain führen. Dabei stehen Reiseführer, Kartenmaterial und sonstige Hilfsmittel zur Orientierung kaum zur Verfügung. So wird die Reise die größeren Ressourcen des Reisenden auch fordern und in Anspruch nehmen. Immer weniger wird es sich um eine fest und ohne größere Überraschungen organisierte Pauschal- und Gruppenreise handeln können. Der einzelne muß sich selbst immer mehr zu seinem eigenen Reiseführer entwikkeln.

Wir müssen daher der Frage nachgehen, welche Ausrüstung die oder der einzelne für eine Reise dieser Art benötigt. Wir müssen zu klären versuchen, wann und wie diese Ausrüstung am besten zusammengestellt, erworben und einsatztauglich gehalten werden kann. Und daher beleuchtet dieses Buch die Lebensverläufe von Menschen, die als noch nicht allzu zahlreiche Forschungs- und Erkundungsreisende bereits über Erfahrungen mit Reisen dieser Art und der erforderlichen Ausrüstung berichten können – eben »Pioniere erfolgreichen Alterns«.

2.3 Pfade erfolgreichen« Alterns

Was uns in diesem Buch vor allem interessiert, sind die Erfahrungen und Sichtweisen derjenigen älteren Menschen, die wir »Pioniere erfolgreichen Alterns« nennen. Wir wollten von diesen Menschen möglichst viel über das »Warum« und das »Wie« der »Kunst erfolgreich zu altern« lernen – und wir suchten daher Frauen und Männer, die besonders erfolgreich »erfolgreich altern«: eben die Pionierinnen und Pioniere an dieser »new frontier«.[22] Wir suchten also nach Wegbereitern unter den Älteren, aus deren Erkundungs- und Entdeckungsreisen Leitbilder und Modelle für unser aller Altern entstehen könnten – zumindest aber Anregungen und Provokationen für diejenigen, die über ihren persönlichen Weg in den dritten Lebensabschnitt nachdenken.

Unsere Pioniere haben die weiter gewordenen Spielräume für die Gestaltung des dritten Lebensabschnitts genutzt, haben für sich Lebensroutinen, Muster alltäglicher Lebensführung entdeckt und stabilisiert, mit denen sie die Herausforderungen dieses biographischen Abschnitts »erfolgreich« angehen können. Sie haben sich mehr als andere zu ihren eigenen Organisatoren und Reiseführern gemacht – und sie haben dabei zu einem im Kern sinnvollen und glücklichen Leben gefunden. Warum gerade sie das konnten, wie sie es gemacht haben und wie sie es weiter versuchen wollen –, das wollten wir möglichst unverfälscht aus ihren eigenen biographischen Erzählungen erfahren, zunächst einmal mit ihren eigenen Augen sehen.

Aus einer größeren Anzahl von Gesprächen sind es letztlich 27 solcher Pionierinnen und Pioniere, auf deren ausführlichen Lebenserzählungen dieses Buch aufbaut: 16 Frauen und elf Männer im Alter zwischen 52 und 95 Jahren. Sie leben im Wohnstift ebenso wie im eigenen Haus, im Altenheim wie in der kleinen privaten Sozialwohnung. Ebenso verschieden sind die Dinge, die für ihren dritten Lebensabschnitt vor allem charakteristisch sind: Sie engagieren sich in der Alten-Selbsthilfebewegung und bei den Grauen Panthern, sie nehmen ein Seniorenstudium auf, sie sind künstlerisch tätig oder führen ihren Verlag weiter, sie sind im Heimbeirat und begründen vielfältige andere Aktivitäten ihres Heimes, sie bringen Teile ihres Vermögens in eine Stiftung ein, die sich unter anderem die Schaffung von Wohnformen mit gesicherter Pflege zum Ziel gesetzt hat[23], sie schließen sich mit anderen zu einem »Seniorendienst« zusammen, sie betätigen sich in der Kirchengemeinde oder versuchen, mit Gleichgesinnten eine Wohngemeinschaft zu initiieren.

Da ist natürlich nun einerseits jede Lebens-Schilderung einmalig, einzigartig und für sich allein genommen interessant. Diese Individualität und Vielgestaltigkeit im Detail können und wollen wir hier nicht ausbreiten. Es kommt uns vielmehr darauf an, Ähnlichkeiten in den individuell-persönlichen Lebensgestaltungen unserer Pionierinnen und Pioniere herauszuarbeiten. Wir sind daher der Frage nachgegangen: Lassen sich die individuellen Lebensweisen zu einigen wenigen typischen Wegen in ein erfolgreiches Altern zusammenfassen? Die folgenden vier Pfade haben sich dabei herauskristallisiert:

- **Die »Weitermacher«**

Diesen Weg beschreiten einerseits vor allem Künstler oder Selbständige, die ohne formale »Altersgrenze«, ohne größere Einschnitte ihrer bisher ausgeübten (meist bezahlten Berufs-)Tätigkeit nachgehen können und dies zumeist auch wollen. Unter unseren Befragten waren dies meist Männer. Sie verfahren nach dem Motto, die Dinge »noch so zu tun, als wenn es nicht anders sein kann«: »Ich werde arbeiten, bis ich umfalle.« Auf dem Pfad der »Weitermacher« findet man andererseits auch Menschen, die bis zu ihrem Eintritt in die sogenannte »Altersphase« nicht im traditionellen Sinne erwerbstätig waren, aber »ehrenamtlich«, unbezahlt mit großem Einsatz und Engagement zum Beispiel im sozialen Bereich Dinge betrieben haben, die sie jetzt im Alter fortführen. Dies sind in der Regel Frauen. Fallen hier Belastungen durch »Familienarbeit« weg, kann sogar ein verstärktes Engagement die Folge sein: »...und als die Kinder erwachsen wurden, dann war's ja wohl eigentlich selbstverständlich, daß ich da wieder weitermache, wo ich früher war, bloß mit anderen Vorzeichen.«

- **Die »Anknüpfer«**

Menschen, die diesen Pfad in den dritten Lebensabschnitt hinein gehen, beenden ihre Berufstätigkeit, suchen und finden ganz neue Tätigkeitsfelder. Sie knüpfen dabei jedoch an Bedürfnissen an, die sie während ihrer Berufstätigkeit entwickelt haben und die sie weiter (oft intensiver) befriedigen möchten. Sie nehmen übertragbare, auch anderweitig einsetzbare persönliche Kompetenzen aus ihrem Berufsleben mit und versuchen, sie in diesen neuen Feldern wieder einzusetzen: Da ist zum Beispiel der erfolgreiche Unternehmer, der im dritten Lebensabschnitt zu einem Stifter neuer Wohnformen für ältere Menschen wird. Da ist die ehemalige Betriebsrätin, die zu den Grauen Panthern geht. Oder wir finden die Kindergärtnerin, die sich später in der Kirchengemeinde und im Heimbeirat engagiert.

Zu diesem Typus gehören auch diejenigen Älteren, die – unabhängig von früherer Berufstätigkeit – für sich ganz gezielt Dinge auswählen, die ihnen bisher schon wichtig waren, die sie wieder aufnehmen, ausbauen, intensivieren. »Mich interessieren einfach Menschen, ganz egal, in welcher Form«, wird z. B. als Motiv genannt, sich im Alter mit gemeinschaftsorientierten Lebens- und Wohnformen auseinanderzusetzen, mit anderen Älteren oder auch generationenübergreifend auf die Realisierung einer »Wohngemeinschaft« hinzuarbeiten.

Die beiden bisher hier geschilderten Wege erfolgreichen Alterns sind stärker von der Kontinuität mit den vorausgegangenen Lebenslinien bestimmt. Die beiden folgenden Pfade sind eher vom Neuen, bisher nicht Gelebten geprägt.

- **Die »Befreiten«**

»...es ist für mich ein völlig neues Leben, und ich bin so glücklich jetzt...«, ist die prototypische Aussage für diese Gruppe von Menschen, die ihr Alter, ihren »Ruhestand« als Befreiung erleben. Zwänge, die vorher prägend waren – z. B. der (ungeliebte) Beruf, die Doppel- und Mehrfachbelastung als berufstätige Ehefrau und Mutter oder auch bei einer Scheidung der Ehemann –, fallen weg, es kann vieles aufgenommen, neu begonnen werden, was vorher brachlag, nicht möglich war, wofür vorher nie Zeit war: »...daß keine Pause ist, von morgens bis abends pausenlos. Es ist keine Luft... Für mich war's eine Erleichterung, und insofern ist das, was ich da jetzt machen kann, viel wichtiger« oder: »Ich hab' mein Leben lang Magengeschwüre gehabt, immer durch irgendwelche Sachen. Jetzt ist das erste Mal, daß ich keine habe, weil ich wirklich nichts mehr muß, was ich nicht will.«

- **Die »Nachholer«**

Menschen, die wir diesem Typus zuordnen, holen im Alter etwas nach, was ihnen ihre vorherige Biographie »verweigerte«: sei es zu Zeiten der Ausbildung, im mittleren Lebensalter oder in den letzten Jahren der Berufstätigkeit, wo z. B. ein beruflicher Abstieg in Kauf genommen werden mußte. Durch ein Seniorenstudium werden beispielsweise letzte Berufsjahre kompensiert, die man mit extrem unbefriedigenden Tätigkeiten verbringen mußte: »Ich war ja geistig ausgetrocknet, was mir da geboten wurde.« Oder durch intensive Beschäftigung mit Literatur, durch Besuche von Vorträgen und Vorlesungen, durch intensives geistiges Arbeiten wird nachgeholt, daß man nicht die Ausbildung absolvieren konnte, die man sich gewünscht hätte.

Im folgenden wollen wir – anhand der Lebenserzählungen unserer Pionierinnen und Pioniere – diese unterschiedlichen Pfade ausführlicher darstellen. Dabei werden wir den einzelnen Kapiteln jeweils besonders prägnante und exemplarische Leit-Biographien voranstellen. Die Namens-Kürzel wurden zu Zwecken der Anonymisierung von uns willkürlich zugeordnet. Die Angaben zu Alter und Familienstand blieben unverändert.

Anmerkungen

1 Wir können hier auf Details dieses »Strukturwandels des Alterns« nicht eingehen. Wer sich hierfür interessiert, dem sei folgende Literatur empfohlen: Hans Peter Tews: Neue und alte Aspekte des Strukturwandels des Alterns. In: Gerhard Naegele/ Hans Peter Tews (Hrsg.): Lebenslagen im Strukturwandel des Alterns. Alternde Gesellschaft – Folgen für die Politik. Opladen 1993, S. 15–42, und andere Aufsätze in diesem Sammelband. Klaus-Peter Schwitzer: Lebensbedingungen älterer Bürger in der DDR. In: Heiner Timmermann (Hrsg.): Lebenslagen. Sozialindikatorenforschung in beiden Teilen Deutschlands. Saarbrücken 1990, S. 171–193.
2 Wer Näheres hierzu sucht, wird z. B. fündig in: Statistisches

Bundesamt (Hrsg.): Im Blickpunkt: Ältere Menschen. Stuttgart: Metzler-Poeschel 1992.

3 Zum Vergleich seien hier die Armutsquoten anderer Haushaltstypen genannt: Alleinerziehende sind bis zu 44%, bestimmte Formen von Familienhaushalten je nach Alter der Kinder bis zu 28%, Haushalte mit mehr als fünf Personen zu ca. 25% von Armut betroffen. Vgl. hierzu näher: Statistisches Bundesamt (Hrsg.): Datenreport 1992. Bonn 1992, Kap. 6 (insbes. S. 488–492), oder auch Andreas Motel/Michael Wagner: Armut im Alter? Ergebnisse der Berliner Altersstudie zur Einkommenslage alter und sehr alter Menschen. In: Zeitschrift für Soziologie Jg. 22, 1993, H. 6, S. 433–448.

4 Dabei darf sicher nicht übersehen werden, daß soziale Ungleichheiten in den Lebenslagen alter Menschen sich keineswegs eingeebnet haben. Im Gegenteil lassen sich Anzeichen für eine Polarisierung in den materiellen und immateriellen Lebensbedingungen zwischen den relativ einkommens- und vermögensstarken »neuen« Alten und den »problematischen« Alten andererseits finden. Vgl. hierzu näher: Margret Dieck/Gerhard Naegele: »Neue Alte« und alte soziale Ungleichheiten – vernachlässigte Dimensionen in der Diskussion des Altersstrukturwandels. In: Gerhard Naegele/Hans Peter Tews (Hrsg.): Lebenslagen im Strukturwandel des Alters. Alternde Gesellschaft – Folgen für die Politik. Opladen 1993, S. 43–60.

5 Zitiert nach einem Bericht in der Stuttgarter Zeitung Nr. 47 v. 26.2.1994, S. 55.

6 Vgl. zu diesem Problemkreis näher: Gerhard Bäcker/Gerhard Naegele: Geht die Entberuflichung des Alters zu Ende? – Perspektiven einer Neuorganisation der Alterserwerbsarbeit. In: Gerhard Naegele/Hans Peter Tews (Hrsg.): Lebenslagen im Strukturwandel des Alters. Alternde Gesellschaft – Folgen für die Politik. Opladen 1993, S. 135–157.

7 Statistisches Bundesamt (Hrsg.): Im Blickpunkt: Ältere Menschen. Stuttgart: Metzler-Poeschel 1992, S. 21.

8 Nach einem Bericht in den VDI-Nachrichten Nr. 39 vom 1.10.1993.

9 Hans Peter Tews: Altersbilder. Über Wandel und Beeinflussung von Vorstellungen vom und Einstellungen zum Alter. Köln: Kuratorium Deutsche Altershilfe (Forum H. 16) 1991, S. 102 und S. 55.

10 Elisabeth Beck-Gernsheim: Familie und Alter: Neue Herausfor-

derungen, Chancen, Konflikte. In: Gerhard Naegele/Hans Peter Tews (Hrsg.): Lebenslagen im Strukturwandel des Alters. Alternde Gesellschaft – Folgen für die Politik. Opladen 1993, S. 158–169.
11 Ursula Lehr/Max Wingen/Joachim Wilbers: Veränderte Familienstruktur und ihre Bedeutung für den älteren Menschen von morgen. In: Altern als Chance und Herausforderung. Bericht der Kommission »Altern als Chance und Herausforderung«, erstellt im Auftrag der Landesregierung von Baden-Württemberg. Stuttgart 1988, S. 106–107.
12 Statistisches Bundesamt: Zur wirtschaftlichen und sozialen Lage in den neuen Bundesländern. Vierteljahresschrift. November 1993, S. 20.
13 Die vier folgenden aufgeführten »Einschnitte in das weibliche Altern« übernehmen wir von: Gertrud M. Backes: Frauen zwischen ›alten‹ und ›neuen‹ Alter(n)srisiken. In: Gerhard Naegele/Hans Peter Tews (Hrsg.): Lebenslagen im Strukturwandel des Alters. Alternde Gesellschaft – Folgen für die Politik. Opladen 1993, S. 170–187.
14 Beate Fachinger: Frauen haben es schwerer. Geschlechtsspezifische Unterschiede im Alter. In: Helmut Scheidgen (Hrsg.): Die allerbesten Jahre. Thema: Alter. Weinheim: Beltz 1988, S. 85–96.
15 Statistisches Bundesamt (Hrsg.): Im Blickpunkt: Ältere Menschen. Stuttgart: Metzler-Poeschel 1992, S. 37–38.
16 So betont z. B. Lehr, wie wichtig es sei, »...schon jüngeren Frauen deutlich zu machen, daß eine einseitige Orientierung auf die Familie und ein Abschirmen von außerfamiliären Kontakten und Interessen ihre Situation im Alter und ihre Lebenstüchtigkeit als 75/80jährige Witwe in Frage stellen kann« (Ursula Lehr: Das Alter beginnt in der Jugend. Vorbereitung auf den Ruhestand. In: Helmut Scheidgen [Hrsg.]: Die allerbesten Jahre. Thema: Alter. Weinheim: Beltz 1988, S. 102).
17 Die Geschichte der Altersbilder, ihre Vermittlung durch Medien, Werbung und Literatur sowie die Folgen der Altersbilder einer Gesellschaft und ihre heutige Weiterentwicklung ist sehr illustrativ untersucht in: Hans Peter Tews: Altersbilder. Über Wandel und Beeinflussung von Vorstellungen vom und Einstellungen zum Alter. Köln: Kuratorium Deutsche Altershilfe (Forum H. 16) 1991.
18 Stellvertretend für viele ähnliche zusammenfassende Charakterisierungen der »neuen Alten« sei zitiert: Ludger Veelken:

Aspekte der Strukturveränderung des Alterns und der Sozialpolitik im Hinblick auf die Weiterbildung im Alter. In: Gerhard Naegele/Hans Peter Tews (Hrsg.): Lebenslagen im Strukturwandel des Alters. Alternde Gesellschaft – Folgen für die Politik. Opladen 1993, S. 252.
19 Die Lebensstilforschung, insbesondere die »des Alters«, ist ein erst jüngst wieder »boomendes« Forschungsgebiet, in dem mehr Fragen offen als beantwortet sind. Vgl. etwa als Überblick: Walter Tokarski: Lebensstile: Ein brauchbarer Ansatz für die Analyse des Altersstrukturwandels? In: Gerhard Naegele/Hans Peter Tews (Hrsg.): Lebenslagen im Strukturwandel des Alters. Alternde Gesellschaft – Folgen für die Politik. Opladen 1993, S. 116–132, aber auch die S. 343–345 im Beitrag von Naegele/Tews in diesem Sammelband.
20 Hans Peter Tews: Altersbilder. Über Wandel und Beeinflussung von Vorstellungen vom und Einstellungen zum Alter. Köln: Kuratorium Deutsche Altershilfe (Forum H. 16) 1991, S. 105.
21 Statistisches Bundesamt (Hrsg.): Datenreport 1992. Bonn 1992, S. 584.
22 Wer an ähnlichen Studien interessiert ist, möge sich vertiefen in die folgenden (freilich sehr verschiedenartigen) Bücher: Martin Kohli u. a.: Engagement im Ruhestand. Rentner zwischen Erwerb, Ehrenamt und Hobby. Opladen: Leske+Budrich 1993. Helena Klostermann: Alter als Herausforderung. Frauen über sechzig erzählen. Frankfurt/M.: Fischer Taschenbuch 1984. Christel Schachtner: Ein neues Leben. Alt werden in einer Wohngemeinschaft. Frankfurt/M.: Fischer Taschenbuch 1989. Angela Joschko/Hanne Huntemann (Hrsg.): Die ungekannte Freiheit meines Lebens. Frauen zwischen Jugend und Alter. Weinheim und Basel: Beltz 1986.
23 Nähere Informationen hierzu bei: Gabriele Gerngroß-Haas/Gerhard Berger/Erwin Müller: Selbständiges Wohnen mit gesicherter Pflege im Servicehaus. Planung, Realisierung und Evaluation eines Modellprojekts. In: Altenheim Jg. 32, H. 2, 1993, S. 83–96.

3. Die »Weitermacher«: »...ich mache es, bis mir der Taktstock aus den Händen fällt...«

Äußerungen wie diese sind charakteristisch für diejenigen Älteren, die ihren dritten Lebensabschnitt ohne Bruch, in Fortführung bisheriger zentraler Lebenslinien und Tätigkeitsfelder begehen. Hierzu gehören vor allem Künstler oder Selbständige, die ohne formale »Altersgrenze« und ohne größere Einschnitte ihre bisher ausgeübte Tätigkeit fortsetzen. Unter unseren Befragten waren dies meist Männer. Hierzu gehören aber auch Menschen, die bis zu ihrem Eintritt in die sogenannte »Altersphase« nicht im üblichen Sinne bezahlt berufstätig waren, die aber »ehrenamtlich«, unbezahlt mit großem Einsatz und Engagement Dinge betrieben haben, die sie jetzt im Alter fortführen. Dies sind in der Regel Frauen. Fallen hier Belastungen durch »Familienarbeit« weg, kann sogar ein verstärktes Engagement die Folge sein.

Der dritte Lebens-»Abschnitt« wird von diesen Älteren nicht als Einschnitt oder neuer Abschnitt erlebt, sondern es überwiegt das kontinuierliche Fortführen von bereits vorher bestimmenden Lebenslinien. Aus dem Kreis unserer Interviewpartnerinnen und Interviewpartner, die diesen Weg »erfolgreichen Alterns« für sich gewählt haben, kamen z. B. die folgenden Aussagen, die uns dazu brachten, sie als »Weitermacher« zu bezeichnen:

»...es ist eigentlich bei mir denn einfach weitergelaufen... Wenn ich nicht mehr arbeiten würde, dann könnte ich auch nicht mehr arbeiten. Solang ich arbeiten kann, solang mein Kopf noch mittut und dazu auch noch in einem gewissen Maße mein Körper, werde ich arbeiten, weil mir die Arbeit auch Spaß macht. ...Ich werde so lang arbeiten, bis ich umfalle, wenn es geht.« (Herr E., 77 Jahre, Verleger)

»...das Schöpferische, wenn das nicht mehr da ist, dann könnte ich mir vorstellen, naja, daß ich dann alt bin. Vorher kann ich mir gar nicht vorstellen, ich möcht's mir auch gar nicht...« Gedanken daran, irgendwann aufzuhören, »sind Gedanken, die finde ich einfach völlig überflüssig. Der Künstlerberuf ist ein Beruf, der immer mit sich selbst beschäftigt...« (Herr B., 81 Jahre, Maler)

»Da gibt es einfach keinen Bruch, wenn man den Beruf immer geliebt hat, – das will man nicht verlieren. ...Ich mache es, bis mir der Taktstock aus den Händen fällt.« (Frau D., 62 Jahre, Musikerin)

Dieser Weg »erfolgreichen Alterns« scheint auf den ersten Blick und aus der Perspektive der Mehrheit der Bevölkerung eher eine Sondersituation und damit nur für einen kleinen Teil der Älteren gangbar zu sein. Bei den »Weitermachern« finden wir Menschen, die ihre bisher ausgeübte Tätigkeit fortführen, obwohl sie deutlich älter sind, als konventionelle Altersgrenzen eine Beschäftigung »zulassen« würden, oder solche, deren Alter zwar in der Nähe der »Pensionierungsgrenze« liegt, die aber für sich diese »Ruhestands-Altersgrenze« und damit ein Aufhören nicht sehen. Sie scheinen besonders privilegiert, haben sie doch Berufe oder »Berufungen«, die diese Art des »Weitermachens«, diese Art, erfolgreich zu altern, erst ermöglichen. So sehen sie auch selber ihre Bedingungen als sehr speziell und kaum übertragbar an:

»Deshalb bin ich ja nicht typisches Vorbild für andere. Das steckt halt in einem drin, oder nicht. Und es hängt mit dem Musikerberuf zusammen...« (Frau D.)

Doch befassen wir uns intensiver mit den einzelnen Lebenssituationen und Lebensschilderungen, ergeben sich gerade aus diesem »Sonderfall« wichtige Aufschlüsse für unser Thema. Beginnen wir deshalb mit zwei ausführlichen biographischen Erzählungen, die die unterschiedlichen Formen, im dritten Lebensabschnitt »weiterzumachen« und dabei erfolgreich zu altern, illustrieren sollen.

Zunächst **Herr E.** (geschieden und alleine lebend, 2 Kinder), ein erfolgreicher Verleger, der ohne jegliche Veränderung oder Einschränkung und mit großem Genuß mit inzwischen 77 Jahren seiner »klassischen« Berufstätigkeit nachgeht. Er genießt die Arbeit als Gegenpol zu seinen »Passionen und Vergnügungen« und wird versuchen, »so lang wie möglich zu arbeiten«. Dies ist ihm die größte Selbstverständlichkeit, und erst durch die Fragen Außenstehender, »ja arbeiten Sie denn noch«, wird ihm das Ausnahmehafte seiner Situation bewußt:

»Ich bin 1915 geboren. Mein Vater kam aus sehr kleinen Verhältnissen. Er hat neun Jahre die Volksschule besucht und hat an Silvester des letzten Jahres gesagt, ihr braucht mir gar nichts schenken, aber ihr müßt mir versprechen, daß ich einen Beruf lernen kann. Er wurde dann Buchbinder und hat bis 1914 als Buchbinder in Hamburg gearbeitet, wo er auch gelernt hat. 1914 hat er geheiratet. Meine Mutter kommt aus Breslau, war aus einer jüdischen Familie. Die Mädchen sind nach Hamburg gegangen, da hat meine Mutter meinen Vater kennengelernt. In der Buchbinderei war es sehr schwierig, weil die Geschäftsbücher gemacht haben, die sie nach England geliefert haben, und da war nichts mehr zu liefern. Und da gab es eine Möglichkeit, daß er zur Eisenbahn gehen

konnte. *Er konnte nicht Soldat sein, weil ihm drei oder vier Rippen fehlten. Während des ganzen Krieges war er in Warschau, bei den Eisenbahnern..., kam dann 1918 wieder, wurde Vorsitzender des Arbeiter- und Soldatenrates in Altona und hat dann eine Gewerkschaftsschulung mitgemacht. Er war immer ein sehr guter Schüler, war immer Klassenerster und sehr belesen. 1923 kam er dann nach Berlin, in das Reichsverkehrsministerium als der Vorsitzende des Hauptbetriebsrats, das heißt, er war der Vertreter für sämtliche Arbeitnehmer der damaligen Reichsbahn und war dann hier in F. Bezirksleiter der Eisenbahngewerkschaft. Das ging bis 1933, dann war's sowieso zu Ende. Erst hat er versucht, für jüdische Verwandte von uns ein bißchen zu reisen; das war aber bald zu Ende.*

Ich habe 1932 die sogenannte mittlere Reife gemacht, das heißt Obersekunda-Reife. Die Lehrer sagten, ob ich nicht das Abitur mache, und ich hab' dann mit meinem Vater drüber gesprochen. Er sagte, nein, ich habe die Volksschule besucht, und du hast die Mittelschule besucht, und deinen Sohn kannst du mal studieren lassen – wobei unsere Kinder beide das Abitur gemacht haben, aber keiner wollte studieren. Ich habe gesagt, was soll ich denn lernen, weil ich keine Lust gehabt habe, jetzt irgendwas zu arbeiten. Schriftsetzer, sagte er, das ist die Elite der Arbeiterschaft. Es gibt soundsoviel Schriftsetzer, die sind Ministerpräsidenten geworden, was auch stimmte, die haben natürlich die beste Halbbildung gehabt durch ihren Beruf. – Und das war auch gut so, denn ich hätte nach 1933 auch nicht mehr studieren können. Ich habe dann wirklich vier Jahre Schriftsetzer gelernt, da war's 1936. Man hat versucht, mich in der Firma zu schulen; ich habe in allen Abteilungen gearbeitet, weil man mich eigentlich zum Vertreter machen wollte. Und in der Zwischenzeit haben sie natürlich auch rausgekriegt, daß irgendwas mit mir nicht in Ordnung ist. Aber ich kann mich eigentlich nicht beklagen. 39 kam der Krieg. Aber ich konnte nicht Soldat sein wegen meiner Mutter, vorher mal kam ich vor so eine Kommision, und die haben mir natürlich die »rassische Belastung« in Anführungszeichen und die politische Belastung nachgewiesen, das war dann zuviel.

Bis 1945, also 13 Jahre, war ich im gleichen Betrieb, da hab' ich gelernt, habe dann da auch gearbeitet, später als Kalkulator, Disponent und als Schriftsetzer und zum Schluß so als Mädchen für alles, da ging ja schon alles drunter und drüber... Ich hatte einen Freund, der einen jüdischen Vater hatte, und wenn ich ihn besucht habe, haben wir uns darüber unterhalten, was wir dann machen, wenn wir durchkommen. Das war gar nicht so selbstverständlich, denn ich wurde zweimal aufgefordert, in ein Arbeitslager zu gehen, ... meine Mutter war in Auschwitz umgebracht worden. Wenn wir übrig bleiben, hat er gesagt, will ich in die Politik, und ich habe gesagt, ich will Bücher machen, obgleich ich natürlich für die Politik gute Voraussetzungen hatte. Als der Krieg zu Ende war, bin ich nach F. gekommen und habe nach einigen Monaten beim Amerikaner um eine Verlagslizenz nachgesucht. Und die habe ich auch gleich bekommen...

Ich habe natürlich gewußt, wie man ein Buch macht, aber ich habe natürlich noch nicht so richtig gewußt, daß in einem Buch auch was drinstehen muß. Aber das habe ich innerhalb von zwei, drei Jahren gelernt. Zu Anfang versuchte ich, Lyrikbände zu machen. Später kam ich drauf, daß ich eigentlich eher ein Augenmensch bin. Deshalb habe ich mich dann vorzugsweise mit Architektur und Kunst beschäftigt. 1950 kam ich das erste Mal nach Amerika, wir haben vorher schon angefangen, Design-Bücher zu machen, ein bißchen mit Architektur anzufangen. 1950 habe ich dann Gropius und Mies van der Rohe in Amerika besucht. Und es war eigentlich relativ einfach, man hat sich ja gefreut, wenn jemand kam, der ein Buch machen wollte.

Ich würde gerne nachfragen, was Sie denn so daran gereizt hat, Bücher zu machen?

Naja, ...für mich hat ein Buch immer etwas, sagen wir mal – ein furchtbarer Ausdruck, und bitte überhören Sie die Ironie nicht – auch etwas Hehres gehabt. Ich habe Bücher, wie mein Vater, immer geachtet. Ein Buch ist... etwas sehr Schönes, und es waren doch eher proletarische, kleinbürgerliche Verhältnisse, aus denen ich kam. *Für mich war das eigentlich immer klar, daß es nur eine Möglichkeit gibt, weiterzukommen, mit Bildung, aber jetzt nicht Bildung im Sinne von Schulbildung, sondern im Sinne des 18. Jahrhunderts, daß die Bildung, die man an sich heranträgt, eigentlich auch das Menschenbild beeinflußt und mitformt.*

Für mich war das Buch ein großes Werkzeug, und insofern hat mein Vater dafür gesorgt, daß ich den richtigen Beruf einschlage. Es ist natürlich auch etwas sehr Schönes, ein Buch zu machen. Da gehört sehr viel Geschmackskultur dazu und handwerkliche Kenntnisse, ... ich glaub', das war eine Möglichkeit für einen Handwerker, dann doch weiterzukommen, ich war ja Handwerker als Schriftsetzer. Im Dritten Reich war's nicht viel mit Weiterbildung, ich bin nie ins Ausland gekommen, ich hatte keinen Paß, und ich hätte auch keinen bekommen, wenn ich einen beantragt hätte. Leute meines Schlages haben keinen Paß bekommen. Einen Aufstieg über die Arbeiterbewegung wollte ich nicht, ich weiß gar nicht mal, warum, aber höchstwahrscheinlich war das andere für mich feiner, wenn man es jetzt mal ganz primitiv ausdrückt.

Gab es bei Ihnen mit etwa 65 mal einen Gedanken an eine Zäsur, die bei anderen mit dem Ruhestand vergleichbar wäre?

Also Ruhestand nicht, aber interessant war... Ich war sehr lange verheiratet, über 40 Jahre. 1950 kam ich zum ersten Mal nach Amerika, 1957 gingen wir gemeinsam hin und sind sehr lange geblieben. Ich glaube, drei oder vier Monate. Später kamen wir regelmäßig nach Amerika... und waren immer schön angezogen und waren eigentlich sehr gepflegte und halbwegs gebildete Leute. Meine Frau war vielleicht noch etwas gebildeter als ich, sie hat studiert, Kunstgeschichte. 1967 oder 1968 waren wir während der Studentenrevolte auch in New York. Wir sind damals mit einer Reihe von Leuten zusammengekommen, die sehr stark beeinflußt waren durch diese studentischen Protestbewegungen, auch Künstler, und auf einmal fing ich an zu denken, Mensch, was machst du hier eigentlich, du machst ja immer wieder das Gleiche, eigentlich ist das jetzt Routine, und darunter hab' ich sehr gelitten...

Wie alt waren Sie da?

53, und ich weiß noch, das hat ein halbes Jahr gedauert. Irgendwie hab' ich auch diesen jungen Menschen gegenüber ein schlechtes Gewissen gehabt. Wenn man früher weggefahren ist, hat man schöne Frühjahrsanzüge gehabt, wenn man im Herbst wegfuhr, wieder andere, man hat was dargestellt, es war auch eine Rolle, die man gespielt hat, aber das kommt einem erst hinterher so vor. Ich weiß noch, ich bin eines Morgens aufgestanden und habe mich gefragt, was ist eigentlich los mit dir, du könntest jetzt irgendwas anderes anfangen, aber nach einem halben Jahr oder einem Jahr würdest du dir genauso sagen, was treibst du eigentlich? Es wäre doch auch nur eine Flucht gewesen. Ich hab' zu mir gesagt, du kannst nichts besser als das Büchermachen. Alles andere, was du machen würdest, interessiert dich doch nicht, also bleib' dabei.

Und seither hatten Sie nie wieder einen Punkt, an dem Sie dachten, komisch, andere in meinem Alter, die hören auf?

Nein, nie. Es ist eigentlich bei mir denn einfach weitergelaufen. Bis etwa vor zehn Jahren haben wir nie Geld verdient im Verlag. Und man hat immer so weitergemacht, hat sich auch keine Gedanken darüber gemacht, daß man da nicht viel verdient hat.

Was ist das, was Sie jetzt da noch so antreibt? Immer noch die Grundidee, etwas Schönes…?

Na ja, da sind verschiedene Sachen. Also vor drei oder vier Jahren, Ende der 80er Jahre, kamen zum ersten Mal Leute und sagten, wollen Sie nicht verkaufen? Da hab' ich gesagt, ach Gott, eigentlich nicht. Und dann kam A. und sagte auch, laß' uns doch zusammengehen. Dann habe ich mir das überlegt, hab' die Firma mal schätzen lassen. Meine Kinder sind eigentlich beide nicht daran interessiert. Dann kam auch die Trennung von meiner Frau. Und da ich relativ gesund bin und sehr alt werden kann und eigentlich bisher nie viel Geld auf die Seite gebracht habe und nur eine kleine Rente kriege, hat dies auch einen gewissen Anreiz dargestellt.

Dann kam B., und B. ist eine sehr gute Druckerei hier, eine her-

vorragende Druckerei. Die sagten zu mir, wollen Sie nicht mit uns, das wär' doch prima. Irgendwie hab' ich ein bißchen Angst davor gehabt, weil der Mann, mit dem ich da zusammenarbeite, der ist jetzt gerade 40 geworden. War also damals zweite Hälfte 30, der ist unerhört vital, sehr intelligent, also im Grunde genommen eine Parallele zu meiner eigenen Entwicklung. Da hab' ich mir immer gesagt, da kannst du nicht mithalten. Dann kam natürlich auch der Ehrgeiz. In der Zwischenzeit hat sich herausgestellt, daß ich da ganz gut mitkomme, und es ist ein sehr, sehr schönes Verhältnis. Ich lerne von meinem Kollegen dauernd wieder, und wir verstehen uns sehr, sehr gut. Ich weiß nicht, was er von mir lernt, aber ich lern' eigentlich dauernd was von ihm. Also ich glaube, nein ich bin sicher, ich habe das Klügste gemacht, was ich machen konnte, daß ich eigentlich mit Leuten zu tun habe, die von meiner noch vorhandenen Vitalität profitieren und ich sozusagen von deren, plus der Intelligenz, die da auf mich zukommt.

Arbeiten Sie inzwischen zeitlich ein bißchen weniger?

Nein, ganz normal. Neulich haben wir einen Katalog gemacht für eine Ägypten-Ausstellung in P. Da bin ich morgens um eins nach Hause gefahren und war dann um drei zu Hause. Dann schlaf' ich halt bis um neun, das ist ja auch kein Problem. Also, wenn ich gesund bin, das heißt, ab und zu kriegt man mal so eine blöde Bronchitis, die geht dann nicht so rasch weg. Aber ich bin wirklich relativ gut belastbar. Ich hab' einen prima Blutdruck. Das Herz funktioniert nicht mehr so gut, wie es noch vor zwei, drei Jahren funktioniert hat, aber es strengt mich gar nicht an. Heute morgen kam ich um halb zehn, habe davor Tennis gespielt. Normalerweise gehe ich frühestens um halb sieben weg, nicht weil ich so lange aushalten muß. Oder morgen früh fahre ich nach Paris. Am Morgen habe ich zwei Besprechungen, und am Freitag zwei weitere. Am Samstag will ich rausfahren nach Giverny. Ich möchte die Tizian-Ausstellung sehen, und am Montag früh fliege ich dann wieder nach Hause.

Was würde Ihnen denn fehlen, wenn Sie mit dieser Art von Tätigkeit aufhören würden, oder was würde das bedeuten?

Ich vergnüge mich eigentlich sehr gerne. Ich spiele ganz gern Tennis. Ich gehe zum Fischen ins Allgäu – da war ich immerhin schon jetzt die letzten drei Wochenenden –, gehe gern ins Theater, geh' nach Salzburg, geh' nach Bayreuth. Aber das Entscheidende ist, wenn ich die Arbeit nicht hätte, ich glaub', daß ich mir wie ein, ja wie kann man das nennen, wie ein Parasit vorkäme. Das ist keine moralische Sache, vielleicht ist auch deswegen der Begriff Parasit nicht richtig. Einfach die Spannung. Daß man jetzt nicht sagt, ich bin ein aktiver Greis, sondern ich bin ein aktiver, normaler Mensch im Arbeitsleben. Ich glaube, daß mir meine Normalität dadurch erhalten bleibt, daß ich das tue, was ja jeder normale Mensch macht, er arbeitet und er macht eine Wanderung oder geht ins Freibad oder was immer oder geht zum Skilaufen... Ich glaube, ich würde mich, also ich will's nicht übertreiben, aber ich glaube doch, ich würde mich unglücklich fühlen, wenn ich nicht mehr arbeiten könnte.

Ich glaube, ich muß den Parasiten doch etwas korrigieren. Es ist so: Wenn ich nicht mehr arbeiten würde, dann könnte ich auch nicht mehr arbeiten. Solang ich arbeiten kann, solang mein Kopf noch mittut und dazu auch noch in einem gewissen Maße mein Körper, werde ich arbeiten, weil mir die Arbeit auch Spaß macht.

Bei unserer Arbeit gibt es auch immer wieder Komplikationen. Aber es war noch nie so, daß ich mir gesagt hab', laß es doch bleiben. Es ist eigentlich auch schön, wenn man, nicht im Sinne eines sportlichen Beweisens, sieht, daß man Probleme lösen kann. Und eins muß ich feststellen: Ich reg' mich viel weniger auf, als ich mich früher aufgeregt hab'. Ich gehe auch an die Sache viel ruhiger ran. Das ist natürlich ein Genuß. Da sag' ich mir auch, warum soll ich mir den entgehen lassen? Heute bin ich da viel souveräner geworden.

Ich frage mich nur, ob das vielleicht bedeuten würde, wenn Sie aufhören würden, daß Sie dann alt sind, also dann wirklich?

Also, daß das eine Rolle spielt, will ich nicht abstreiten.

Oder auch im Sinne eines sportlichen Sich-Beweisens: Gucken, wo sind meine Grenzen, wieweit kann ich da mithalten?

Ja, ja. Vielleicht sollten wir da noch mal zurückgehen, wie ich gesagt habe, das Schöne ist die Spannung. Daß man sagen kann, ich arbeite und ich vergnüge mich. Wobei ich beides für gleichwertige Dinge halte. Das Vergnügen ist nicht die Schlagsahne, die auf dem Kaffee schwimmt, sondern das sind wirklich diese zwei Pole. Und der eine Pol wäre weg, das Spannungsverhältnis wäre weg.

Dann macht ja, wie viele Menschen leben, mit diesem Ruhestand, überhaupt keinen Sinn?

Ja, man merkt es ja auch, wenn man mit den Leuten zusammen ist, daß die dann, nicht alle, auch sehr oberflächlich werden...

Also noch mal die Frage: Was ist Spannung, warum muß Spannung zwischen Vergnügen und Arbeit dasein? Was bedeutet das eigentlich, – daß ich mir dann das Vergnügen verdient habe?

Nein, das würde ich nicht sagen. Das wäre ja doch sehr calvinistisch. Nein. Vielleicht ein ganz gutes Beispiel: Das haben Sie ja sicher auch schon erlebt, Sie sind in einem Konzert, und die Musik geht wirklich in Sie ein. Sie sind unerhört glücklich. Wenn ich an irgend etwas arbeite, dann habe ich das gleiche Glücksgefühl. Das ist wirklich das Entscheidende. Sicher, ich geh' seltener ins Konzert, als ich arbeite. Ich frag' mich manchmal, was wird denn jetzt auf deinem Schreibtisch liegen? Und daß man mit seiner gestalterischen Fähigkeit etwas zu lösen hat, halte ich für genauso schön, wie über ein Buch nachzudenken oder Musik zu empfinden. Das ist doch eigentlich eine ziemlich verbreitete Lehre, daß Arbeit erst den Menschen zum Menschen macht. Marx war ja auch der Ansicht, daß erst durch die Arbeit der Mensch sich zum humanen Wesen konstituiert. Soweit will ich gar nicht gehen. Vielleicht auch noch ein praktischer Grund: Soviel kann man sich gar nicht vergnügen, um damit sein Leben auszufüllen.

Es müßte dann, wenn man mit der Arbeit aufhören würde, irgendwas anderes…?

Eine andere Arbeit. Es gibt Leute, die sagen, ich höre jetzt auf und schreib' ein Buch. Das kann ich nicht. Also, die Bücher, die ich schreiben kann, die möchte ich eigentlich nicht lesen, insofern fällt das schon mal raus.

Merken Sie denn das Älterwerden, hat das denn irgendeine Bedeutung, oder taucht es als Thema überhaupt nicht auf?

Na ja, es kommt drauf an. Momentan merke ich's überhaupt nicht. Da fühl' ich mich wie eh und je. Aber nun hatte ich im Winter die Bronchitis, und dann kam noch eine Herzgeschichte dazu. Aber das haben auch schon Jüngere. Da macht man sich natürlich Gedanken. Man muß sich ja auch Gedanken machen, an was man stirbt. Aber das hat eigentlich nichts mit dem Älterwerden zu tun. Ich merke eigentlich viel mehr, daß ich älter werde, wie andere Leute sich mir gegenüber verhalten. Ich find' mich – das dürfen Sie eigentlich gar nicht schreiben, weil es so unerhört eitel klingt –, ich fühl' mich nicht alt. Wie mein Vater gestorben ist, den ich dann als Toten gesehen habe, da wurde es mir auf einmal bewußt – er ist etwa vor 15 Jahren gestorben, da war ich auch schon über 60 –, da hab' ich mir auf einmal gesagt, und jetzt bist du der Nächste. Da war auf einmal eine Beziehung zum Tod da. Aber vorher habe ich mir immer gedacht, wie ist das eigentlich, wenn einer stirbt? Ich hab' vor ein paar Jahren eine Krebsoperation gehabt, und da macht man sich natürlich auch Gedanken, wie geht es weiter? Aber das ist jetzt auch schon wieder vier Jahre her, ist alles in Ordnung. An den Tod denke ich, aber ans Alter eigentlich nicht. Man merkt es eher, daß andere Leute einen mit einer gewissen Hochachtung, nicht weil man alt ist, sondern weil man alt ist so, wie man alt ist…

Wie stellen Sie sich denn Ihre weitere Zukunft vor?

Na ja, wie man mich gekauft hat, da war das ganz klar, daß man gesagt hat, wir wollen Sie. Da war auch ein Teil Menschenhandel dabei, auf eine sehr sympathische Art und Weise. Man hat mir ziemlich klar zu verstehen gegeben, wenn Sie nur Ihren Betrieb verkaufen und aussteigen wollen, dann ist der natürlich wesentlich weniger wert. Und nun kommt es darauf an, in welchem Gesamtzustand ich weiterhin bin. Ich habe einen Freund gehabt, der ist mit 89 gestorben. Der hat bis 88 in einem amerikanischen Verlag gearbeitet.

Wäre das ein Vorbild für Sie? Also einfach so weiterzumachen, wie Sie sagten, solange es geht?

Eigentlich ja, überlegen wir mal, ich lasse jetzt körperlich nach und bleib' geistig noch ganz gut beieinander, dann kann ich bald nicht mehr Tennis spielen,... und es fallen so ein paar Sachen weg, die mich beschäftigt haben. Dann sind letzten Endes das Lesen, die Musik und die Arbeit doch der Lebensinhalt, das ist ja kein schlechter Inhalt. Insofern würde ich schon sagen, ich werde so lang arbeiten, bis ich umfalle, wenn es geht. Ich hab' den Eindruck, ich hab' das vielleicht nicht gut genug rausgearbeitet, was mich dazu treibt. Aber für mich ist es eigentlich die größte Selbstverständlichkeit... Gut, man könnte fragen – solche dummen Fragen stellen Sie nicht –, warum atmen Sie? Atmen ist ja Zwang, – wenn es möglich ist, weiterzuarbeiten, würde ich es sehr gern tun.

Ich meine, es ist doch höchstwahrscheinlich ein Syndrom. Da kommen viele Dinge zusammen, die sich ergänzen. Auch daß man als Mensch noch gebraucht wird, tut einem ja gut. Ich glaub', das ist ja eine ganz natürliche Neigung. Das Gebrauchtsein ist insofern sehr schön, weil man das Gefühl hat, das ist auch eine menschliche Beziehung. Man wird nicht nur gebraucht, weil man tüchtig ist und das und das kann, sondern es ist das ganze Wesen des anderen, sein Charakter, seine Persönlichkeit. Und das finde ich doch sehr schön.

Wenn ich Sie so reden höre, verstehe ich das unheimlich gut. Nun haben Sie natürlich auch ganz besondere Bedingungen.

Das ist richtig. Ich finde es schlimm, mit 65 zu gehen, bloß weil man 65 ist. Da ist man noch lange nicht ausgelaugt. Es gibt natürlich Menschen, die können in der Ecke sitzen und philosophieren und können das auch zu Papier bringen. Aber das ist eine Minorität, eine sehr kleine. Ich gehöre nun mal zu denjenigen, bei denen über das sinnliche Erleben und auch durch das Machen sich dann auch ein kleines Maß von Erkenntnis entwickelt. Ich glaube, daß jeder mit seinen Mitteln haushalten muß. Es gibt Dinge, wo ich nicht sehr begabt bin, aber ich habe nun wirklich, glaube ich, einem dunklen Drange folgend etwas angefangen, gerade dieses Büchermachen – ein Buch hat eine sinnliche Seite, aber drückt auch einen Inhalt aus in der sinnlichen Erscheinung –, und da glaube ich, daß ich da ganz gut bin.«

Gleich im Anschluß an die biographische Schilderung durch Herrn E., bei dem die kontinuierliche Berufstätigkeit, als typisches männliches Lebensmuster, im Mittelpunkt steht und sich das »Weitermachen« auf diese Berufstätigkeit bezieht, soll die Lebenserzählung von Frau D. folgen, um so im direkten Kontrast die unterschiedlichen Varianten des Weges, den »Weitermacher« einschlagen können, zu verdeutlichen.

Frau D. (62 Jahre, verheiratet, 2 Kinder) gehört zu den Frauen, die ihre eigene Berufstätigkeit zunächst wegen des »familiären Intermezzos« zurückgestellt haben. Da sie Schulmusik studiert hat, war es ihr möglich, z. B. über Privatschüler, kontinuierlich »mit einem kleinen Zeh« in diesem Tätigkeitsfeld zu bleiben. In dem Maß, wo ihr mehr Zeit zur Verfügung stand, weitete sie dieses Engagement sukzessive aus, bis es heute, in einem Alter, wo andere Menschen ihren »Ruhestand« antreten, eine umfangreiche Palette musikalisch-künstlerischer Betätigungen umfaßt. Auch sie kann sich ein Aufhören, bevor ihr der »Taktstock aus den Händen fällt«, gegenwärtig nicht vorstellen. Im Vergleich mit Herrn E. fällt auf, daß Frau D. überwiegend ehrenamtlich bzw. unbezahlt tätig war und ist und daß die Intensität ihres »Weitermachens« (bzw. der kontinuierlichen Beschäftigung mit dem »Thema mit Variationen«) während der »Familienphase« zurückging, um sich danach zu verstärken und auszuweiten.

»Ja, das ist ein einziges Thema mit Variationen. Es war immer die Musik, war die Begegnung mit Menschen und die Gruppenarbeit in verschiedenster Form. Schon mit 13 Jahren, während des Krieges, durfte ich einen Singgruppenleiterkurs besuchen. Im Alter von 15 bis 17 Jahren sang und spielte ich mit Kindern im Waldheim während der Schulferien. Und im Abiturzeugnis steht unten dran:... stellte ihre musikalischen Fähigkeiten immer in den Dienst der Schule. Kein Wunder, daß ich nachher Schulmusik studieren wollte, der breiten Fächerung und der vielseitigen Wirkungsmöglichkeiten wegen.

Das wissenschaftliche Beifach Englisch schloß sich an. Dabei leitete ich den Anglistenchor an der Uni, und als ich ein Stipendium für ein Jahr in England kriegte, habe ich dort an der Universität in Leeds den German Choir gehabt, auch mit Aufführungen. Ich schloß dann meine Ausbildung mit dem Referendariat ab, habe unmittelbar danach geheiratet und noch zwei Jahre an einem Gymnasium in T. unterrichtet.

Wie alt waren Sie da?

27 nach der Referendarprüfung, 29, als die Tochter zur Welt kam. Und da hab' ich dann aufgehört. Beruf und Familie – das wäre zu anstrengend geworden. Aber dann kamen – wir hatten ein offenes Haus – Freunde der Kinder, ich hab' mit ihnen musiziert und Feste gestaltet.

Einen wirklichen Neuanfang im musikalischen Bereich – für mich selbst – habe ich dann im Alter von 48 Jahren gemacht. Ich nahm Cellounterricht. Vom Studium her ist eigentlich Klavier mein Hauptfach.

Vier Jahre später las ich eine Annonce in der Zeitung, vom Altenheim Z. Sie suchten freiwillige Mitarbeiter zur Mitbetreuung der Heimbewohner. Ich ging ganz spontan hin, sagte: Hier bin ich, das und das kann ich, habt ihr schon einen Heimchor? Und bald danach fand die erste Singstunde mit den alten Menschen statt, von da an wöchentlich einmal.

Bald habe ich gemerkt, daß nur diejenigen alten Menschen aktiv sind, die schon immer etwas regelmäßig zu ihrer Freude getan haben. Da dachte ich: Man muß also früher, im mittleren Lebensalter schon, ansetzen, um Menschen zu aktivieren.

Nach weiteren zwei Jahren gründete ich deshalb einen »Musizierkreis über 50«. Der äußere Anlaß war ein großer Seniorentag hier in T. Ich hab' mit Handzetteln dafür geworben. Das Echo war sehr positiv, bei interessierten Instrumentalisten und bei Institutionen. »Ganz toll, daß das jemand macht!« – »Das ist 'ne Lücke!«

Aber ich hab' nicht geahnt, in was ich mich da einließ. Die finanzielle Unterstützung blieb aus. Ich hab' die Raummiete aus der eigenen Tasche bezahlt und die Noten für die Blockflötengruppe und auch für das Streichorchester.

Sie haben das ganz alleine investiert?

Ja.

Weil Ihnen das einfach wichtig war…

Ja. Im Lauf der Zeit spielten wir dann da und dort, und da haben die Leute auch was in unsere Spendenkasse gegeben, daß wir wenigstens Noten davon kaufen konnten.

Aber Ihre Arbeitszeit?

Wurde von keiner Institution honoriert. Bis heute nicht.

Es ist alles ehrenamtlich?

Ja. Ich arbeite zwar neuerdings mit der Musikschule zusammen, kann dort auch gelegentlich Noten mitbenützen. Die Schulmeisterkantate von Telemann, ein gemeinsames Projekt von Musikschule und Treffpunkt Senior, hat den älteren Menschen vom Streichorchester und den jungen Leuten (Kinderchor, Bariton) und natürlich auch mir selbst viel Freude gemacht. Das ist auch in Zukunft mein Ziel: die Berührung der Generationen. Aber durch die Kür-

zung der finanziellen Mittel durch die Stadt war meine geplante Anstellung an der Musikschule nicht möglich.

Wie ging das mit diesem kontinuierlichen Engagement ohne Vergütung?

Ich hätte es nie machen können, wenn mein Mann nicht der Geldverdiener gewesen wäre. Ich muß ihm danken, daß er immer Geduld hatte und mich unterstützt hat, nicht nur finanziell.

Was reizt am Neuanfang?

Das kann ich nicht beschreiben. Ideen zu haben und sie dann zu verwirklichen – das wurde mir wohl einfach in die Wiege gelegt.

Was ist das, was Sie da vorantreibt, was den Sinn für Sie ausmacht bei dieser Tätigkeit?

Den Sinn seh' ich darin, anderen durch die Musik einen Weg zu zeigen, ihnen zu helfen, wenn sie in der Gefahr sind, in ein Loch zu fallen, sie aufzumuntern, sie von Schmerzen – wenn auch nur vorübergehend – abzulenken.

Was bedeutet es für Sie selber?

Das bringt mir ein großes Glücksgefühl. Denn all dies strahlt ja positiv auf mich zurück, bringt mir neue Kraft, hält mich innerlich und äußerlich beweglich, ist wie Arznei für mich.

Wodurch kommt dieses Glücksgefühl zustande?

Das kann man kaum in Worte fassen. Es entsteht zum Beispiel, wenn ich in die leuchtenden Augen der Chorsänger sehe, oder durch die Musizieratmosphäre, durch die Harmonie in der jeweiligen Gruppe, durch das Gelöstsein jedes einzelnen, aber natürlich auch durch Äußerungen der Sänger und Musikanten und nicht zuletzt durch die Musiziererfolge nach außen – in der Öffentlichkeit.

Ist es auch Dankbarkeit den Eltern gegenüber?

Ja, sicherlich auch. Denn es war für sie damals eine große Belastung, mir das Studium zu ermöglichen.

Sie denken, das kann man jetzt nicht einfach brach liegen lassen?

Ja, aber es ist nicht nur das. Das Musizieren mit anderen ist mir einfach ein Bedürfnis, war es immer und wird es immer sein. Es ist einfach die Flamme, die brennt.

Was bedeutet das? So dieser Antrieb?

Das bedeutet, daß ich das Leben in großer Breite erfassen möchte, ich möcht' auf keinen Fall auf Schmalspur durchs Leben gehen.

Sie setzen auch für sich selber immer neue Aufgaben?

Ja. Obwohl: die setze ich mir nicht, die kommen einfach. Auch wenn ich ein Material liegen sehe...

Das spricht Sie an?

Ja, da krieg' ich plötzlich die Idee, was man daraus machen könnte. Ich bin überzeugt, daß ich irgendwann nochmal etwas anfange, was ich jetzt noch gar nicht weiß.

Wie war das in der Zeit, wo Sie sich nicht so intensiv mit der Musik befaßt haben, war das dann immer so im Hintergrund für Sie?

Ja, da ist mir die Decke auf den Kopf gefallen, und ich hab' wohl auch neidisch auf die Berufsarbeit meines Mannes gesehen.

Sie haben zwei Kinder, und dann hatten Sie, vermute ich, gewartet, bis da ein bißchen mehr Freiraum...

Ja, als die Kinder groß waren, konnte ich meine beruflichen Wünsche wieder eher in den Vordergrund rücken. Aber ein Bruch war da nicht. Der rote Faden, der dünner geworden war, wurde wieder stärker. Auch in dieser Zeit hab' ich immer wieder in Gruppen musiziert.

Aber je mehr Zeit dann für Sie zur Verfügung war, um so intensiver wurde das?

Sicher, es war dann wohl selbstverständlich, daß ich da weitermache, bloß mit anderen Vorzeichen. Ich wollte nun mit älteren Menschen musizieren, darin hab' ich eine neue Aufgabe gesehen. Ja, und dabei ist dann die Stetigkeit sehr wichtig. Ich hab', auch wenn's mir nicht so ganz gut ging, die Musizierstunden gehalten, das bringt mir auch die Gesundheit besser wieder, da fall' ich nicht so in ein Loch. Wenn ich etwas tue, dann schon stetig und konsequent.

Da ist etwas von außen, das Sie fordert und stützt?

Ja, ein fester Zeitplan ist einfach gut für mich. Zum andern weiß ich auch, wie enttäuscht die anderen wären, wenn's nicht so kontinuierlich stattfinden würde.

Was Ihnen selber dann auch nützt...

Ja, auf jeden Fall. Aber nicht nur mir, sondern allen im Chor und in den Musiziergruppen. Durch die Auftritte in der Öffentlichkeit z. B. kann ich mit den Leuten viel intensiver arbeiten, muß es ja. Solche Schwerpunktarbeit gibt jedem das Gefühl, er wird gebraucht, und alle haben ihre Freude am Erfolg.

Jetzt ist es ja so, daß Sie gerade in einer Zeit, wo andere Leute eher ihr Berufsleben abschließen, einen richtigen Höhepunkt...

Ja, richtig, ist es wohl. Deshalb bin ich ja nicht typisches Vorbild für andere. Das steckt halt in einem drin oder nicht. Und es hängt mit dem Musikerberuf zusammen, nicht so sehr mit meinem Lebensalter, und natürlich auch mit den Gleisen, die ich gelegt habe, solange mein Mann noch berufstätig war. Aber da hat sich nun das Problem ergeben, daß er pensioniert ist.

Wie alt ist er?

63. Er ist seit einem halben Jahr im Ruhestand. Davor hab' ich Angst gehabt. Aber er ist Gott sei Dank noch aktiv und hat noch vielerlei Aufgaben, auch außerhalb des Hauses. Er war in der Lehrerausbildung tätig, und für mich war das zu früh. Vorher ging's ja auch drum, die Zeit auszufüllen. Aber es pendelt sich jetzt gut ein, und er sagt nie etwas dagegen. Ich kann also den eingeschlagenen Weg weitergehen, das hält mich im Gleichgewicht, macht mich fröhlich. Das ist für uns beide gut.

Meine Perspektive für die weitere Zukunft, die kann ich jetzt freilich nicht voraussehen. Vor allem nicht für die Zeit, wo ich kräf-

temäßig nicht mehr kann, was ich mir da an Aufgaben selbst gewählt hab'. Ich mache es, bis mir der Taktstock aus den Händen fällt. Ja, irgendwann wird das sein, und da muß ich mich in Gedanken schon jetzt damit beschäftigen. Aber ich denke, irgendwo wird dann ein anderer Neuanfang auf mich zukommen. Man muß da einfach vertrauensvoll in die Zukunft schauen.

Meine Perspektive für die nahe Zukunft? Ich hab's schon erwähnt: vor allem die Zusammenarbeit der Seniorengruppen mit jungen Menschen. Für mich selbst bedeutet es sehr viel, wenn mich die jungen Kollegen akzeptieren. Wenn sie sagen: Ein solches Projekt machen wir mal wieder. Und ich habe dabei diese Lockerheit aus dem Gefühl heraus: Ich muß das ja nicht tun, ich mach' es freiwillig und gerne ohne den Zwang, Klassenarbeiten korrigieren oder Zeugnisse geben zu müssen.

Es ist einfach, daß Sie diese Abhängigkeit nicht haben, es nicht tun müssen und sich auch selber die Aufgaben setzen können, das Ausmaß bestimmen können...

Ja, sicher, so könnte man sagen.

Das unterscheidet sich schon von dem durchschnittlichen Berufsleben...

Ich glaube schon. Aber Sie werden das bei allen Musikern finden. Auch bei anderen Fachrichtungen, die intensiv mit Kreativität zu tun hatten, zum Beispiel bei bildenden Künstlern. Da gibt es einfach keinen Bruch, wenn man den Beruf immer geliebt hat, – das will und wird man nicht verlieren.

Natürlich spielt auch die Toleranz meines Mannes eine Rolle. Denn ich merk' das, daß viele eingeengt werden, vom Partner, auch von den Kindern, die vielleicht was lächerlich machen, das man neu beginnt. Ich hab' einfach dieses große Glück, denn wenn ich eingeengt wäre, dann würde mir auch der ganze Impetus geraubt sein.

Wenn Sie zuhause für ihre Arbeit kämpfen müßten...

Eben, genau, das ist ja die Luft zum Atmen, die ich da brauche, und die hab' ich durch ihn schon. Das ist der Boden, auf dem das über-

haupt erst wachsen konnte. Und auch von den Kindern bekomme ich Zustimmung und Anregungen.

Und dann noch etwas: In einer Ecke unseres Wohnzimmers steht ein großer Ammonit, ein wunderbares Kollegengeschenk zum 60. Geburtstag meines Mannes. Den seh ich oft an. Er ist mir in seiner Spiralenform eine Hilfe. Zum einen seh' ich die Spirale nach innen gehen, zum Mittelpunkt hin. Zum anderen aber seh' ich auch den immer größer werdenden Schwung nach außen. Und der sagt: Konzentrier' dich nicht bloß auf dich selber. Halt' die Balance zwischen dem eigenen Ich und dem, was nach draußen, zu anderen Bereichen, zu anderen Menschen führt. Das ist es.«

Die beiden biographischen Schilderungen haben die Spannweite der Möglichkeiten des »Weitermachens« illustriert: Unter unseren Interviewpartnern fanden wir Ältere, die wie Herr E. ohne jegliche Einschränkung mit ihrer (bezahlten) Berufstätigkeit fortfahren, genauso wie andere Ältere, die ihre Berufstätigkeit oder künstlerische Betätigung zeitlich etwas reduziert und angepaßt haben, z. B. nur noch halbe Tage arbeiten. Unter unseren Interviewpartnerinnen fanden wir Ältere, die sich ihr Leben lang kontinuierlich unbezahlt in unterschiedlichsten selbstgesetzten Tätigkeitsfeldern engagiert haben, genauso wie Ältere, die, nachdem die Kinder aus dem Haus sind, verstärkt mit ihrem »ehrenamtlichen« Engagement weitermachen.

Was ist nun über diese individuellen Verschiedenheiten hinaus das Typische, das Gemeinsame bei diesen Älteren? Welche Berufe bieten sich zum Weitermachen an, was zeichnet die Tätigkeitsfelder aus, die sie sich gesucht haben? Was macht letztlich diese Art der Lebensführung zu einem erfolgreichen Alternspfad?

Es überrascht nicht, daß wir unter den »Weitermachern« Selbständige und Künstler finden. Sie sind »freischaffend«, wie dies in dem Begriff vom »freischaffenden Künstler« zum Ausdruck kommt. Das heißt, sie sind nicht von einem

Anstellungsverhältnis abhängig, können sich die Rahmenbedingungen ihrer Tätigkeit, nämlich den zeitlichen Umfang und die »Altersgrenze«, selbst setzen. Genau dies trifft auch auf ehrenamtlich Tätige, auf sozial Engagierte zu, die sich Art und Umfang ihrer Tätigkeit selber suchen und bestimmen. Das Gemeinsame dieser Menschen ist, daß sie »Freischaffende an selbstgesetzten Aufgaben« sind. Die »Weitermacher« leben ihr Leben im Dienste einer selbstgesetzten Aufgabe, mit einem »Lebensthema«.

Uns fiel auf, daß die meisten von ihnen sich von einem solchen Lebensthema antreiben lassen, sich einer Lebensaufgabe verpflichtet fühlen, die für sie zentrale Bedeutung hat:

»Ja, das ist ein einziges Thema mit Variationen. Es war immer die Musik...« (Frau D.)

»...und ich will Bücher machen« (Herr E.)

«...weil es einfach in meiner Natur liegt zu malen, immer wieder ein neues Bild zu malen, immer wieder mich neu zu stellen.« (Herr B.)

Nicht verwunderlich ist, daß ein solches zentrales Lebensthema nicht konventionellen Altersgrenzen unterliegt, sondern – wenn die Situation es zuläßt – durch das ganze Leben trägt. Das heißt, daß eine solche Lebensaufgabe, von der man sich angetrieben, der man sich verpflichtet fühlt, so lange als möglich weiterverfolgt wird.

Das Charakteristische ist aber nun nicht nur das Vorhandensein eines derartigen Lebensthemas, sondern auch ganz besonders die Art und Weise, in der man sich von diesem Thema provoziert, von der Aufgabe herausgefordert und angetrieben fühlt:

»... ich muß immer irgendwas aufbauen, sonst bin ich nicht glücklich... Einfach 'ne innere Kreativität, die da war und die dann vielleicht in ein Loch reingestoßen ist, wo man sah, daß da eine Notwendigkeit ist, daß man da was tun konnte, sozial oder wissenschaftlich oder was auch immer, auf verschiedensten Gebieten... Das Kräfte-Einsetzen, man hatte Ideen, meine Güte, das könnte man doch so machen, und dann hab' ich's eben auch gleich gemacht. Das war dann nicht theoretisch, sondern dann bin ich in die Praxis gegangen... Es kam immer einfach angestoßen durch einen Anlaß, daß ich irgendwo gebohrt hab', daß ich mit irgend etwas unzufrieden war, was von außen kam, auch so mit den Nähkursen, die ich dann angefangen hab'. Ich war unzufrieden mit dem, was geboten wurde, ich hab' gedacht, das kann man besser machen, und hab' mich dann eben intensiv damit befaßt.« (Frau F., 66 Jahre, verheiratet, 6 Kinder)

»Es ist einfach die Flamme, die brennt.« Aufgaben, »die kommen einfach. Auch wenn ich ein Material liegen sehe,... da krieg' ich plötzlich die Idee, was man daraus machen könnte.« (Frau D.)

»... ja, das Mißlingen provoziert mich, das Mißlingen im Atelier, wenn ich etwas begonnen habe. Das ist immer so. Das Bild hat für mich immer drei Zustände – ich geh' ja darauf ein jetzt als Maler, nicht als älterer Mann –, ich beginne das Bild und habe im Moment damit Erfolg, das prima Hingesetzte nimmt mich ein, das spontan Hingesetzte, das bejah' ich. Und dann stell' ich auf einmal fest bei näherer Betrachtung, bei Auseinandersetzung, daß das ein Irrtum ist. Und dieser Irrtum fordert mich heraus, etwas Neues zu machen, dagegenzusetzen, irgendwelche Änderungen an dem Bild vorzunehmen. Und ich stelle fest, die Änderungen, das sind Verschönerungen, das sind irgendwelche Dinge, die oberflächlicher Natur sind, die aber gar nicht mit dem Wesentlichen zu tun haben, mit dem Bild, was ich will. Ich will ein bestimmtes Bild, aber ich weiß nicht, welches Bild. Ich hab' das Bild in mir, und ich möchte das herausbringen, und bei dem zweiten Anlauf bin ich dann bis zu *so einem Punkt, in dem ich verzweifelt bin und das Bild womöglich zerstöre, weil ich weiß, mit dem kann ich nichts anfangen. Das ist sowieso nichts, und schöne Stellen im Bild, das zusammenaddieren, das gibt noch lange kein Bild, es ist keine Aussage. Und dann zerstöre ich das Bild, und aus dieser Zerstörung und aus dieser Verzweiflung raus, die damit verbunden ist, kommt dann das neue Bild. Dann fühle ich mich wie neugeboren, wenn das Bild fertig ist, und es kommt auch aus einem echten Grund heraus, ein echter Beweggrund, der dann auch sichtbar wird in dem Bild. Das ist etwas Erlittenes, etwas Erfahrenes, etwas Neues, was aus der Zerstörung heraus wieder entstanden ist. Dieser Prozeß ist eigentlich ein ganz glücklicher Prozeß, der hält dann zwar nicht lange Tage an. Der Erfolg, der muß dann wieder, weil es einfach in meiner Natur liegt, zu malen, immer wieder ein neues Bild zu malen, immer wieder mich neu zu stellen. Auch dieser Reiz, der auch ein Reiz des Lebens ist. Ich muß was tun, um mich, komischerweise, zu bestätigen, oder es ist ein Motor, der so läuft... Also es kribbelt immer in meinen Fingern.«* (Herr B.)

Die Aufgabe, das Material, der Neuanfang provoziert, fordert kontinuierlich heraus, treibt an, Tatkraft und Kreativität in ihren Dienst zu stellen, und trotzdem werden die Aufgaben selbst gesetzt, ist man sich bewußt, daß man sich freiwillig, »freischaffend« dazu entschließt. Gerade diese Freiwilligkeit, dieses Nicht-Müssen ist wohl ein ganz charakteristisches Element dieser Art von Tätigkeit im dritten Lebensabschnitt:

»Und ich habe dabei diese Lockerheit aus dem Gefühl heraus: Ich muß das ja nicht tun, ich mach' es freiwillig und gerne, ohne den Zwang, Klassenarbeiten korrigieren oder Zeugnisse geben zu müssen.« (Frau D.)

»...ich weiß nicht, so ehrgeizig bin ich dann nicht, das läuft ganz einfach, ich bin schon Bestandteil der Kunstgeschichte, ja, ist eine

gewisse Beruhigung auch. Ich könnte ja jetzt einfach aufhören, könnte sagen, ich hab' soviel Geld, ich brauch' kein Bild mehr zu verkaufen, ich hab' so lange gemalt, ich hab' schon fast 70 Jahre gemalt, und das brauch' ich eigentlich nicht mehr, jetzt kann ich mich zur Ruhe setzen und kann dann mein Geld ausgeben, kann rumreisen. Was sitz' ich denn hier, ich kann mir irgendwo ein Schloß kaufen, in einer schönen Gegend oder sonstwas, ich kann mir Personal halten, das könnte ich alles finanziell, aber ich will es nicht. Ich will da, wo ich hier gewesen bin – und ich glaube auch an die guten Geister, die hier in dem Hause, das ist mein Elternhaus, das ist schon über 200 Jahre alt. Das ist auch etwas, was mir, na bißchen Aberglaube, wenn ich es verlasse, wahrscheinlich verlasse ich dann irgend etwas. Man muß auch da gewisse Standfestigkeit haben...« (Herr B.)

Was haben die »Weitermacher« denn nun – ganz platt gefragt – davon, daß sie kontinuierlich an ihrem Lebensthema dranbleiben, sich von selbstbestimmten, selbstdefinierten Aufgaben herausfordern und motivieren lassen, was vermittelt ihnen denn diese Art der Gestaltung ihres dritten Lebensabschnittes?

Zunächst einmal Kontakt mit anderen Menschen:

»...also, etwas ganz Entscheidendes für mich ist, daß ich durch die Arbeit jeden Tag soundso viele menschliche Kontakte habe.« (Herr E.)

Dann das Gefühl, gebraucht zu werden, von Kollegen akzeptiert zu werden, gegenseitig zu profitieren:

»...auch daß man als Mensch noch gebraucht wird, tut einem ja auch gut. Ich glaube, das ist ja eine ganz natürliche Neigung. Das Gebrauchtsein ist insofern sehr schön, weil man das Gefühl hat, das ist auch eine menschliche Beziehung... Also ich glaube, nein ich bin sicher, ich habe das Klügste gemacht, was ich machen konnte, daß

ich eigentlich mit Leuten zu tun habe, die von meiner noch vorhandenen Vitalität profitieren und ich sozusagen von deren, plus der Intelligenz, die da auf mich zukommt.« (Herr E.)

Des weiteren Erfolgserlebnisse, das Gefühl, seine Sache gut zu machen:

...es ist eigentlich auch schön, wenn man, nicht im Sinne eines sportlichen Beweisens, sieht, daß man Probleme lösen kann. Und eins muß ich feststellen: Ich reg' mich viel weniger auf, als ich mich früher aufgeregt hab'. Ich gehe auch an die Sache viel ruhiger ran. Das ist natürlich ein Genuß. Da sag' ich mir auch, warum soll ich mir den entgehen lassen?« (Herr E.)

Auch Normalität:

»Einfach die Spannung. Daß man jetzt nicht sagt, ich bin ein aktiver Greis, sondern ich bin ein aktiver, normaler Mensch im Arbeitsleben. Ich glaube, daß mir meine Normalität dadurch erhalten bleibt, daß ich tue, was ja jeder normale Mensch macht, er arbeitet und er macht eine Wanderung oder geht ins Freibad oder was immer...« (Herr E.)

Das Gefühl, eine sinnvolle Aufgabe zu haben, der »Freizeit« und dem Vergnügen einen zweiten Pol entgegensetzen zu können:

»...ich werde versuchen, so lang wie möglich zu arbeiten, weil ich mich höchstwahrscheinlich langweilen würde, wenn ich nicht zu arbeiten hätte. Das heißt nicht, daß ich nicht eine Reihe von Passionen hab' und Vergnügungen. Aber die sind ja immer am schönsten, wenn man die sozusagen gegen etwas setzen kann, wenn man also nicht nur auf sie angewiesen ist. Wenn ich mir vorstelle, daß ich jetzt bei diesem schönen Wetter jeden Tag Tennis spielen oder zum Fischen gehen könnte oder sagen wir mal drei Monate

*Ski laufen könnte, dann würde mich eigentlich das Grausen pak-
ken.«* (Herr E.)

Und letztlich ganz umfassend Genuß, Bereicherung,
Glücksgefühl und Lebenssinn:

*»...vielleicht ein ganz gutes Beispiel: Das haben Sie ja sicher auch
schon erlebt, Sie sind in einem Konzert, und die Musik geht wirklich in Sie ein. Sie sind unerhört glücklich. Wenn ich an irgend
etwas arbeite, dann habe ich das gleiche Glücksgefühl. Das ist
wirklich das Entscheidende.«* (Herr E.)

Aber bedeutet es im Einzelfall auch, »noch nicht alt« zu
sein? Heißt diese Art der Gestaltung des dritten Lebensabschnittes auch, das eigene Alter nicht akzeptieren zu
wollen? Bei unseren Befragten klangen Äußerungen, die
sich in dieser Richtung interpretieren lassen, nur bei
Männern an. Vermutlich ist es gerade in dieser Generation ein noch eher männliches Verhaltensmuster, sich
über Wettbewerb, Erfolg und Leistung im Beruf sein
Noch-jung-Sein, sein Noch-mithalten-Können beweisen
zu wollen:

*»...irgendwie hab' ich ein bißchen Angst davor gehabt, weil der
Mann, mit dem ich da zusammenarbeite, der ist jetzt gerade 40
geworden. War also damals zweite Hälfte 30, der ist unerhört vital, sehr intelligent... Da hab' ich mir immer gesagt, das kannst
du nicht mithalten. Dann kam natürlich auch der Ehrgeiz... Ich
find' mich – das dürfen Sie eigentlich gar nicht schreiben, weil es
so unerhört eitel klingt –, ich fühl' mich nicht alt... An den Tod
denke ich, aber ans Alter eigentlich nicht. Man merkt es eher, daß
andere Leute einen mit einer gewissen Hochachtung, nicht weil
man alt ist, sondern weil man alt ist so, wie man alt ist...«*
(Herr E.)

»... das Schöpferische, wenn das nicht mehr da ist, ich glaube, dann könnte ich mir vorstellen, naja, daß ich dann alt bin. Vorher kann ich mir gar nicht vorstellen, ich möcht's mir auch gar nicht.« (Herr B.)

Und eine weitere Überlegung unter geschlechtsspezifischer Perspektive: Unter unseren Interviewpartnerinnen und Interviewpartnern war keine Frau, die mit ihrer bezahlten Berufstätigkeit, so wie Herr E., weitergemacht hätte. Die »Weitermacherinnen« unter unseren Befragten waren verheiratete Frauen, die in ihrer Ehe »Freiraum« hatten, unbezahltem, ehrenamtlichem Engagement nachgehen zu können, und die dies auch als eine ausgesprochen glückliche Sondersituation erlebten. Nur eine von ihnen (Frau D.) hatte eine Berufsausbildung:

»Natürlich spielt auch die Toleranz meines Mannes eine Rolle. Denn ich merk' das, daß viele eingeengt werden, vom Partner, auch von den Kindern, die vielleicht was lächerlich machen, das man neu beginnt. Ich hab' einfach dieses große Glück, denn wenn ich eingeengt wäre, dann würde mir auch der ganze Impetus geraubt sein.« (Frau D.)

»... also, es ist ein bißchen auch das gewesen, daß er vor allem früher als Architekt so stark beschäftigt und absorbiert war, daß ich mir 'nen eigenen Lebensraum schaffen mußte, sonst wäre ich nicht glücklich gewesen. Ich konnte kein Leben führen als Ehefrau, wo der Mann nach Hause kam und ich abends erzählen konnte, dies und das. Und dazu kommt natürlich, daß er auch die Toleranz besessen hat, das alles mit zu tragen, auch zu finanzieren, das waren nicht immer billige Sachen, und daß er Interesse gezeigt hat, von außen her nur, aber doch immerhin. Er hat mich immer unterstützt und gefördert, indem er gesagt hat, mach' du das, auch bereit, mal zurückzustecken, wenn der Staub nicht gewischt war. Ich würde sagen, das ist also ziemlich einmalig, diese Großzügigkeit.« (Frau F.)

»...ich muß sagen, ich konnte mir das nur leisten, weil mein Mann so großzügig war und die Notwendigkeit auch einsah, daß man für diese Leute aus Schlesien und aus dem ganzen Osten etwas tat. Mit jedem anderen Mann hätte ich mir das überhaupt nicht leisten können, daß ich so ehrenamtlich die ganze Zeit gearbeitet hab'.« (Frau C., 77 Jahre, verwitwet, 3 Kinder)

Daß dieser »Freiraum« auch weiter als vom Mann abhängig erlebt wird, wird aus der folgenden Aussage deutlich:

»...da hat sich nun das Problem ergeben, daß er pensioniert ist. Er ist seit einem halben Jahr im Ruhestand. Davor hab' ich Angst gehabt. Aber er ist Gott sei Dank noch aktiv und hat noch vielerlei Aufgaben, auch außerhalb des Hauses... es pendelt sich jetzt gut ein, und er sagt nie etwas dagegen. Ich kann also den eingeschlagenen Weg weitergehen.« (Frau D.)

Wie die Gestaltung des dritten Lebensabschnittes von Frauen aussehen und erlebt werden kann, wenn die beteiligten (Ehe-)Männer nicht derartige »Toleranz« im mittleren Lebensabschnitt aufbringen, wollen wir uns im Kapitel über die »Befreiten« anschauen.

Auf den ersten Blick schienen Ältere, die ihr Alter als »Weitermacherinnen« und »Weitermacher« leben, nicht so recht zum Thema zu passen, da sie ja eigentlich ihren »Ruhestand« bzw. ihren dritten Lebens-»Abschnitt« nicht speziell gestalten, sondern einfach »weitermachen«. Aber wie sie »weitermachen«, was sie tun und wie sie dies tun, das könnte sehr wohl eine Leitlinie für die Gestaltung des dritten Lebensabschnittes auch für viele andere Ältere sein. Denn in den Biographien der »Weitermacher« liegen wesentliche Elemente eines sinnhaften und glücklichen Lebens bzw. Alterns sozusagen »in Reinkultur« vor:

Weitermacherinnen und Weitermacher
- lassen sich relativ **selbstbestimmt**
- von einem **Außenhalt**, einer Aufgabe, provozieren, herausfordern
- und erleben dies dann auch als **Sinnhaftigkeit und Glück** in ihrem Leben.

Ohne daß dies ein herausragendes persönliches Verdienst sein müßte: Die »Weitermacher« konnten in ihrem bisherigen beruflichen und/oder privaten Leben diese Prinzipien auch tatsächlich ausprobieren und konnten er-leben, was daraus an Zufriedenheit und Lebensglück entstehen kann. Es ist daher kein Wunder, daß sie »einfach« so »weitermachen« wollen, solange es die äußeren Umstände gestatten.

Einer der »Weitermacher« (Herr E.) ist daher auch schier daran verzweifelt, als er uns im Gespräch mit Worten klarmachen »mußte«, daß und warum dies der einzig erfolgversprechende, sinnhafte, lebensglückverheißende Weg des Lebens und natürlich auch Alterns sei – so selbstverständlich und einem Außenstehenden »nicht weiter erklärbar« war dies für ihn aus der Erfahrung seines bisherigen Lebens heraus.

»Weitermacher« sehen dabei ihre eigene Situation als so außergewöhnlich und ideal an, daß sie uns immer wieder sagten, daraus zu ziehende »Lehren« seien wohl nicht anwendbar und übertragbar auf andere Menschen, die weniger gute Bedingungen (wie besondere Begabungen, eine entsprechende Ausbildung, einen toleranten Ehemann) in ihrem mittleren Lebensabschnitt vorfanden bzw. sich schaffen konnten. Genau hier täuschen sie sich jedoch: Gerade der Übergang in den dritten Lebensabschnitt gibt – richtig verstanden und gelebt – auch und gerade »normalen« Menschen (vielleicht erstmals in deren Leben) die Chance, das oben skizzierte sinn- und glückversprechende

Lebensprinzip auch in ihr Leben einzuführen, auch in ihrem Leben zu erproben.

Auch wenn man sicherlich kaum erst mit 60 sein »Lebensthema«, das einen umfassend um- und antreibt, entdecken kann, wäre doch gerade das als leitendes Prinzip übertragbar und im dritten Lebensabschnitt lebbar, was den Kern der Tätigkeiten der als »Weitermacher« erfolgreich Alternden ausmacht: Die meisten Älteren sind durch ihre Renten und Pensionen ja finanziell abgesichert und müssen nicht mehr zum Geldverdienen fremd-gesetzte Tätigkeiten ausüben. Sie könnten den neugewonnenen Freiraum erproben und nützen. *Alle* können sich zumindest auf den Weg zu einem erfolgreichen Altern begeben.

4. Die »Anknüpfer«:
»...ich wußte wohl nicht, aber ich ahnte, daß für mich nach der Pensionierung doch ein recht arbeitsamer oder intensiver oder für mich interessanter Lebensabschnitt noch käme.«

Daß da nach der Pensionierung ein intensiver und interessanter Lebensabschnitt erst noch kommt – wie schaffen das diejenigen erfolgreich Alternden, die wir die »Anknüpfer« genannt haben? Um diese Frage wird es im folgenden Kapitel gehen. Doch zunächst ist anzumerken: Wie wir es bereits bei den »Weitermachern« gesehen haben, gleichen sich auch die »Anknüpfer« untereinander keineswegs wie ein Ei dem anderen. Auch auf diesem Alternspfad treffen sich natürlich individuell verschiedenartig getönte, jedoch miteinander verwandte Formen des Älterwerdens. Auch das »Anknüpfen« als typische Strategie erfolgreichen Alterns kennt vielfältige persönlich geprägte Varianten.

Noch sehr nahe am Typus der »Weitermacher« befinden sich diejenigen »Anknüpfer«, die zwar ihre Erwerbstätigkeit mit der Pensionierung oder Verrentung beenden, die sich dann aber ein nachberufliches, z. B. ehrenamtliches, Tätigkeitsfeld aus einem Stoff aufbauen, wie sie ihn sehr ähnlich auch bereits als Berufstätige bearbeitet haben: der leitende Angestellte etwa, der sich nun einem »Senior-Experten-Service« zur Verfügung stellt, oder der ehemalige Handwerksmeister, der in einem »Seniorendienst« mitarbeitet, und die dort ihre spezifischen beruflichen Fähigkeiten und Erfahrungen einbringen.

Dann gibt es die eigentlichen »Anknüpfer«, sozusagen die »Anknüpfer in Reinkultur«: Sie beenden ihre Berufstätigkeit, suchen und finden dann scheinbar ganz andere und neuartige Tätigkeitsfelder. Schaut man genauer hin, dann sieht man jedoch, daß sie dabei an Bedürfnisse anknüpfen, die sie während ihres mittleren Lebensabschnitts, zum Beispiel in ihrer Berufstätigkeit, entwickelt haben und die sie nun weiter (oft intensiver) befriedigen möchten. Sie knüpfen an übertragbaren, auch anderweitig einsetzbaren persönlichen Erfahrungen und Fähigkeiten aus ihrem bisherigen Leben an und versuchen, sie in diesen neuen Tätigkeitsfeldern des dritten Lebensabschnitts wieder einzusetzen und weiter zu entwickeln: Da ist zum Beispiel der erfolgreiche Unternehmer, der sich im dritten Lebensabschnitt intensiv für die Verbesserung des Wohnens älterer Menschen einsetzt, da ist die ehemalige Betriebsrätin, die zu den Grauen Panthern geht, da wird mit einem nachberuflichen Universitätsstudium an eine in der »Familienphase« abgebrochene Ausbildung angeknüpft, oder wir finden die Kindergärtnerin, die sich später in der Kirchengemeinde und im Heimbeirat engagiert.

Wie diese »Anknüpfer« ihren dritten Lebensabschnitt angehen, ist dem sehr ähnlich, was wir alle in der Regel tun, wenn wir vor neuen, noch weitgehend unbekannten Lebenssituationen stehen. Wir versuchen, in neue, oft auch mit Ängsten verbundene Situationen möglichst viele bekannte, bewährte, vertraute und damit auch Sicherheit vermittelnde Elemente aus unserem bisherigen Leben mit hinüberzunehmen: Fähigkeiten, die wir gelernt haben und die erfolgreich erprobt sind, Herangehensweisen, mit denen wir auch bisher in der Regel gut gefahren sind, Aufgabenstellungen, die wir schon in unserem bisherigen Leben als belohnend und sinnvoll erlebt haben.

Wie wir im vorangehenden Kapitel gesehen haben, setzen die »Weitermacher« voll auf dieses Prinzip des »Mithinüber-Nehmens«, sie setzen die wichtigsten Linien ihres bisherigen Lebens »einfach« möglichst ungebrochen in die dritte Lebensphase hinein fort. Sie können dies tun, weil bei ihnen wichtige Lebenslinien, etwa der Beruf, ohne große äußere Hindernisse auch tatsächlich fortsetzbar sind: der Verleger etwa oder der Maler, die diese für sie zentralen Lebenslinien ihres Berufs, ihrer »Berufung«, fortsetzen können und so lange wie möglich auch fortzusetzen gedenken. Sie haben demzufolge oft auch gar nicht die Wahrnehmung und schon gar nicht das Bedürfnis des Übergangs in eine neue, veränderte Lebensphase.

Die »Anknüpfer« stehen dagegen in der Regel vor einer andersartigen Aufgabe: Für sie sind zentrale Lebenslinien nicht einfach fortsetzbar, sei es, weil sie keine weiteren Entwicklungsmöglichkeiten mehr bieten, sei es, weil die Berufstätigkeit mit Erreichen der Pensionierungsgrenze oder aus ähnlichen von außen gesetzten Gründen zu Ende gehen muß. So viele verschiedene individuelle Situationen und Gründe dieser Art es auch geben mag: Die »Anknüpfer« müssen eine oder mehrere ihrer zentralen Lebenslinien zu Ende bringen, sie stehen unabwendbar vor einer veränderten Situation, vor einem neuen Lebensabschnitt.

Was erfolgreich alternde »Anknüpfer« typischerweise tun, um diese Herausforderung zu bewältigen, wollen wir uns im folgenden wiederum anhand zweier Lebenserzählungen vor Augen führen. Es sind zwei sehr unterschiedliche Menschen, zwei sehr unterschiedliche Biographien. Dennoch werden wir am Ende nach näherer Betrachtung ein sehr ähnliches Prinzip in ihrer Lebensführung entdecken: das »Erfolgs-Geheimnis« der »Anknüpfer« sozusagen.

Da ist zunächst ein »junger Alter«: **Herr O.** (65 Jahre alt) und seine Frau haben drei erwachsene Kinder und wohnen im eigenen Haus in einer kleineren Gemeinde im Umland einer norddeutschen Großstadt:

»Ach ja, ich wollte eigentlich zur Technik gehen. In meinem Abiturzeugnis stand noch: »O. will Bauingenieur werden.« Ich ging dann an die TH Darmstadt, aber da merkte ich ziemlich bald, spätestens im zweiten Semester – obwohl ich gut mit Mathematik und allem mitkam –, daß mich das doch nicht ausfüllte. Ich bin dann nach Marburg gegangen. Erstmal hat man ja als junger Mensch, ich möcht' mal sagen, eine natürliche Abneigung gegen Juristerei. Also das muß für einen jungen Menschen etwas Schlimmes sein. Und deswegen hab' ich zuerst mal versucht, mich darum herumzumogeln, und hab' mich in der Volkswirtschaft einschreiben lassen. Aber als ich dann die ersten juristischen Vorlesungen hörte, war mir klar: Jura. Das ist ein bißchen Familientradition, mein Großvater war Richter, Amtsgerichtsvorstand wie es damals hieß. Und für mich war es sehr früh klar, daß ich Verwaltungsjurist werden wollte. Und so bin ich 1958 im Sommer in den Landesdienst hier eingetreten.

Und im Landesdienst, da war ich zwei Jahre im Kreis H. als Dezernent und Stellvertreter des Landrates – war eine wunderschöne Zeit. Da hab' ich meine Frau denn auch geheiratet, und ich sagte damals zu meiner Frau schon: »Du, ich hab' den Eindruck, das werden vielleicht unsere schönsten Jahre sein.« Und dann ging's 1961 zurück, ich fing im Innenministerium an, da war ich längere Zeit und hab' dort viele Funktionen ausgeübt. Ich wurde im Durchschnitt, wie auch meine Kollegen, fast alle zwei Jahre in eine andere Funktion versetzt, ist fast ein bißchen häufig – aber dadurch kriegt man einen großen Rundblick und Überblick.

Etwas stetiger wurde es, als ich dann 1975 in ein anderes Ministerium kam, als stellvertretender Abteilungsleiter und Grundsatzreferent. Dazu gehörte damals ein Landesgesetz, das ich wesentlich mitgestaltet hab', der gesundheitliche Umweltschutz. Das war damals noch ganz was Neues. Das hat mir sehr gut getan, und das hat mich, glaub' ich, auch weitgehend geprägt. Da bin ich heute noch als Pensionär zum Teil tätig, das hat mich bis heut' nicht losgelassen. Der Umweltschutz spielt jetzt 'ne große Rolle für mich, und das hing vielleicht damit zusammen.

Das ging bis Mitte der 80er Jahre, dann kam eine weniger erfreuliche Sache. Ich wurde von der damaligen Landesregierung gegen meinen Willen – aus organisatorischen, vielleicht auch aus anderen Gründen – wieder ins Innenministerium versetzt, in ein Referat, das mir überhaupt nicht lag. Das war 'ne harte Sache. Und nach dem Regierungswechsel konnte ich dann wieder zurück in das frühere Ministerium, was auch mein Wunsch war, als stellvertretender Leiter einer anderen Abteilung. Da hatte ich eine neue und hochinteressante, aber eine äußerst nervige Aufgabe, die wieder den gesundheitlichen Umweltschutz betraf.

Und dann kam die Phase, wo ich mir sagte: Mensch, das ist doch 'ne neue Sache, und das packte mich. Und innerlich: Willst Du wirklich schon mit 62 gehen? Bis meine Frau mal so langsam anmahnte, und dann haben wir in der Familie darüber gesprochen. Und da war einhellig die Meinung: Es bleibt bei dem Beschluß. Und ich bin heut' noch froh, daß ich's getan hab. Wir Landesbeamte können ab 62 gehen. Es war lange Zeit, schon seit vielen Jahren, in der Familie eigentlich abgesprochen, daß ich von dieser Möglichkeit Gebrauch machen wollte und sollte. Und das hab' ich auch getan, obwohl ich da manchmal etwas wankend geworden bin. Aber wir sind schnell in der Familie übereingekommen: Es bleibt bei der Verwirklichung dieses Beschlusses. Und so bin ich mit dem 62. Lebensjahr – es war zufällig auch noch mein 62. Geburtstag – ausgeschieden, das war also eine schöne Sache.«

Daß Herr O. seinen Beruf liebt, wird aus seiner Erzählung wohl deutlich. Er ist mit Leib und Seele Verwaltungsjurist und Ministerialbeamter. Dennoch hat er sich bereits während der Berufstätigkeit selbst mehrere »Aufgaben« gestellt, mehrere mögliche Interessensgebiete und Tätigkeitsfelder entwickelt, an denen er nun im dritten Lebensabschnitt anknüpfen kann. Im Gespräch mit ihm fand sich dann auch schnell eine plastische Formulierung hierfür: »Standbeine entwickeln«. Es sind zunächst zwei »Standbeine«, auf denen er auch nach der Beendigung der Berufstätigkeit stehen, die er dann sogar noch ausbauen und verstärken kann und die ihn bislang erfolgreich in den dritten Lebensabschnitt hinein getragen haben:

»Also was genau, war mir noch nicht klar. Vielleicht zwei Dinge zeichneten sich schon jahrelang vorher ab. Nämlich einmal: Ich hab' von Anfang an, ich glaube fast die ganzen 32 Jahre bei der Landesregierung, nebenamtlich unterrichtet. Einmal weil mir das Unterrichten Spaß machte und weil ich ja Erfolg hatte. Und weil ich dadurch, das merk' ich nachträglich am besten, immer gezwungen war, auf dem laufenden zu bleiben. Also das war auf der einen Seite die Unterrichtstätigkeit, die ich die ganzen Jahre hindurch, durch alle Dienstposten durchgehalten hab'. Und daß ich die fortsetzen und auch noch etwas ausweiten würde, nach Möglichkeit, das war mir klar.

Und kurz vor meiner Pensionierung, da passierte folgendes: Ich seh' mich heute noch an meinem Schreibtisch sitzen, das muß so ein Vierteljahr vielleicht vor der Pensionierung gewesen sein, da rief ich bei der Technikerfachschule an, bei der unterrichtete ich angehende Medizintechniker. Und da rief ich an und sagte sinngemäß: Hört mal, in einem viertel Jahr trete ich in den Ruhestand, ich könnte da auch noch etwas mehr als die zwei Wochenstunden unterrichten, habt ihr was? Ja, wir suchen einen Dozenten für Umweltrecht. Ja, sag' ich, das ist genau das, was ich möchte. Das war ein Gespräch von zwei Minuten. Und damit war sozusagen das eine Standbein vermehrt, und das Fach Umweltrecht war damit klar, denn daß die Umwelt mich besonders packte, das lag zum Teil an der Tätigkeit in der Gesundheitsabteilung, gesundheitlicher Umweltschutz.

Es lag aber wohl auch an einer gewissen politischen Umorientierung. Na, ich sag's mal so, ich war bis Mitte der 50er Jahre ein konservativer Mensch in meinen Anschauungen und politisch. Und dann ist eigenartigerweise, ich könnte es mit einem bestimmten Ereignis auch noch datieren, wenn's drauf ankommt, ist irgendwie eine deutliche Umorientierung gekommen, so daß ich also jetzt für Umweltschutz – Tierschutz ist übrigens ein ganz besonderes Anliegen von mir heute – ich sag' mal auf die Barrikaden gehen würde. Während ich für andere Dinge, etwa Streik oder so was, wenn ich Angestellter wär, keinen Finger rühren würde.

Gut, also das war, wie gesagt, das Unterrichtsbein oder ein Standbein im Unterricht, speziell im Umweltrecht. Das hat sich wider Erwarten, das war überhaupt nicht abzusehen, das hat sich vor einem halben Jahr mengenmäßig und qualitativ noch verändert und ausgeweitet. Die Technikerfachschule hat seit kurzem eine Zweigstelle auf Rügen in der früheren DDR, und da erwähnte in einer Konferenz der Schulleiter mal: »*Wenn jemand von Ihnen mal Interesse hat, da drüben zu unterrichten, dann könnte er's mir ja mal sagen.*« *Tja, und da hab' ich ein paar Tage später, nach einem Gespräch mit meiner Frau, mich gemeldet, und so fahr' ich jetzt alle vier Wochen nach Rügen. Sonst wär' das zu aufwendig, die Fahrt. Unterrichte dort drei Tage stramm hintereinander je acht Stunden – und da weiß ich, was ich getan hab'. Nicht nur mengenmäßig, sondern auch so durch die ganzen anderen Umstände: Das ist z. B. eine frühere Kaserne der NVA. Und die Schüler, weitgehend Umschüler zu Umwelttechnikern, sind frühere Stabsoffiziere der NVA. Und die Kollegen, die in den naturwissenschaftlich-technischen Fächern unterrichten, sind frühere NVA-Offiziere. Und die Schulsekretärin war Fähnrich der Volksarmee. Das ist also noch mal diese Unterrichts-Sache, die sich eben sehr erweitert und noch reichhaltiger für mich gestaltet hat.*

Und als Zweites: Ich bin seit etwas mehr als 20 Jahren ehrenamtlich in der evangelischen Kirche tätig engagiert, in verschiedenen Posten und Ehrenämtern. Und daß ich das zumindest eine Zeit noch weiterführen und ausbauen würde, so weit es geht, obwohl das ja Wahlämter sind, das war mir auch klar. Die kirchliche Arbeit – das war zunächst hier im engeren Bereich der eigenen Kirchengemeinde – da war ich sehr tätig, bis vor zwei Jahren als Vorsitzender des Kirchenvorstandes. Das endete mit viel Arbeit, zum Teil auch unangenehmer Arbeit, da kam Ärger dazwischen und derglei-

chen. Und so bin ich da auch freiwillig ausgeschieden. Aber als ob es so hätte sein sollen, daß ich durch was anderes belohnt würde, bin ich jetzt zum Schluß – ich betrachte es als meine letzte Wahlperiode – in die Synode der EKD gewählt worden. Und dort hab' ich mich natürlich für den Umweltausschuß interessiert, und ich bin seit einem halben Jahr dort Vorsitzender im Umweltausschuß. Und das ist natürlich 'ne wunderschöne Verbindung: Umweltrecht zu unterrichten und in der Kirche – die mir sowieso liegt – auch noch für die Umwelt tätig zu sein. Und das hat sich auch beides im Prinzip so bewahrheitet. Aber die nähere Ausgestaltung von beidem, das war mir jedenfalls bis kurz vor meiner Pensionierung nicht klar.«

Herr O. geht also auch in diesen beiden neuen Tätigkeitsfeldern des dritten Lebensabschnitts voll auf, er engagiert sich dort mindestens so sehr wie zuvor in seiner Berufstätigkeit. Dennoch hat er wiederum deutlich vor Augen, wann auch diese Tätigkeitsfelder für ihn abgeschlossen sein sollten:

»... aber ich halte das für gut, daß ich dann sowohl Unterrichtstätigkeit als auch dieses kirchliche Amt jedenfalls ab 70 Jahre nicht mehr machen möchte. Daß ich dann, wenn ich noch gesund bin, noch genügend privat zu tun hab', dann ist auch nicht Schluß. Dann ist die Möglichkeit oder die Wahrscheinlichkeit, na ich sag's mal sehr grob, Schaden anzurichten, doch größer. Führerschein, das geht dann auch nicht mehr, mit 70 Jahren möchte ich nicht mehr fahren. Und in der Öffentlichkeit Schaden anrichten möchte ich nicht, ab 70 Jahren nicht mehr. Sondern dann wirklich nur noch im überschaubaren Kreis, wo es eigentlich kein Schaden ist.

Und das gilt für beide »Beine«, Lehrtätigkeit und Kirche...?

Ja, das gilt für beide Beine. Und auch für den Führerschein gleichzeitig, alles drei.«

Es kommt hinzu, wie oben bereits angeklungen, daß Herr O. in der letzten Phase seiner Berufstätigkeit nicht nur besagte »Standbeine« für den dritten Lebensabschnitt, sondern auch eine veränderte politische Grundeinstellung bei sich entdeckt und entwickelt hat:

»Ja, man kann es irgendwie an äußeren Ereignissen festmachen, obwohl die meisten nicht die Ursachen, sondern nur der äußere Anlaß sind. Der äußere Anlaß, an dem ich's zeitlich irgendwie einordnen kann, war folgendes: Im Jahr 1983 war ja das Lutherjahr, Luther-Jubiläum im Westen und vor allem in der früheren DDR. Da wurde ich ohne mein Zutun – ich war völlig überrascht – von der Kirchenleitung zu diesen Luther-Feierlichkeiten entsandt, da rüber. Ich werd's nie vergessen, das war also Luthers Geburtstag und das war die Zeit, in der in Ost und West sehr die Friedensbewegung und die Thematik Nachrüstung aktuell waren. Und da hab' ich so interessante Diskussionen geführt, gerade dort drüben in den Kirchengemeinden, in die ich dann auch reinkam, daß das irgendwie so eine Art Erwachen für mich war. Ich sagte: ›Mensch, ist eigentlich deine bisherige, mehr konservative Anschauung, ist die eigentlich richtig?‹

Hier im Ort, da kommt es gelegentlich mal alle paar Jahre vor, daß ein Mordskrach von der Dorfstraße herkommt, wenn bei Manövern Panzer durchfahren. Da wurde meine Frau, wenn wir so am Tisch saßen und uns kaum verstehen konnten, öfter mal etwas ärgerlich. Da war meine stereotype Antwort, für die ich mich heute fast etwas schäme: ›Das ist der Preis für unsere Freiheit, den wir zahlen müssen.‹ So ein Spruch ging mir bis dahin relativ glatt – nachträglich viel zu glatt – von den Lippen. Heut' würde ich sagen: unglaublich, dieser Krach. Obendrein werden auch noch Menschen hier mit ihrem Gehör und ihren Nerven geschädigt, ganz abgesehen von allem, was dadurch angerichtet werden kann. Also, wie gesagt, äußerlich durch diese Ereignisse Raketenstationierung, Nachrüstung, durch die Erlebnisse in der DDR, sicherlich auch etwas dann durch die Diskussion der verschiedenen Gruppierungen innerhalb der Synoden – da hab' ich mich jedenfalls mehr in die Linke eingefunden als in die etwas zahlenmäßig kleinere Rechte, und hab' mich da ausgesprochen wohl gefühlt. Und so durch kirchliche Sachen, vielleicht auch durch den gesundheitlichen Umweltschutz, Frie-

densdiskussion, DDR, ist diese politische Wendung bei mir irgendwie wohl gekommen.«

Zwei Standbeine hat Herr O. also aus seiner Berufstätigkeit heraus entwickelt, eine quantitativ und qualitativ ausgeweitete Lehrtätigkeit im Bereich des Umweltrechts und die sich intensivierende Arbeit in der Kirche. Es sind Aufgaben, die sich wechselseitig befruchten, die seiner veränderten politischen Einstellung entsprechen und die für ihn einen gemeinsamen Sinn haben: das Engagement für den Umweltschutz:

»Also es ist für mich vor allem das Umweltrecht eine ideale Verbindung von einem Betätigungsfeld meiner Überzeugung auf der einen Seite und dem Recht auf der anderen Seite, dem ich natürlich als Jurist verhaftet bin und das ich liebe. Vielleicht noch mehr als andere Juristen, würde ich sagen. Also nicht nur als Handwerk betrachtet. Und mit den Mitteln des Rechts die Umwelt schützen zu helfen, das find' ich 'ne ganz tolle Sache. Und nun das andere Bein, das Anliegen der Kirche mit allem, was dazu gehört, wiederum mit dem Umweltgedanken zu verbinden, das ist auch etwas Packendes.«

Wir hatten es oben bereits angesprochen: Obwohl Herr O. seinen Beruf liebt, obwohl sein Beruf sicherlich ein ganz zentraler Lebensinhalt für ihn ist, läßt er das »Verwaltungsjurist-und-Ministerialbeamter-Sein« nicht zum einzig zentralen Lebensinhalt schlechthin werden. So kann er etwa ohne persönliche Krise bereits mit 62 Jahren im Ministerium aufhören. Er kann dies sicherlich nicht nur, aber sicherlich vor allem deswegen tun, weil er sich schon während der Berufstätigkeit mehrere Aufgaben und neue Ziele gesteckt hat, an denen er nun anknüpfen kann.

Man sieht: Es muß ganz und gar keine Verlegenheitslösung sein, im dritten Lebensabschnitt mehr oder weniger bewußt an zuvor entwickelten Zielen, Aufgaben und Fähigkeiten »anzuknüpfen«. Dies kann im Gegenteil so sinnvoll und zufriedenstellend verwirklicht werden, so

»packend« sein, daß sogar ein Herr O., der seinen Beruf liebt, wie er sagt, freiwillig und problemlos mit 62 Jahren eben diesen Beruf loslassen kann:

»Ich hab' meinen Beruf als Verwaltungsjurist geliebt, bis zum Schluß. Wenn ich wieder studieren würde: nur Jura, wenn wieder einen Beruf: nur Verwaltungsjurist. Eigentlich hätte ich von daher sagen müssen, nun grad', bis zum letzten Tag. Aber wahrscheinlich ist es grade so gewesen – ja, ich wußte wohl nicht, aber ich ahnte, daß für mich nach der Pensionierung, wenn ich's gesund erleben würde, doch ein recht arbeitsamer oder intensiver oder interessanter Lebensabschnitt noch käme. Das hätte ich immer auch geantwortet, wenn man mich gefragt hätte, was willst du dann tun? Da hätte ich wahrscheinlich gesagt, ich weiß es noch nicht genau. Nur eins weiß ich: daß ich niemals – was ich in meinem Leben nicht kenne – unter Langeweile leiden werde und daß es sicherlich noch manche interessante Tätigkeit und Arbeit für mich geben wird. Also eine Ahnung, daß dann ein interessanter Lebensabschnitt noch kommt. Ich vermute, daß es das war. Denn sonst ist es eigentlich mit meiner Freude am Beruf schwer vereinbar.«

Beide »Beine« also, auf denen Herr O. in dieser ersten Phase seines dritten Lebensabschnitts steht, beinhalten Aufgaben, die seine beruflich erworbenen Fähigkeiten beanspruchen, die seine verschiedenen Kompetenzen als wertvoll und nutzbringend erscheinen lassen – für ihn selbst und in den Augen anderer. Es sind Aufgaben, die er sich selbst gewählt und gesetzt hat, deren Ausführung und Umfang er in weit größerem Umfang selbst bestimmen kann, als dies bei den beruflichen Aufgaben der Fall war. Es sind Aufgaben, die immer noch Belastungen und Verpflichtungen beinhalten – aber es sind nun Selbst-Verpflichtungen, Selbst-Zwänge, und sie beinhalten mehr »Freiheit«:

»Trotz allem Eingespanntsein in diese verschiedenen Beine ist es doch mehr Freiheit. Also die genieß' ich doch bewußt. Auch nicht alles, was ich jetzt mache, macht mir Spaß. Aber der Anteil der

Dinge, die mir Freude machen von meiner Tagesarbeit, ist doch jetzt erheblich größer. Obwohl ich den Beruf geliebt hab'. Weil ich mir ja diese Sachen danach aufbauen konnte, was mir wirklich liegt. Und ich kann den Tag gestalten, mehr noch als Verwaltungsfachmann, wo man schon 'ne Gestaltungsfreiheit hat. Ich kann sagen: Morgen vormittag Garten oder Unterrichtsvorbereitung für Rügen oder jetzt den ganzen Sonntag kirchliche Sachen diktieren. Ich hab' doch da mehr Freiheit als in dem Angestellten-Dienst, wo man doch ganz schön springen und laufen mußte, wenn der Minister was brauchte, denn Streik gab's nicht. Doch, einfach mehr Freiheit.«

Diese Erfahrung, daß Arbeit auch viel mehr Freude macht in dem Maße, in dem man sie selbst bestimmen kann, die hatten Sie ja wahrscheinlich auch schon vorher in Ihrem Berufsleben?

»Ja, die war auch da. Aber jetzt doch mehr, der Anteil ist größer. Gerade als Ministerialbeamter, der ich ja nun über 30 Jahre war, letztlich arbeiteten wir ja immer für andere. Eine der unangenehmsten Tätigkeiten eines Ministerialbeamten ist das Entwerfen der Reden, die die Minister oder der Ministerpräsident mal halten soll. Das war also unangenehm im höchsten Grade. Und grad vor kurzem fragte mich ein Kollege: ›Na, was machst du denn so?‹ ›Ja‹, sag' ich, ›ich brauch' nur noch wenige Reden vorzubereiten. Aber niemals in meinem Leben noch eine, die ein anderer hält.‹ Wenn, dann die, die ich selber halte – wo ich dann auch die Früchte genieße, wo ich selber dann dafür einstehen muß. Denn immer nur für andere die Vorlagen machen, das ist doch hart. Man weiß zwar hinterher, es ist meine Arbeit, was da geglückt ist. Aber letztlich, wenn's geglückt war, war's der Minister, und wenn's nicht geglückt war, dann war's sehr schnell natürlich der Referent. Also wirklich für seine Arbeit selber einstehen zu können, das genieße ich, daß ich das selber wirklich für mich mache und alles selber verantworten kann.«

Bei allen Aktivitäten und Antriebskräften, die man im dritten Lebensabschnitt neu für sich finden und entwickeln kann, muß erfolgreich Altern wohl auch immer heißen: Gesundheitliche Beeinträchtigungen und Abbauprozesse dürfen nicht ausgeblendet werden. Die Aufgaben, die man sich selbst stellt, müssen machbar bleiben und daher in einem vernünftigen Verhältnis zum altersbedingten Gesundheitszustand stehen. Herr O. hat sich aus diesem Grunde so etwas wie eine »70-Jahre-Grenze« selbst verordnet, nach deren Erreichen er andere »Standbeine«, andere Tätigkeitsfelder schon jetzt plant:

»Die hab' ich jetzt schon parat. Wenn sich nicht das andere so ausgeweitet hätte, dann wäre das jetzt schon drangekommen. Aber das hab' ich fünf bis sechs Jahre noch zurückgestellt, das ist Familienarchiv, Familienforschung. Ich bin in der glücklichen Lage, daß ich fast ohne eigenes Zutun, durch verschiedene Vorfahren und Onkel hab' ich unheimlich Material, also ich schätze mehr als einen Kubikmeter, das nur teilweise von mir geordnet oder gesichtet worden ist und das ich in Ruhe sichten und ordnen muß. Ich hab' schon ausgemessen, eine wirkliche Ahnentafel, die dann an die Wand kommt, mit den 300 bisher bekannten Vorfahren. Wenn ich's gesund erlebe, dann freu' ich mich heute schon darauf, wenn ich das noch schaffe, das aufzuarbeiten. Das füllt mich auch wirklich arbeits- und mengenmäßig 'ne ganze Zeit, glaub' ich, aus. Und dann wird die Arbeit auch nicht mehr so schnell gehen wie heute. Eines meiner Hobbys, die ich so ganz nebenbei pflege und die eigentlich immer bedeutsamer werden, das ist Eisenbahn. Ich bin ein Eisenbahn-Fan. Natürlich mehr was Eisenbahngeschichte anlangt. Und so hat die Familie mir zur Pensionierung eine Modelleisenbahn geschenkt. Erst dachte ich: Was soll ich damit? Und inzwischen hab' ich festgestellt, was für ein herrliches Spielzeug das ist. Und dazu auch, was mich auch sehr interessiert, ist Geschichte überhaupt, Ortsgeschichte. Bei der Dorfchronik von uns in A., da hab' ich diesen Arbeitskreis ›Dorfchronik‹ geleitet, nun schon seit ein paar Jahren, und da hoff' ich, daß wir den dritten und letzten Band

jetzt in diesem Jahr fertig kriegen, und dann ist das erst mal abgearbeitet. Aber eben so Geschichte, in ausgewählten Bereichen Geschichte.«

Soweit das Gespräch mit Herrn O. Nun könnte man sagen: Das »Anknüpfen« liegt ja recht nahe und scheint keine besondere Kunst zu sein, solange man noch so jung und so kurz hinter der Pensionierungsschwelle ist wie er, solange man gesund ist und seinen eigenen Haushalt hat. Wir wollen uns daher nun **Frau T.** zuwenden, die bereits 82 Jahre alt ist, unter deutlichen gesundheitlichen Beeinträchtigungen zu leiden hat und heute in einem Wohnstift ein Anderthalb-Zimmer-Appartement bewohnt:

»Ich bin 1911 in G. geboren, im Salzkammergut. Mein Vater war beim Herzog von Cumberland angestellt. Also meine Eltern sind Hannoveraner, aber sie sind dadurch nach Österreich gekommen. Und als der alte Herzog starb, ist mein Vater von dem Prinzen Ernst August, der nachher Herzog von Braunschweig und Lüneburg wurde und die Kaisertochter geheiratet hat, dadurch sind wir dann nach Braunschweig gekommen. Und ich hab' mein erstes Lebensjahr in Braunschweig verlebt, meinen ersten Schulanfang. Und dann brach ja im September 1918 die Revolution aus, die Spartakisten kamen da zusammen in Kiel, hauptsächlich die Marine, und die zogen dann nach Braunschweig, um den Herzog zu stürzen, er war inzwischen Herzog von Braunschweig und Lüneburg geworden und wohnte da im Schloß.

Mein Vater hatte inzwischen auch seinen Führerschein gemacht und hat dann die Herrschaften bei Nacht und Nebel in einen kleinen Ort gebracht bei Braunschweig, weil sie sich nicht zeigen durften. Da sind sie dann mit einem Sonderzug nach G. wieder zu den Schwiegereltern der Kaisertochter gefahren, sind da auch aufgenommen worden. Und wir sind dann hinterher, mein Vater hat uns nachgeholt. Wir waren ein Jahr hier in T.dorf bei meiner Tante, die ein Kinderheim gegründet hatte, ein kleines Privatkinderheim. Meine Jugendzeit hab' ich dann in G. verlebt, kam anschließend in ein Diakonissenhaus, wie Bethel, also mit Geisteskranken. Da hab' ich meine Hauswirtschaftslehre gemacht und kam dann wieder zu meiner Tante hierher nach T.dorf ins Kinderheim.

Nach einem Jahr hab' ich meine große und kleine Krankenpflege gemacht, in Dessau, kam wieder zurück, wurde dann sofort zum BDM dirigiert, was an sich 'ne schöne Zeit war, und wurde dann nach O. geschickt bei Bremen zu einem Rednerkursus. Und die haben mich dabehalten als Hauswirtschaftsleiterin. Da mußte ich dann Rotkreuzkurse geben und Erste Hilfe. Später aber mußte ich wieder zurück zu meiner Tante, weil die krank wurde. Und dann bin ich hier geblieben.

Als am 1.September 39 der Krieg ausbrach, hat meine Tante mir auf Leibrente das Heim übermacht. Und dann hab' ich auf'n Tag 40 Jahre das Heim geleitet und geführt. Meine Tante hatte ungefähr 30 Kinder, ich hab' dann ausgebaut, ich konnte 80 Kinder unterbringen. Während des Krieges haben wir natürlich Flüchtlinge aufgenommen, denn Kinder kriegten wir nicht, die Eltern gaben die Kinder während der Kriegszeit nicht her, das war verständlich. Meine Eltern waren inzwischen von Österreich nach T.dorf gezogen. Neben dem Kinderheim war grade ein Acker freigeworden als Bauland, da haben sie sich da ein Haus gebaut: Das war natürlich sehr schön nach der langen Trennung, daß ich meine Eltern bei mir hatte.

Dann hab' ich '39 im Herbst geheiratet, weil wir immer befürchteten, daß mein Verlobter eingezogen wurde. 1940 ist dann mein Sohn geboren, der jetzt in Afrika ist. Dann wurden beide Häuser beschlagnahmt vom Roten Kreuz, von einem Lazarett für Kriegsblinde. Das war an sich eine schwere, aber sehr schöne Zeit. Also ich konnte mir nicht vorstellen, daß Blinde so vergnügt sind, wie die es gewesen sind. Ich mußte ihnen Walzer tanzen beibringen, zum Beispiel.

Dann wurde das Heim aber verlegt, und ich kriegte es wieder frei als Kinderheim. Ich bin dann ins Rheinland gegangen und hab' geworben fürs Kinderheim und hatte Glück: Die kamen hierher, guckten sich's an und haben sofort einen Vertrag mit mir gemacht.

Außerdem hatte ich das Rote Kreuz von Berlin und hatte somit von Anfang an eigentlich das Haus voll. Es waren Rekonvaleszenten und auch sehr viel Kinder mit trockenen Hautausschlägen. Morgens wurden alle Kinder im Bett mit Seewasser abgerieben und mußten auch ein halbes Glas Seewasser trinken. Es ging alles sehr gut, wir haben gute Kurerfolge gehabt, auch mit Asthma-Kindern.

Im Januar 1978, da hab' ich mich an die Entsendestellen gewandt und hab' ihnen geschrieben, daß ich es nur noch ein Jahr mache, dann hab' ich meine 40 Jahre 'rum. Da konnte ich auch nicht mehr, da war ich fertig. Ich habe die letzten zehn Jahre die Küche gemacht, hatte zwei Hauswirtschaftsleiterinnen, die ich rausschmeißen mußte, die unmöglich waren. Es wurde mir auch mit den Kindern ein bißchen zu viel, und ich hatte dann ja auch Erzieherinnen, Kindergärtnerinnen. Ich hab' ungefähr 20 Leute an Personal gehabt, und habe dann mit Frauenschulen gearbeitet, die mir Praktikantinnen schickten für vier, sechs Wochen oder auch mal für ein halbes Jahr.

Am 15. Dezember hab' ich dann jedes Jahr das Haus dicht gemacht und hab' am 15. März wieder angefangen. In der Zeit bin ich dann in Afrika bei meinem Sohn gewesen oder bei meiner Tochter. Und 1989, Ostern, hab' ich in Afrika einen Schlaganfall bekommen, die Sprache war vollkommen weg. Ich konnte wohl mit zwei Stöcken noch mich so ganz langsam bewegen. Ich mußte ins Krankenhaus, zu einer Schlagaderoperation, da hatte sich ein Pfropf gebildet, das machte sich sehr bemerkbar. Ich hatte aber inzwischen meine Sprache vollkommen wieder, und manchmal, wenn's mir nicht gutgeht, dann merke ich's, dann bleibe ich aber hier oben im Zimmer, dann merke ich, daß ich nicht so gut sprechen kann.

Und dann, nach dem Krankenhaus, war mein Bruder hier, mein jüngster Bruder. Da haben wir dann beschlossen, da habe ich gesagt, ich möchte in ein Heim. Und da war dieses Haus kurz vor der Fertigstellung. Ich kam aus dem Krankenhaus wieder, da sagten sie mir, sie hätten das für mich gefunden, es schiene angebracht, und, na ja, da habe ich gesagt, ist gut.

Da bin ich am 6. August hier eingezogen. Inzwischen hatten meine Tochter und mein Bruder hier alles eingeräumt, also ich kam in meine Wohnung wieder, das waren alles meine Möbel noch. Und das war natürlich schön, und ich muß sagen, ich bin vom ersten Tag an gerne hier gewesen und sage jeden Abend danke schön, daß ich hier gelandet bin. Es ist eine sehr gute Atmosphäre, es sind natürlich auch Quertreiber hier, das ist ganz klar, bei 135 alten Leuten gibt es schon Schwierigkeiten, wirklich ganz enorm.«

In diesem gerade neu eröffneten Wohnstift übernimmt dann Frau T. von Anfang an bestimmte Aufgaben. Es sind Aufgaben, die sie sich selbst auswählt und zutraut, die ihren gesundheitlichen Beeinträchtigungen angepaßt sind. Und es sind Aufgaben, in denen sie anknüpfen kann an Erfahrungen und Kompetenzen, die sie sich im mittleren Lebensabschnitt als Leiterin des Kinderheims erworben hat:

»Ich hab' das dann übernommen, daß ich die Neuankömmlinge begrüßt habe. Dadurch bin ich gleich mit jedem in Kontakt gekommen. Ich hab' morgens, wenn sie in den Eßraum kamen, sie gleich mit Namen angesprochen. Und schon fühlten sie sich zu Hause und sagen heute noch immer, wir sind so froh, daß Sie damals gekommen sind und uns ein bißchen eingeführt haben.

Viermal im Jahr haben wir eine Heimbeiratssitzung mit der Heimleiterin, da wird dann alles mögliche besprochen. Und alle vier Wochen sind zwei von uns vom Heimbeirat für eine Stunde unten in einem kleinen Raum, wo dann die Leute kommen können und ihre Beschwerden oder Wünsche äußern. Es ist leider nur so, daß wir beide dann da immer sitzen und auf die Leute warten. Kein Mensch kommt. Sie kommen immer nur zu uns privat. Ich hab' am Tag so viel Telefonate, ich sag' immer, gehen Sie doch in die Sprechstunde, nein wir kommen lieber zu Ihnen, wir mögen nicht gerne, daß unser Name genannt wird.

Es sind bei uns natürlich auch viele, deren Geist nicht mehr so rege ist. Da habe ich eine Liste gemacht mit den Nummern der

Appartements. Und die rufe ich dann mittwochs morgens alle an, alle 21, und sage, denken Sie dran, um vier Uhr ist Chorsingen. Die bedanken sich, es gibt natürlich auch welche, die sagen, das wissen wir doch, mein Gott, das brauchen Sie uns doch nicht immer sagen. Aber die kommen dann nicht, weil sie's doch vergessen haben. Und dann kommt auch die Heimleiterin zu mir und sagt, wenn Sie Frau X. sehen, sagen Sie ihr bitte, dann und dann kann der Chor nicht singen, da haben wir etwas anderes. Und da kann ich dann vermitteln, muß ich dann wieder absagen. Neulich hörte das unsere Gymnastiklehrerin, und da sagt sie, ich hab' gehört, Sie rufen die Leute alle an, wir sind jetzt nur vier, sonst waren wir zwölf. Ich sage, ich weiß die zwölf, ich schreib' sie mir auf, rufe ich auch an.

So steh' ich morgens um sechs auf, um halb sieben muß ich die ersten zwei per Telefon wecken. Die eine hat einen Wecker, der ist so vornehm leis', den hört sie nicht. Die andere hat einen kaputten Wecker und sagt, wissen Sie, es ist viel einfacher, wenn Sie mich anrufen, dann brauche ich den nicht reparieren lassen. Und die andere möchte aber erst zehn vor sieben geweckt werden. Das mach' ich dann, ich sitz' dann sowieso hier. Und dadurch hab' ich viel Verbindungen mit allen. Es ist eine schöne Aufgabe, ich bin froh, daß ich das habe. Und wissen Sie, wenn ich zum Beispiel anrufe zum Chor, dann heißt es, aber bitte nicht vor halb zehn, da trinke ich gerade Kaffee, oder, können Sie es wohl vor neun machen, weil ich um halb zehn mit dem Bus fahren will...

...haben Sie das alles aufgeschrieben, oder haben Sie das so gespeichert?

...das habe ich gespeichert. Die kommen manchmal zu mir und sagen, woher wissen Sie das? Es ist zum Beispiel auch sehr schön, wenn ich die Leute besuche, dann haben sie so das Gefühl, jetzt kannst du mal reden, du bist jetzt hier abgeschieden von deinen Leuten. Dann erzählen sie mir auch von ihren Krankheiten, von ihren Leiden und so oder von Angehörigen, die krank sind, was sie sehr belastet. Da kann ich dann nach ein paar Tagen mal sagen,

haben Sie schon wieder Nachricht von Ihrer Tochter oder von Ihrem Schwiegersohn, wie geht es denen?...

...und das bringen Sie auch nicht durcheinander bei über hundert Menschen hier im Haus?

...nein, nein, das habe ich noch nie, nein...

...das haben Sie bei Ihren Kindern geübt...

...ja, das war ein gutes Training, ganz bestimmt, da sagt manch' einer: Sagen Sie mal, daß Sie das noch wissen! Doch, Sie haben's mir erzählt, und das merk' ich mir. Ja, ich bin auch sehr, sehr dankbar, wirklich. Ich kriege jeden Monat eine Geburtstagsliste, wer in dem Monat Geburtstag hat. Da steht dann auch das Jahr dahinter, und bei 75, bei 80, bei 85 und bei 90 singen wir dann, singt unser Chor morgens um neun und ab 90 jedes Jahr, weil dann immer mal Schluß sein kann.

Und dann kam die Hauswirtschaftsleiterin mal zu mir und sagte, Sie unterhalten sich so oft mit den Leuten, auch über Afrika und so, da wollen die gerne viel wissen. Ich muß jeden Monat eine Heimzeitung machen, und da möchte ich so gerne mal ein bißchen was von Ihnen hören, können Sie mir da helfen? Ja, sage ich, es sind so viele alte Menschen hier, die auch schon das Ende der Kaiserzeit miterlebt haben, und davon könnte ich erzählen. Da habe ich 20 Schreibmaschinenseiten geschrieben und habe den ganzen Werdegang auch des Herzogs von Braunschweig und Lüneburg, weil mein Vater da ja 40 Jahre in Diensten war, hab' das alles geschildert. Das hat sehr viel Anklang gefunden. Die Hauswirtschaftsleiterin hat jeden Monat ein paar Seiten fotokopiert, und dann kam die Fortsetzung im nächsten Monat, das war sehr schön.«

Frau T. ist zwanzig Jahre älter als Herr O., ihre Möglichkeiten und ihr Aktionsradius sind deutlich geringer. Sie hat Probleme mit dem Gehen, sie hat seit ihrem Schlaganfall regelmäßig starke Kopfschmerzen und Schwindelgefühle, manchmal auch Sprachstörungen. Es ist nun schon fast

15 Jahre her, daß sie ihren Beruf aufgegeben hat. Sie kann ihren Haushalt nur noch sehr begrenzt führen und lebt daher in einem Altenheim.

Und dennoch findet Frau T. selbst unter diesen stark einschränkenden Bedingungen auch in ihrem derzeitigen Lebenskreis ein Tätigkeitsfeld und Aufgaben, die ihre Bedürfnisse nach Kontakt mit anderen Menschen, nach Anerkennung und nach dem »Lebendig-Halten« und »Einsetzen-Können« ihrer in langen Jahren erworbenen Erfahrungen und Talente befriedigen:

»Ich wollte Kontakt mit den Leuten haben. Ich sitze sonst den ganzen Tag hier. Außer Telefonaten und so gehe ich wohl zum Essen runter, aber ich habe gerne Kontakt zu Leuten. Und so arbeite ich immer noch mit und freue mich, daß ich auch viel Anklang finde. Wir haben vor anderthalb Jahren jetzt wieder eine Wahl gehabt, und da hatten 100 gewählt, und ich habe 80 Stimmen bekommen. Das ist natürlich schön, das muntert einen auf, weiterzumachen.

Ich werde von vielen auch ›Mutter T.‹ genannt. Die sagen dann immer, das soll nicht abwertend sein, sondern anerkennend. Ich hab' z. B. ein Paar gehabt, da grüßte ich und nannte auch den Namen, und die sagten ›Guten Tag‹ und der Kopp ging weg. Und da hab' ich mir gedacht, die kriegst du. Und dann hab' ich sie auch im Fahrstuhl mal angesprochen. Ich sage, fühlen Sie sich nun wohl hier, nein, ich sage, das tut mir aber leid, also ich fühl' mich so wohl, na ist Geschmackssache. Ich hab' sie weiter angesprochen. Heute kommt sie zu mir an den Tisch und sagt: Kann ich Sie mal was fragen? Ich sage, natürlich, dafür bin ich ja da. Also man kriegt die Leute, nicht…?«

Sie knüpft mit dem, was sie im Wohnstift an selbstgesetzten Aufgaben übernommen hat, so sehr an ihre Kinderheim-Zeit an, daß sie auch bereits hier »Mutter T.« genannt wird. Und wenn sie sagt: *»Ich hab' z. B. ein Paar gehabt,… Und da hab' ich mir gedacht, die kriegst du…«*, dann hört man richtig die ehemalige Leiterin und die engagierte

»Seele« des Kinderheims heraus – man könnte fast meinen, sie wäre nun auch die Leiterin des Altenheims.

Bei aller Unterschiedlichkeit, eines ist ähnlich wie bei Herrn O.: Ihr Beruf war einerseits belastend, und sie war am Ende froh, die Verantwortung für die 80 Kinder nicht mehr tragen zu müssen. Aber andererseits ging sie voll in ihrem Beruf auf, sie erlebte ihre Berufstätigkeit als befriedigend, als »ausfüllend«. Ihr Beruf war ihr sehr wichtig, wichtiger als ihre Ehe, wohl eher die Ausnahme in ihrer Generation. Die Ferien-Kinder waren ihr wohl ebenso wichtig wie ihre beiden eigenen Kinder:

»Ich hab' Freude an der Arbeit gehabt. Ich habe mich jedesmal gefreut, wenn eine neue Kindergruppe kam, es war eine sehr, sehr schöne, ausfüllende Arbeit.

Ich meine, Sie hatten ja auch eigene Kinder...

Ja, ich mußte leider meine Heirat aufgeben, es hatte keinen Zweck. Mein Mann war gar nicht für das Kinderheim. Ich sollte das Kinderheim aufgeben und mit meinem Mann aufs Land ziehen, zwei Zimmer mit vier Personen. Und da haben wir uns getrennt. Mein Mann hatte damals bei Gericht gesagt, ich hätte ihn wohl seines Namens wegen geheiratet, er war ein Friedrich Wilhelm von M. Da hab' ich bei Gericht gesagt, wenn er das meint, dann könnte er seinen Namen wieder haben, dann nehme ich meinen Mädchennamen wieder an. Ich habe aber verlangt, daß die beiden Kinder den Namen ›von M.‹ haben, daß es nicht nachher mal heißt, das sind uneheliche Kinder. Ich verzichtete dafür auch auf jeden Unterhalt für die Kinder, da war er natürlich sehr froh drüber und hat das auch akzeptiert.

Dann haben Sie eigentlich seinerzeit zwischen Beruf und Ehe gewählt und sich eindeutig für den Beruf entschieden...?

Ja, es ist mir nicht leicht geworden. T.dorf war damals noch ein kleiner Ort, und ich war durch das Kinderheim sehr bekannt. Und dann als geschiedene Frau, plötzlich wieder als die Frau T...

Was war das, was Ihnen am Beruf so wichtig war?

Ja, die Kinderarbeit, und wie gesagt, immer wieder der Kontakt. Es waren zum Beispiel gerade die Kinder, die aus Berlin kamen, die aus trostlosen Verhältnissen oft kamen, manchmal aus Lagern, und denen wollte man doch ein bißchen was mitgeben. Ich hab' z. B. einen Jungen gehabt, erst zwei Jahre alt, schwer asthmakrank, den hab' ich dann drei Jahre lang behalten, und er ist ganz gesund geworden. Wir haben so viel vergnügte Stunden gehabt. Wir haben z. B. alle drei Wochen ein Bergfest gehabt, wenn die Kinder drei Wochen da waren. Dann hatte ich einen Riesenkasten mit Garderoben und so. Und dann durften die Kinder sich verkleiden, und dann haben wir abends gegrillt und so.

Meine eigenen Kinder waren ja immer mit dabei. Es war manchmal schwer. Ich weiß, daß es mir mal sehr, sehr bitter war. Da kam meine Tochter zu mir und sagte, weißt du, ich möchte mal zu dir als Ferienkind kommen. Dann hättest du Zeit für mich. Und das war natürlich eine Ohrfeige, die mir heute noch nachhängt.

War für Sie auch immer wichtig, daß Sie den Erfolg in Ihrer Arbeit gesehen haben?

Ja, ganz bestimmt. Zum Beispiel jede Woche als Höhepunkt, da wurde die große Waage in die Liegehalle gebracht. Da wurden die Kinder gewogen. Und dann diese Freude, wenn sie zugenommen hatten. Und die Trauer, wenn welche, die zu dick waren, zugenommen hatten. Ach, und wir haben so viel schöne Stunden gehabt, die wirklich das Schwere aufgewogen haben.«

Andere, denen es schlechter geht, mit den ihr zur Verfügung stehenden Kräften und Möglichkeiten zu unterstützen – dieses Lebensprinzip hatte Frau T. wohl schon während ihrer Berufstätigkeit für sich entdeckt und das Streben danach als befriedigend und belohnend erlebt. In ihrem dritten Lebensabschnitt hat sie daran angeknüpft, hat dieses Prinzip ihren geringer gewordenen Kräften angepaßt, hat es auf ihre neue Lebenssituation im Wohnstift übertragen. Wohl noch stärker als früher sind die Aufgaben, die sie sich dort aus dieser Leitlinie heraus selbst gesetzt hat, zu etwas geworden, was sie herausfordert, was sie nicht in pessimistisch-depressive Selbstbespiegelung versinken läßt, was ihr trotz aller gesundheitlicher Beeinträchtigung Kräfte verleiht und ihrem Leben Sinn gibt:

»Ich sage, sinnlos ist es hier im Altersheim nicht, wenn Sie sich mal um einen anderen Menschen kümmern, dem es noch schlechter geht als Ihnen. Gucken Sie mal, ich kann nicht mehr raus. Aber ich betreue zum Beispiel seit drei Jahren eine alte Dame. Da hatte mich die Heimleiterin gebeten, ob sie die Dame zu mir setzen darf, ob ich mich wohl um sie kümmere. Sie hat die Alzheimer Krankheit, es ist in den drei Jahren sehr schlimm geworden. Also ich muß beim Essen so aufpassen, ich darf mich kaum mit 'ner Nachbarin unterhalten, dann macht sie Dummheiten. Aber sie ist so ein liebenswerter Mensch. Und die war auch diejenige, die mich dann immer mal so um den Kreis hier rumgeführt hat. Und ich hab's ihr immer wieder gedankt: Danke Frau S., wenn ich Sie nicht hätte, ich käme überhaupt nicht an die Luft, nur auf meinen Balkon…

…und Sie meinen, daß man dann sich nicht so sehr auf sich selber konzentriert, sondern sich auch um andere kümmert…

…ja, das ist sehr wichtig, ganz bestimmt, ja. Ich habe zum Beispiel auch der Heimleiterin angeboten, daß ich Sterbehilfe mache. Das habe ich auch schon gemacht, natürlich nur tagsüber. Und ich habe gerade im Herbst eine Dame sechs Tage lang begleitet auf ihrem letzten Weg. Sie merkte die letzten zwei Tage nichts mehr. Aber wenn ich bei ihr war und ihre Hand nahm, dann merkte ich, wenn ich mit ihr sprach, am Druck, daß sie merkte, es war jemand da.«

Zusammenfassend formuliert: Worin liegt denn nun das Erfolgs-»Geheimnis« der »Anknüpfer«?

Eine typische »Anknüpferin«, ein typischer »Anknüpfer« könnte auf diese Frage vielleicht sagen: »Bestimmte Dinge aus meinem bisherigen Leben kann ich nun einmal nicht fortsetzen, andere will ich nicht fortsetzen. Zugleich habe ich aber erfahren, daß ich bestimmte Dinge ganz gut kann, daß diese Dinge auch sehr viel Spaß machen, Befriedigung und Lebenssinn vermitteln. Und an genau diese Dinge will ich nun anknüpfen, natürlich angepaßt an die sich verändernden Möglichkeiten des dritten Lebensabschnitts.«

Oder, etwas ausführlicher:

Das Erfolgs-»Geheimnis« der »Anknüpfer« liegt in der Selbst-Verpflichtung...

»Daß ich das selber wirklich für mich mache und alles selber verantworten kann.« (Herr O.)

»...ich hab' das dann übernommen, daß ich die Neuankömmlinge begrüßt habe. Dadurch bin ich gleich mit jedem in Kontakt gekommen. Ich hab morgens, wenn sie in den Eßraum kamen, sie gleich mit Namen angesprochen. Und schon fühlten sie sich zu Hause...« (Frau T.)

- zu Aufgaben (»Standbeinen«), die – bei aller Beanspruchung, die dann auch aus ihnen entsteht – deutlich mehr »Freiheit« und Gestaltungsspielräume enthalten als die Aufgaben des mittleren Lebensabschnitts:

»Ja, es ist doch trotz allem Eingespanntsein in diese verschiedenen Beine, ist es doch mehr Freiheit. Also die genieß' ich doch bewußt... der Anteil der Dinge, die mir Freude machen von meiner Tagesarbeit, ist doch jetzt erheblich größer« (Herr O.)

»...und hab' dann nachher den Genuß der Freiheit auch gemerkt: daß ich keine Verantwortung mehr hatte...« (Frau T.)

- **zu Aufgaben, die als sinnvoll empfunden werden:**

»Und mit den Mitteln des Rechts die Umwelt schützen zu helfen, das find' ich also 'ne ganz tolle Sache. Und nun das andere Bein, das Anliegen, die Kirche mit allem, was dazu gehört, wiederum mit dem Umweltgedanken, das ist auch was Packendes.« (Herr O.)

»...sinnlos ist es hier im Altersheim nicht, wenn Sie sich mal um einen anderen Menschen kümmern, dem es noch schlechter geht als Ihnen.« (Frau T.)

»...also unter anderem ist natürlich auch diese Vorstellung mit diesen gemeinschaftlichen Wohnformen von Jung und Alt für uns schon ein sehr erstrebenswertes Ziel. Es erscheint uns erst einmal wichtig, daß man auch mal so was praktiziert, denn nach den bisherigen Mustern kann das ja auf Dauer nicht ablaufen. Da sind ja dann unsere Politiker und unsere Finanzen irgendwann mal überfordert, wir schaffen das ja gar nimmer, wenn man alles über Altersheim und Pflegeheim und so was ablaufen läßt. Und auch dieser sogenannte Generationenkonflikt, der da immer so etwas im Raume steht, der könnte durch eine solche gemischte Wohngemeinschaft auch etwas abgebaut werden. Und, sagen wir mal, in dieser Richtung was zu erreichen wäre schon ein Ziel. Ob das dann gelingt, ist die andere Frage.« (Herr L.)

»...aber ich will versuchen, so lange es irgendwie geht, bei ›Senioren übernehmen Verantwortung‹ weiterzuarbeiten. Einfach weil ich mir sag', wir müssen etwas tun, und wenn wir's nicht tun, wer soll's dann tun? Ganz wichtig ist für mich die Rehabilitation. Das ist einfach etwas, was man nicht unter'n Tisch fallen lassen darf. Ich meine, man soll sich vor allen Dingen sozialpolitisch engagieren für die eigene Situation. Man kann wohl den Weg für die nächsten vorbereiten, aber man kann die Situation nicht für die nächsten ausarbeiten. Viel wird nicht für uns hängenblieben, weil wir einfach zu wenig Zeit haben. Aber es könnte sein, daß das eine oder das *andere für die nach uns zum Tragen kommt. Ich meinte, die Leute sollten sich sozialpolitisch beschäftigen, sich mal bißchen mehr Gedanken machen um die eigenen Belange, die Jungen können's nicht für uns tun.«* (Frau P.)

- **zu Aufgaben, die erfolgreich bewältigte Tätigkeitsfelder und erprobte Fähigkeiten des mittleren Lebensabschnitts nicht einfach abschreiben, sondern an ihnen anknüpfen:**

»Und das ist natürlich 'ne wunderschöne Verbindung: Umweltrecht zu unterrichten und in der Kirche – die mir sowieso liegt – auch noch für die Umwelt tätig zu sein.« (Herr O.)

- **zu Aufgaben, die den derzeitigen Möglichkeiten, zum Beispiel sich einstellenden gesundheitlichen Beeinträchtigungen, auch angepaßt sind:**

»...aber ich halte das für gut, daß ich dann sowohl Unterrichtstätigkeit als auch dieses kirchliche Amt jedenfalls ab 70 Jahre nicht mehr machen möchte. Daß ich dann noch, wenn ich noch gesund bin, genügend noch privat zu tun hab', dann ist auch nicht Schluß.« (Herr O.)

- **zu Aufgaben, die aus all' den genannten Aspekten heraus dann auch herausfordernd, aktivierend und letztlich lebensglückspendend sind:**

»...ich weiß es noch nicht genau. Nur eins weiß ich: daß ich niemals unter Langeweile leiden werde und daß es sicherlich noch manche interessante Tätigkeit und Arbeit für mich geben wird. Also eine Ahnung, daß dann ein interessanter Lebensabschnitt noch kommt.« (Herr O.)

»*Und so arbeite ich immer noch mit und freue mich, daß ich auch viel Anklang finde. Wir haben vor anderthalb Jahren jetzt wieder eine Wahl gehabt, und da hatten 100 gewählt, und ich habe 80 Stimmen bekommen. Das ist natürlich schön, das muntert einen auf, weiterzumachen.*« (Frau T.)

»Anknüpfen«, wie es Frau T., Herr O. und viele andere unserer Gesprächspartner in individuell unterschiedlichem Ausmaß und in ihrer persönlichen Form tun, ist sicherlich kein alle Probleme lösendes Patentrezept, aber es ist einer der möglichen Wege erfolgreichen Alterns. »Anknüpfen« setzt jedoch voraus, daß da im mittleren Lebensabschnitt etwas entwickelt werden konnte und etwas entwickelt wurde, an dem sich auch tatsächlich anknüpfen läßt:

»*Da hat man manchmal den Eindruck, nicht nur bei unseren Verwandten, sondern auch bei anderen Leuten, die man so kennenlernt, daß viele sich nicht allein beschäftigen können. Die brauchen immer irgendwas, wo was unternommen werden muß. Viele können überhaupt nicht mehr alleine irgendwas mit sich anfangen, mit sich unternehmen oder auch nichts unternehmen. Da muß immer irgendein Programm laufen.*« (Herr L.)

»*…mich hat das schon immer gestört: Man setzte sich dann vor den Fernseher und ließ sich berieseln. Das ist doch alles ziemlich einseitig. Und wir haben gesagt: Nee, so Kaffeefahrten, das ist eigentlich nicht das, was wir möchten. Wir möchten ja nicht stehenbleiben.*« (Frau J.)

Der Kern des »Anknüpfens«, nämlich die Fähigkeit einer *Selbst*-Verpflichtung zu »Aufgaben« jener Art, wie sie zusammenfassend oben charakterisiert wurden, kann kaum erst im dritten Lebensabschnitt von heute auf morgen aktiviert oder eingeübt werden. Ob und in welchem Maße man diese Fähigkeit bei sich entwickelt, entscheidet sich wohl vor allem im mittleren Lebensabschnitt. Manche mögen es dabei leichter haben als andere, etwa Berufstätige mit qualifizierten Tätigkeiten, vor allem wohl Menschen mit einem wissenschaftlichen oder künstlerischen Beruf (vgl. auch Kapitel 7). In deren Berufsleben kann und muß die Fähigkeit, sich selbst Aufgaben zu stellen und dann auch dabei zu bleiben, sehr viel eher gelernt werden. Doch die Aufgabe, selbstgewählte und tragfähige »Standbeine« für den dritten Lebensabschnitt rechtzeitig zu entwickeln, stellt sich für jeden, der sich »weitermachend« oder »anknüpfend« auf einen erfolgversprechenden Alternspfad begeben will. Und daß auch Menschen mit ganz »normalen« Biographien und Berufen selbst unter schwierigen Umständen dazu in der Lage sind, das haben unsere Beispiele gezeigt.

Nun sind wir weit davon entfernt, einer umfassenden Planung des dritten Lebensabschnitts gleich nach Absolvierung der Grundschule das Wort zu reden. Andererseits jedoch legen unsere Gespräche mit »Anknüpfern« als wichtige allgemeine Schlußfolgerung dringend nahe, daß man mit Überlegungen zur Gestaltung des erfolgreichen eigenen Alterns und mit der Entwicklung der hierzu nötigen Fähigkeiten auch nicht gerade bis zum Eintreffen der ersten Rentenzahlung warten sollte.

»Das Leben« präsentiert uns Punkte, an denen wir anknüpfen könnten, »Standbeine«, auf denen wir erfolgreich in den dritten Lebensabschnitt gehen können, in aller Regel nicht auf dem Silbertablett. Es ist wichtig, sich klarzumachen: Nur wir selbst können derartige Anknüpfungspunkte oder »Standbeine« für uns entdecken und entwickeln. Und da solche Standbeine nicht über Nacht wachsen können, ist es wichtig, von Zeit zu Zeit bereits im mittleren Lebensabschnitt über Fragen wie etwa die folgenden nachzudenken: Zu welchen Tätigkeitsfeldern und Aufgaben würde ich mich in welchem Umfang gern *selbst*

»verpflichten«? Wenn ich die Fremdzwänge des mittleren Lebensabschnitts los bin, wozu könnte ich mich und würde ich mich gern selbst »zwingen«? Was empfinde ich für mich als sinnvolles Tun, auch und gerade im dritten Lebensabschnitt? An welchen meiner persönlichen Kompetenzen und Fähigkeiten, die ich bisher entwickelt und erfolgreich erprobt habe, könnte ich dann dabei anknüpfen? Wie könnte ich diese Aufgaben und Fähigkeiten an die Bedingungen meines dritten Lebensabschnitts anpassen – wenn ich z. B. nicht mehr im Beruf bin, wenn die Kinder aus dem Haus sind oder wenn gesundheitliche Einschränkungen meiner Möglichkeiten zunehmen?

Soweit die »Anknüpfer« – und die Fragen an das eigene Leben, zu denen man über ihr Beispiel kommt. Schauen wir einmal weiter. Im Gegensatz zu den nun etwas ausgeleuchteten ersten beiden Pfaden erfolgreichen Alterns, die eher von Kontinuität mit den bisherigen Lebenslinien bestimmt sind, wird bei den beiden folgenden typischen Alternspfaden eher das Neue, das Andere, das bisher nicht Gelebte in den Mittelpunkt der Betrachtung rücken.

… es ist für mich ein völlig
5. Die »Befreiten«:
»… es ist für mich ein völlig neues Leben, und ich bin so glücklich jetzt…«

Unter diesem prototypischen Motto wird der dritte Lebensabschnitt von älteren Menschen gesehen, die ihr Alter, ihren »Ruhestand« als Befreiung erleben. Zwänge, die vorher bestimmend waren, z. B. der ungeliebte Beruf oder die Mehrfachbelastung als berufstätige Ehefrau und Mutter, fallen weg. Es kann vieles aufgenommen, neu begonnen werden, was vorher brachlag, nicht möglich war, weil Zeit und Kraft fehlten.

Besonders prägnant zeigt sich das, was das Altern der »Befreiten« ausmacht, in der biographischen Erzählung von **Frau Z.** (66 Jahre, verheiratet, 4 Söhne), die wir uns zunächst ausführlich ansehen sollten:

»Ich bin Pastorentochter. Mein Vater war in Mecklenburg Pastor und ist dann nach Berlin gegangen. Ich bin 1926 geboren, im Ostseebad H. Als ich acht Jahre war, sind wir nach Berlin gezogen. Da hab' ich mich immer wieder sehr nach H. gesehnt – meine Kindheit dort am Wald, das war für mich doch wohl sehr prägend. In Berlin hab' ich die Schule besucht, dann kam der Krieg. Mein Vater war schon vor dem Krieg in die ›Bekennende Kirche‹ eingetreten. Das sind ja solche Pastoren gewesen, die gegen Hitler waren, und er wurde auch richtig deswegen verfolgt. Aber man konnte ihm nicht viel tun, weil er auch Offizier war. Das war so seine Freiheit, die er damit hatte, und ich war wahnsinnig stolz auf meinen Vater. Also

mein Vater, das war das Vorbild für mich, der große Mann. Das ist, glaube ich, auch sehr wichtig zu wissen.

Sie sagten vorhin etwas von der Waldschule, ist das bedeutsam?

Ja, das war auch wichtig, da waren Mädchen und Jungen zusammen – sonst waren es ja reine Mädchenschulen. Ich war klein und unscheinbar, und ich hatte nacher in der Pubertät furchtbare Minderwertigkeitskomplexe, weil andere Mädchen die Jungen viel mehr ansprachen und ich immer so am Rande stand. Da fühlte ich mich am Ende nachher nicht mehr wohl, und ich wurde auch in der Schule schlechter. Am Schluß haben meine Eltern mich wieder umgeschult in eine reine Mädchenschule. Da ging's schlagartig wieder mit mir aufwärts. Entscheidend war dann auch, daß ich 'ne Zeitlang mit meinem Vater zusammenlebte. Meine Mutter war schon nach T. gegangen, in das Haus meiner Großeltern, mit den kleineren Kindern. Da war ich eine Zeitlang mit meinem Vater zusammen, der in Berlin diese Benzinverteilung hatte. Aber es war noch eine Bekannte mit in der Wohnung, sonst wär' ich ja ganz allein gewesen. Das war, glaube ich, eine ganz gute Zeit für mich, bis etwa Sommer 1943, da mußten wir nach S. evakuiert werden.

Das war 'ne gute Zeit für Sie?

Ja, weil das so entscheidend war. Ich weiß z. B., daß mal Brandbomben im Nachbarhaus fielen. Da konnte ich hin und mithelfen und all so was, es waren ja gar keine Verbote für mich da. Ich hatte so wirklich freies Leben, und mein Selbstbewußtsein hat da wieder sehr zugenommen. Ich war in der Waldschule am Schluß doch recht bedrückt gewesen, weil ich mich eben nicht schön fand, und nun hatte ich was zu tun – Sachen, glaub' ich, die nicht ganz unwichtig sind.

Sie genossen es mit Ihrem Vater…?

Ich genoß es sehr, wenn er mal ganz selten da war. Mein ältester Bruder war inzwischen auch eingezogen, der kam auch manchmal in Urlaub und kriegte dann als junger Offizier Theaterkarten. Das war also ganz wunderschön, dies halbe Jahr. Nach dem Abitur mußte ich in' Arbeitsdienst, und da kriegte ich auch irgendwie gleich 'ne andere Funktion, ich wurde gleich Stubenälteste. Nachher war da kein Lehrer im Ort, und denn hab' ich da die Schule verwaltet. Ich weiß auch nicht, warum die mir das immer zutrauten, aber es machte mir eben Spaß. Da machten wir Schule, und das stärkte mein Selbstbewußtsein, glaube ich, ganz gewaltig. Dann kam das Kriegsende. Ich hab' immer von vorneherein Lust gehabt, mit Kindern was zu machen. Also solche pädagogische Ader hatte ich wohl schon immer, und das muß ich sagen, bis zuletzt hat mir die Schule Spaß gemacht, ich bin ja Lehrerin gewesen.

Worauf würden Sie das zurückführen, diese pädagogische Ader?

Auf meine Phantasie. Mein Bruder ist in der siebten Generation Pastor. Pastor und Pädagoge, das hat ja doch eigentlich, – wenn sie guter Pastor sind, sollten sie auch ein Lehrer sein.

Hat Ihre Mutter in der Richtung…?

Nein, meine Mutter hat Medizin studiert, bis zum Physikum und dann gegen den Willen ihres Vaters den Pastor, der aus dem Krieg wiederkam, also meinen Vater, geheiratet. Die hat ihr Medizinstudium nicht beendet. Sie kommt aus einer Familie, die Handwerker waren, sehr strebsam. Meine Mutter war die einzige Tochter, und mein Großvater wollte natürlich, daß sie Ärztin würde. Dann heiratete sie einen Pastor, das war für ihn ein ganz großer Schlag. Ich glaube, das hat auch meine Eltern damals bestärkt, nichts gegen meine Ehe einzuwenden, die ja auch dem Typ nach nicht so, wie man sich's vorstellte, war – die Zusammenstellung sozusagen.

Ihre Mutter legte Wert auf einen guten Beruf?

Ach das war eigentlich ganz selbstverständlich. Alle Geschwister haben Abitur gemacht. Zwei sind Professoren und einer ist Pastor. Das war eigentlich keine Frage und zum Glück auch keine Schwierigkeit. Denn war das Kriegsende, und mein Vater und mein Bruder kamen zurück. Mein Vater ging nicht wieder nach Berlin, er wollte wieder aufs Land. Er tat noch 'ne Menge für uns, zum Beispiel ging er hin zu irgendeiner Stelle und kriegte es fertig, daß ich in den ersten Kurs der Lehrerausbildung aufgenommen wurde. Das war damals 1946–48, und dann machte ich hier die Ausbildung. Das machte mir auch großen Spaß. Ich hatte auch mal diesen und jenen Freund, aber wie so meine Erziehung war, ließ ich sie alle nicht an mich herankommen, das muß ich ja nun mal wirklich sagen. Das ist diese, ich will nicht sagen pietistische, – vor der Ehe gibt es keine sexuelle Zusammenkunft, das war also ganz klar, für mich auch. Es war sicherlich für die jungen Männer, die aus dem Krieg kamen, auch 'ne Sache, um dann abzuschwenken.

Naja und dann wurde ich Lehrerin, 1948. Da traf ich »ihn«. In der Straßenbahn, da stand immer ein Mann, nicht mehr jung – mein Mann ist 17 Jahre älter als ich –, der so lächelte und Witze machte und mich ansprach und der sehr bestimmend war. Er erinnerte mich irgendwie an meinen Vater. Das war's, ich suchte den ja wieder, und das ist dann der Helmut Z. geworden. Den hab' ich geheiratet, hab' alle meine anderen Freunde laufen lassen – ich hatte natürlich diesen und jenen –, aber das waren eben alles Tändeleien. Dieser Helmut Z., der war sehr bestimmend, der wußte Bescheid mit Pflanzen und mit diesem und mit jenem. Er ist gelernter Bildhauer, hat das aber nie so richtig ausgeführt. Aber nach dem Kriege konnte man gut mit Holztellerdrehen und mit sowas sich auf dem Land was herbeitauschen. Er hatte was, wir hatten nichts, nur Kartoffeln vom Lande oder so, er hatte auch Sachen. Das imponierte natürlich, also er war so richtig wieder wie mein Vater, er sorgte für mich, könnte ich wohl sagen.

Und wieso empfanden Ihre Eltern das als nicht gelungene…?

Na ja, er kam ja aus einem ganz anderen Hause. Er kommt aus einem Arbeiterhaus, nicht mal Handwerker, so Werftarbeiter. Viele Geschwister, es ging auch immer ziemlich eng zu. Er war der einzige, der herausgekommen ist – durch eine Lehre war er hier zur Kunstgewerbeschule. Während seine Geschwister alle früh aus dem Haus mußten – die Schwestern mußten in Stellung gehen –, hatte er den Vorzug, daß er weiter zur Schule gehen durfte. Nach dem Hauptschulabschluß durfte er die Kunstgewerbeschule machen.

Aber er ist eigentlich kein Künstler, das war verkehrt. Er kann sehr gut zeichnen, er ist sehr exakt mit allen Dingen, aber er ist kein schöpferischer Künstler, er ist nicht kreativ. Darum hat er auch nachher nichts machen können, nur mal so als Helfer bei einem Bildhauer. Später ist er in ein Architekturbüro gegangen, ist Bauzeichner geworden. Das hat er bis zuletzt gemacht, das ist das auch gewesen, was er konnte. Das ist eigentlich ganz schön dumm, daß dieser Lehrer, der sich damals auch so ein bißchen hervortun wollte, einen Schüler in einen Beruf hineinbrachte, der ihm gar nicht lag, nur weil er gut zeichnen konnte. Das ist wirklich dick, der schrieb nachher ein Buch über seine Schüler – und was aus denen geworden ist, ich glaub', das hat er nicht ganz verfolgt.

Ja, und dann – weil eben die Kombination allein auch schon vom Pekuniären her nicht so sehr ertragreich war –, mußte ich mein Leben lang Lehrerin bleiben. Vielleicht hätte man das damals nicht gemacht, wenn man Kinder kriegte. 1952 habe ich geheiratet und 53 ist Tobias geboren, da war es schon peinlich, in so einem Lehrerkollegium zu sagen, ich krieg' ein Kind. Schwanger, das Wort war ja schon – also ich bekomm' ein Kind, und ich muß mal Urlaub haben, das war schon mit Angst verbunden.

Ich war Volksschullehrerin zuerst, in einer Schule, wo nur ältere Frauen waren. Ich war weitaus die Jüngste. Die bedauerten mich alle, und das mochte man doch auch nicht so sehr gerne. Die arme Frau, die wieder in den Beruf kommen muß, die nicht zu Hause bleiben darf. Ich hatte aber eigentlich sehr viel Glück, später kriegte ich Kinderpflegerinnen als Praktikantinnen, zuerst hatte ich Haushaltshilfen, und das kriegte man ja auch noch gut. Ich hatte so ein Tagesmädchen, das war gut geregelt, die Versorgung des Kindes. Aber mein Mann hat eigentlich nie was gemacht. Man muß es ja so sehen, er war ja der Star in seiner Familie, seine Mutter hat alles für ihn gemacht, das haben auch seine Schwestern so oft erzählt. Er kriegte sein Brot geschnitten, er kriegte alles. Das liegt ja dann wohl drin, das ist ja schlecht abzulegen, diese Haltung. Außerdem mußte er mit irgendeiner Sache ja immer noch wieder zeigen, wer er ist. Da kommen ja mehrere Faktoren zusammen.

War Ihnen das damals schon als Problem bewußt?

Ja, wir haben uns darüber auch schon oft gezankt, auch richtig Auseinandersetzungen gehabt. Vor allen Dingen – ich sah es als Necken – nörgelte er auch viel rum, daß nicht so sauber war und so ordentlich, wie das vielleicht bei seiner Mutter war, ich weiß es nicht, wie er das eben gerne haben wollte. Das ärgerte mich natürlich doll, war doch klar. Damals war er noch im Recht – so nach der Meinung der Leute.

Ihr Mann arbeitete damals...?

In einem Architekturbüro als Bauzeichner. Dann war der kleine Tobias da, und drei Jahre später kam Michael. Ich wollte immer viele Kinder haben, also das muß ich schon sagen, das lag ja auch in der Familie. Ich hatte fünf Geschwister und hatte Kinder gern. Wir zogen dann nachher um, in eine größere Wohnung, durch Tausch. Damals war das ja auch alles sehr schwierig. Die erste Wohnung hatte mein Mann besorgt über einen Freund, das war natürlich ein großes Plus. Die zweite kriegten wir durch Tausch, das wollte er gar nicht gerne, denn die erste Wohnung war ja seine – auch so'n Knackpunkt.

Hatte er Schwierigkeiten mit der Tatsache, daß Sie arbeiteten?

Nein, das war ja ganz klar, das ging ja gar nicht anders. Das war selbstverständlich, damit hatte er keine Schwierigkeiten. Er hatte wohl Schwierigkeiten damit, daß ich eben auch was sagen wollte. Ein Jahr und sieben Monate später war Jochen dann unterwegs. In der Schule hatte ich richtig Angst, das zu sagen, weil ich ja nun schon wieder fehlen mußte. 1963 ist noch Hans hinterhergetrudelt, und dann war das auch wirklich ein bißchen eng. Da sagte mein Vater – wieder ganz wichtig –, daß er einen Bausparvertrag für mich hätte, und ich sollte mich doch mal nach einem Haus umgukken. Das tat ich natürlich sehr gerne. Ich hatte das dann wirklich immer nur allein gemacht, denn mein Mann wollte das gar nicht gerne. 1966 hat mein Vater denn dieses Haus hier gekauft, das heißt, er hat's mir sofort übertragen. Das war keine große Sache, das war ein Bausparvertrag von 25 000 Mark, das war hier auch ein ganz primitives Haus, aber das große Grundstück. Mein Vater, der sorgte auch gleich dafür, daß wir noch Geld bekamen vom BHW für 'ne Heizung, und eigentlich war immer nicht so sehr viel Geld da.

War Ihr Mann da nicht so engagiert?

Absolut überhaupt nicht. Das war eben auch das Enttäuschende, daß er nicht mal 'ne Zeichnung gemacht hat oder überhaupt nichts mitgemacht hat, sondern immer hinterher gesagt hat, das hättet ihr...

Also Sie und Ihr Vater waren so eine Art Koalition gegen ihn?

Ja, ja, aus seiner Sicht ja. Mein Vater hatte z. B. die Arbeiter besorgt, und mein Mann hat sich eigentlich immer nur, ich weiß eigentlich auch nicht warum, – es ging also damals ganz schlecht mit uns –, warum er so dagegen war. Sicherlich waren eben seine ganzen Wünsche in die andere Richtung.

Sie haben dann noch mal 'ne Ausbildung gemacht?

Ja, noch ein Jahr. Das war ein phantastisches Jahr lang, eine schöne Zeit. Ich bin nämlich nachher noch Sonderschullehrerin geworden. Ich hatte als Lehrerin immer so viel Schwung, glaube ich, ich hatte immer zuviel gefordert von den Kindern. Da hab' ich drei oder vier aus meiner Klasse zur Sonderschule angemeldet. Die wurden getestet, und da sagten die Sonderschullehrer, also nee, die sind doch alle gut, wieso bringen Sie die dahin? Da dachte ich, das mußt du dir doch mal angucken. Weil da grade viele gesucht wurden, hab' ich denn die Ausbildung gemacht. Das wurde damals noch nicht sehr viel besser vergütet, ich glaub', man kriegte 20 oder 30 Mark mehr. Von daher war's keine Verlockung, aber ich wollte noch mal wieder so was anderes machen, und das Jahr war interessant. Ich bin denn Sonderschullehrerin geworden und bin bis vor vier Jahren im Beruf geblieben, immer voll. Das hat mir keine Schwierigkeiten gemacht. Aber als ich 62 wurde – das war ganz neu, daß man schon mit 62 rausgehen konnte –, da dachte ich – die Enkelkinder, die brauchten mich schon ein bißchen –, jetzt mach' mal Schluß. Ich muß sagen, das ist dann auch wirklich abgeschlossen gewesen. Die haben mich auch sehr nett verabschiedet, es war alles ganz schön, aber ich bin damit fertig. Ich sehn' mich nicht mehr zurück.

Hatten Sie da so ein natürliches Sättigungsgefühl?

Ja, wieso eigentlich? Ich glaub', das war, daß meine Schwiegertochter – sie ist Pastorin und mein Sohn ist Studienrat mit halber Stelle, sie hatten ein Kind, und da war es mit Kinderfrauen schlecht. Da dachte ich, da kann man dann auch mal mehr einspringen. An der Schule – die Kinder waren auch nicht mehr so erfreulich, es ist schon ganz schön schwierig, da läuft ganz viel in einer Stunde, so Zwischenmenschliches, was man spüren muß. Das ist doch recht anstrengend.

Sie hatten für sich dann so das Gefühl…?

Es ist jetzt Schluß, ja dacht' ich, jetzt reicht's, ich hab' eigentlich genug getan. Ich wollte mich auch nicht völlig verausgaben – vielleicht war's das auch –, ich war ja noch im Vollbesitz meiner Kräfte. Richtig, das ist, glaube ich, auch noch ein Punkt: Ich hab' schon Lehrer erlebt, wo's dann so schlecht mit denen wurde, über die man lachte, die Alten. Da hatte ich natürlich auch Angst vor, daß das mal kommen würde. Das wollte ich auch nicht gerne.

Oder auch Lust auf was Neues?

Ja, ja, das stimmt auch. Ich hatte mir ja unheimlich was vorgenommen, hatte x Sachen eingeschrieben, Kurse und sonst was – natürlich alles viel zuviel. Ich hatte auch Lust auf was Neues, ja.

Daß ich abgehen konnte, das war ganz kurzfristig. Im Dezember hörte ich davon, beantragte das und kriegte überhaupt keine Nachricht. Im Januar hatte ich Geburtstag, und Ende Januar bin ich schon weg. Vielleicht, wenn das viel länger gewesen wäre, hätte ich es mir noch einmal anders überlegt.

Aber Sie machten sich vorher schon Gedanken…?

Dann dachte ich, also jetzt geht's zur Volkshochschule, x Sachen da, Zeichnen und Schneiderkurs – drei Kurse hatte ich belegt – und Fitneßstudio. Genäht habe ich immer schon, aber das braucht auch Zeit, und vor allen Dingen braucht man auch einen Raum, wo's liegen bleiben kann. Das ist jetzt auch alles erst möglich, seitdem der letzte, der Hans, ausgezogen ist. Der hängt auch noch immer hier, der kommt jeden Mittag noch zum Essen.

Die Kinder zogen dann so langsam aus...?

Tobias, den hab' ich ja noch selbst mit rausexpediert. Michael, der ist leider früh gegangen. Da wollte meine Mutter in S. bleiben und sagte, ich komm' eigentlich ganz gern zu dir. Da sagte Michael, oh ja, ich zieh aus. Meine Mutter kam her – das war auch noch wieder eine ganz schwere Zeit für mich. Da bin ich immer verreist, das war so ganz typisch, da bin ich rumgefahren alle Ferien, weil ich mich einfach nicht mehr wohlfühlte. Ich versteh' mich mit meiner Mutter sehr gut, wir haben uns nie gezankt, aber sie ist immer noch meine Mutter. Ich habe ganz große Ehrfurcht vor ihr. Sie hat hier oben zwei Zimmer gehabt – da habe ich jetzt 'nen Studenten drin wohnen –, und wenn ich an der Zimmertür vorbei mußte, hatte ich eigentlich immer das Gefühl, ich müßte guten Tag sagen, ich müßte mit ihr ein Wort reden. Aber ich hatte gar keine Lust dazu, und da bin ich oft vorbeigegangen. Dann hatte ich wieder das schlechte Gewissen. Ich kann nur allen Leuten sagen, es ist wirklich nicht machbar, daß man seine Eltern mit wohnen hat. Das habe ich daraus gelernt, ich werde nie zu meinen Kindern ziehen.

Nachher merkte ich eben, daß da so ganz viel mitspielt – sie ist sehr diszipliniert, ich hab' das inzwischen auch, ich steh' auch immer zur selben Zeit auf, morgens halb sieben geht mein Wecker. Aber wenn ich dann vielleicht mal ein bißchen länger schlafen wollte, dann hatte ich schon immer, das Gefühl, was denkt sie nun? Sie hat nie was gesagt. Auch mit dem Putzen, meine Fenster sind alle nicht so, aber ich wußte, – sie war auch kein Putzteufel, sie hatte immer Hilfen, hatte immer jemand, der ihr das machte – sie war's anders gewohnt. Das hat mich doch sehr beengt.

Waren die fünf Jahre noch in der Zeit, als Sie arbeiteten?

Ja. Und dann bin ich alle Ferien weggefahren, während ich jetzt überhaupt nicht mehr verreise. Das zeigt doch, daß ich mich wohl fühle, hier wohl fühle.

Mit welchem Gefühl gingen Sie denn in diese Zeit nach der Berufstätigkeit, mit dem Gefühl, daß Sie sich das jetzt ganz toll verdient hätten?

Nö, ach nö, verdient hab' ich das nicht.

…daß Sie's sehr genießen und jetzt andere Sachen machen wollen…?

Ja, also das andere ist irgendwie ganz weg, ist merkwürdigerweise völlig abgeschlossen. Mich rufen manchmal noch Schülerinnen an, ich soll zurückrufen. Das laß' ich so gerne, ich hab' einfach keine Lust mehr dazu. Es ist für mich ein völlig neues Leben, und ich bin so glücklich jetzt. Warum bin ich glücklich? Ich kann mir ja auch viel leisten. Ich denke schon, daß jemand, der immer morgens überlegen muß, jetzt hast du noch zwei Mark 50, daß der natürlich sehr begrenzt ist. Der muß seine Gedanken um andere Sachen kreisen lassen. Aber ich hab' doch alles, und ich kann doch auch alles. Natürlich bin ich kein Millionär, aber ich leb' doch gut. Ich kann Geschenke machen, was ja auch immer ganz was Schönes ist, ich kann für andere was tun. Ich hab' natürlich auch bestimmte Sachen, die ich machen muß. Das ist nicht so, daß ich die völlige Freiheit habe. Ich hab' noch Essen zu kochen – heut' hab ich's vorbereitet, also keine Angst – für Hans und für meinen Mann, dem es jetzt im Augenblick sehr schlecht geht. Dann nehm' ich montags immer die Kinder und dies und das, das ist ganz klar. Und ich hab' ja auch so selbst meine Aufgaben mir gesetzt.

Was ist es denn im einzelnen, was Sie jetzt so machen?

Eigentlich sind das ganz neue Sachen. Zum Beispiel – man muß ja auch was für sich tun – bin ich zuerst ins Fitneßstudio gegangen. Das war natürlich Quatsch. Aber ich geh' jetzt jeden Tag lange spazieren, einmal der Hunde wegen, aber zum anderen auch, weil ich das für wichtig halte. Ich finde, durch das Rausgehen und durch das Bewegen kriegt man auch bessere Laune. Das ist ganz merkwürdig, wenn so'n schlechtes Wetter ist und man keine Lust hat und so'n bißchen dröselig ist, dann ist es das Beste, wenn man sich zwingt. Also für mich ist es selbstverständlich, daß ich einfach losziehe, Regenmantel an, und dann treffe ich auch so viele Leute. Das ist ja nicht nur, daß ich jetzt irgendwo rumrase, sondern als Hundebesitzer spricht man mit anderen Hundebesitzern – das ist ganz witzig. Aber ich hab' früher schon immer sehr viel Kontakt unterwegs gehabt, so daß es meinen Kindern oft peinlich war. Ich bin fast zwei Stunden unterwegs, denn hab' ich bestimmt mit mehreren Leuten gesprochen, ganz gewiß nicht nur mit Hundebesitzern, sondern man trifft sich und hallo, man grüßt sich und kriegt Kontakte auch durchs Rausgehen, und man fühlt sich wohl.

Haben Sie sich den Hund im Zusammenhang mit der Pensionierung angeschafft?

Nein, den hab' ich schon sechs Jahre. Da ist ja noch ein ganz kleiner, der sitzt jetzt bei meinem Mann. Ich hab' zuerst mit einem Zwergpudel angefangen. Der eine starb, dann kaufte ich den zweiten. Mein Mann war auch so furchtbar traurig, denn ging der gleich bei meinem Mann auf den Schoß. Ich dachte, ach das ist ja auch ganz gut. Dann hat er ihn vereinnahmt. Da hab' ich mich eigentlich geärgert, denn ich hatte den ja gekauft und er nahm ihn. Da war ich schon etwas leiser und hab' gedacht, hat doch keinen Sinn, kaufst dir noch einen.

Ihr Mann, ist er auch aus dem Beruf ausgeschieden?

Ja schon lange, er ist ja 17 Jahre älter. Er ist schon lange hier zu Haus gewesen, hatte natürlich auch nichts weiter gemacht, konnte er ja auch als alter Mann nicht mehr. Aber eigentlich ist das Verhältnis – das ist das eben, was auch so positiv ist –, es hat sich völlig gewandelt. Dieser Geschlechterkampf, – ist ja meistens im Alter so, daß die Frauen die Oberhand gewinnen. So oft ich das seh', werden Frauen stärker im Alter als die Männer, oder die Männer sind so klug, daß sie sich da beugen. Bei uns ist es ganz klar, weil einfach die körperliche Kraft nachgelassen hat, auch bei ihm. Er hat Krebs, erst Prostatakrebs, Blasenkrebs – das ist ja bei alten Leuten 'ne Sache, die kann über Jahre gehen –, das hat er nun auch schon ganz schön lange. Es ist anzunehmen, daß es jetzt in die Knochen gegangen ist, weil er Schmerzen im Brustbein hat, und er ist sehr hinfällig. Mit seiner zunehmenden Hilfsbedürftigkeit ist das natürlich auch völlig anders geworden, daß man sehr viel mehr für ihn tut, viel lieber für ihn tut. 'ne Zeitlang, als ich pensioniert war, hat er auch für sich selbst immer noch gesorgt, gekocht und so, weil er eigentlich immer völlig anders essen wollte als ich. Das fand' ich auch ganz gut, daß er dann noch mal einkaufen ging. Aber jetzt mach' ich das auch, und ich mach's nicht ungern, also ich tu's selbstverständlich. – Das ist natürlich etwas, was mich doch ein bißchen einschränkt und bedrückt, weil ich ja nicht weiß, was da auf mich zukommt mit der Pflege. Aber das ist für mich selbstverständlich, daß ich das übernehmen werde, auch von meinem christlichen Verständnis aus.

Warum sind Frauen stärker?

Ich glaub', weil sie körperlich fitter sind, auch, weil sie mehr in ihrem Bereich bleiben. 'ne Frau bleibt doch in ihrem Haushalt. Das war ja immer das, was sie machen mußte, und das hat sie weiter. Der Mann ist aus dem Beruf raus, ist ja oft im Haus doch ziemlich fremd und sitzt dann sehr abgeschnitten da. Und diese ganze Geschichte mit den Hobbys, nun gut, das kann er ja auch nicht jederzeit machen, während die Frau eigentlich immer irgendwie 'ne Tätigkeit findet. Das ist mir übrigens auch sehr bewußt geworden, als ich pensioniert war. Der Anfang des Tages ist doch für mich sehr viel einfacher als für einen Mann. Man räumt seine Sachen in die Küche und nimmt irgendwas, wischt das ab oder nimmt einen Besen in die Hand und bewegt sich schon gleich. Da hat man irgendwas schon zu tun, und über die Tätigkeit da kommt der Kreislauf in Bewegung. Man kommt mehr rein in den Tag, während jemand, der Zeitung liest, so wie's die Männer machen, dann eher auch sitzen bleibt.

Tätig sein, aktiv sein, in Bewegung sein ist ganz wichtig?

Ja, das halte ich für sehr wichtig. Ich glaube auch, daß Körper und Seele, das ist ja doch 'ne Einheit. Wenn man nicht mobil ist, ist es sehr viel schwerer, zufrieden zu sein, denke ich. Das ist nicht nur mein Spaziergang mittags, auch noch abends auf dem Heimtrainer, und seitdem hab' ich auch wieder einen ganz phantastischen Kreislauf. Das kann man direkt messen, daß das sehr gut ist.

Die Hobbys sind auch oft zu aufgesetzt, das sind Sachen, die so unnütz sind. Ich mach' eigentlich immer was, was auch gebraucht wird, das ist auch für mich ziemlich typisch. Ich möchte das eigentlich auch verwerten, also die Sachen, die ich nähe. Die Enkelkinder, die tragen die Jacken, die ich gemacht hab', und die Hosen. Ja, daß sie einen Sinn haben , – das ist natürlich auch wieder ziemlich egoistisch. Ich verlang' immer, daß irgendwelche Leute sich vielleicht dafür interessieren oder daran freuen, daß ich es nicht nur für mich mache.

Was ist an den Dingen, die Sie machen, was Ihr Wohlbefinden...?

Ich bin unglaublich dankbar dafür, daß es mir so gut geht. Vielleicht positives Denken. Ja, wodurch kriegt man das? Es ist auch nicht aufgesetzt, was ich Ihnen jetzt erzähle, stimmt auch.

Hier, mit dem Miteinander, das hat mich doch sehr eingeengt, das war schrecklich. Man spricht nicht gern darüber, aber so sexuelle Dinge waren für mich auch furchtbar schwierig. Dies Müssen immer und das Dasein-Müssen war für mich furchtbar, weil ja im Grunde keine Liebe da war. Es wurde ja als Pflicht, es waren ja eheliche Verpflichtungen, die dann abgehandelt werden mußten. Das hab' ich furchtbar erlebt. Ich glaub' schon, das ist auch ein Punkt, weswegen vielleicht Frauen nachher auch froher sind, daß diese Sachen für Frauen oft sehr schwer sind und daß sie sehr befreit sind, wenn sie in ihrem dritten Leben so ein Neutrum geworden sind. Ich mein', als Kind oder als junges Mädchen hatte das ja auch 'ne Rolle gespielt, da hatte ich ja die Komplexe, denn als Frau hatte ich die Zwänge, und jetzt habe ich die Freiheit.

Und dann die viele Arbeit…

Ja, das ging ja dann auch wirklich ganz schön hart her, mit Schularbeiten, Mittagkochen, die Kinder – zum Glück hab' ich für die nicht in der Schule was machen müssen. Auch darüber bin ich so dankbar, daß die alle so gut eingeschlagen sind. Die haben auch schon wieder – also ich hab' schon sechs Enkelkinder. Die haben anscheinend alle nicht so sehr unter den Geschwistern gelitten, daß sie selber auch mehrere Kinder haben wollen.

Schon am Anfang meiner Ehe merkte ich ja gleich, daß das alles ganz anders lief, als ich dachte. Die Heirat ist im Grunde genommen auch irgendwie unter Druck zustande gekommen, weil ich, wie schon gesagt, sozusagen als Jungfrau in die Ehe gehen wollte oder sollte oder mußte – nachdem, was mir so erzählt worden war. Dann hatte mich natürlich dieser ältere Mann dazu bewegt, daß ich nicht mehr Jungfrau war, und nun mußte ich moralisch. Das war ja schon ein ganz schlechter Start, und dann wurd' das eben doch alles auch noch sehr viel anders.

Eigentlich war's ein, ich glaube es ist fast immer, ein Geschlechterkampf, also ein bißchen mehr oder weniger. Auch wenn man in unserem Bekanntenkreis guckt, irgendwie will einer eben immer der Stärkere sein. Dieses richtige Miteinander, das erlebe ich bei meinem ältesten Sohn. Aber hier bei uns war's eben nicht nur auf psychischer, sondern auch auf physischer Basis ein richtiger Kampf. Und darum bin ich ja jetzt auch so befreit. Ich kann mir vorstellen, daß jemand, der es immer gut hatte, es vielleicht nachher gar nicht so empfindet. Insofern kann ich eigentlich sagen, ist ja alles prima gelaufen.

Ging es oft darum, wessen Verbündete die Kinder waren?

Die standen immer auf meiner Seite. Ich war ihm eigentlich völlig überlegen in allem. Das war natürlich für meinen Mann ganz schlimm – er hat es ja auch ganz schön schwer gehabt. Daß ich hier nichts machte und so, das war seine einzige Art, wie er sich wehrte. Das muß man nämlich alles dazusehen. Er war ein ganz armer

Kerl im Grunde, ganz alleine, hatte ja auch keinen Rückhalt in seiner Familie, er konnte ja nichts vorzeigen. Ja, nun ist er schon ganz schön senil, möchte ich sagen, er ist ganz retardiert, hört nicht mehr so ganz doll. Es geht ihm schlechter, er hat große Angst natürlich, jeder hat Angst vorm Sterben.

Weil Sie sich sonst sehr wohlfühlen, halten Sie das gut aus, diese Belastung?

Ja. Ich hab' natürlich auch so eine gewisse Angst, daß es meine Kräfte übersteigt. Aber das machen andere doch auch – warum soll ich das nicht auch schaffen? Ich denk' schon, man wächst auch an seinen Aufgaben, das ist einfach so. Es ist jedenfalls kein Haß mehr da, das ist das Schöne.«

Aus der geschilderten Biographie wird sehr deutlich, welche Zwänge und Belastungen in diesem Fall als charakteristisch für den mittleren Lebensabschnitt erlebt wurden: eine problematische Partnerbeziehung, die das »Unter-einen-Hut-bringen-Müssen« von Haushalt, Kindern und Beruf eher noch erschwerte als dabei irgendeine Hilfe war, die dazu als »Geschlechterkampf«, als eine Quelle dauernder Anspannung erlebt wurde, sowie das sich aus moralischen Verpflichtungsgefühlen herleitende Zusammenleben-Müssen mit der eigenen Mutter, das als sehr einengend empfunden wurde.

Demgegenüber ist das Erleben des jetzigen dritten Lebensabschnitts vor allem dadurch geprägt, daß diese Belastungen und Zwänge nun wegfallen, daß nun sehr viel stärker ein eigenes, mehr selbstbestimmtes Leben gelebt werden kann. Das wird genossen und als großes Glück empfunden.

Diese Situation, daß viele, zu viele Verpflichtungen da waren, die nun im »Ruhestand« wegfallen, ist ein wohl typisches Muster für viele berufstätige Ehefrauen, insbesondere mit Kindern oder sonstigen familiären Verpflichtungen. Wie uns eine andere Interviewpartnerin sagte:

»Politisch war ich eigentlich schon immer interessiert. Bloß ich mein', ich hatte keine Zeit, darüber nachzudenken, was man machen könnte. Zur Zeit der Berufstätigkeit, da habe ich überhaupt keine Zeit dazu gehabt, da war ich froh, daß ich meinen Beruf hatte, meinen Haushalt, meine Kinder. Ich mein', man ist Hausfrau, man ist Frau, Ehefrau, man ist Mutter, und geht auch noch arbeiten.« (Frau W., 73 Jahre, verwitwet, 3 Kinder)

Faktum ist, daß »weibliche Produktivität« sich nicht nur auf den beruflichen Bereich erstreckt, sondern auch auf den privaten, sich ein Leben lang – neben Dienstleistungen im Haushalt – in Beziehungen abspielt, in der »Beziehungsarbeit« mit dem Ehemann, der Familie, den Kindern. »Frauen bekommen Kinder und ziehen sie groß, aus diesen Beziehungen kann man nicht so einfach wieder aussteigen, wie aus einem Arbeitsverhältnis.«[1] Diese kontinuierliche Verantwortung kann Befriedigung, Stabilität und Halt vermitteln, aber auch sehr aufreibend sein und auslaugen.

Erst wenn diese mehrfachen Belastungen durch Ausscheiden aus dem Beruf, durch Auszug der Kinder wegfallen bzw. abnehmen, ist der Kopf frei zum Nachdenken und für Neues. Die »Befreiten« erleben diesen Lebensabschnitt erleichtert und mit Freude.[2] Sie genießen den Spielraum, dann Dinge zu tun, die für sie ganz neu sind, entdecken Talente und Fähigkeiten, die vorher brachlagen. Sehr viel weniger als die »Anknüpferinnen« können sie bereits bestehende Interessen wiederaufnehmen, da sie diese aus Mangel an Zeit und Kräften bisher nicht intensiver verfolgen konnten.

Auch der »Wegfall« des Mannes kann auf Frauen »befreiend« wirken, wie die geschilderte Biographie zeigt. Im beschriebenen Fall ist hiermit nicht Trennung oder Scheidung gemeint, sondern die Situation, daß sich auf Grund des Älterwerdens des Mannes, seiner nachlassenden körperlichen Kräfte und Interessen ein zunehmender Freiraum für die Frau erschließt.

Oder wie eine andere Interviewpartnerin uns erzählte, die sich sehr spät nach 30jähriger Ehe von ihrem Mann getrennt hatte und dann mit 50 noch einmal anfing, etwas ganz Neues zu machen, und einen beruflichen Einstieg schaffte:

»*Wenn ich nicht allein gewesen wär' und meine ganze Kraft da hätt' reinstecken können, hätt' ich das auch nicht geschafft. Wenn abends zu Hause jemand auf mich gewartet hätte, dann wär' das nicht möglich gewesen. Dadurch, daß ich ja so spät mein Leben noch mal grundlegend – ich mein', da geh'n ja manche schon in Ruhestand, mit kurz hinter 50, und da hatte ich mein Leben noch mal total umgekrempelt, noch mal was ganz Neues gemacht. Da sagten mir Freunde, die mich vorher gekannt haben, während meiner Ehe und hinterher, Mensch das ist toll, wie du das gemacht hast. Du bist ein ganz anderer Mensch geworden.*« (Frau V., 65 Jahre, geschieden, 2 Kinder)

Daß die Brisanz problembeladener Partnerbeziehungen sich im Alter abschwächt oder daß durch Scheidung zum Ende des mittleren Lebensabschnittes der dritte Lebensabschnitt neu und befreit begonnen werden kann und dies positiv erlebt wird, kann sicherlich für Männer wie für Frauen gleichermaßen gelten. Berichtet wurde es uns jedoch nur von weiblichen Interviewpartnerinnen.

In die ähnliche Richtung weisen auch einzelne Untersuchungen, die sich mit der Situation von Witwen befassen.[3] Gegenüber der landläufigen Annahme, daß Verwitwung bzw. Witwenschaft zu den lebenszyklischen Ereignissen und Verläufen gehören, die generell negativ und einschränkend erlebt werden, ergab sich z. B. aus einer Interviewstudie der Universität Bremen mit älteren Witwen aus der Arbeiterschicht, die überwiegend ihr Leben lang berufstätig gewesen waren, daß diese Frauen trotz der Sorgen und Benachteiligungen im Zusammenhang mit ihrer Witwenschaft ein freieres, abwechslungsreicheres Leben führten, als sie es während ihrer Ehe gekonnt hatten.

»Was der Volksmund in der Wendung von der ›Lustigen Witwe‹ verhöhnt, Brecht im Porträt der ›Unwürdigen Greisin‹ literarisch verschönt…, läßt sich aus den erzählten Lebensgeschichten… heraushören: daß sie ohne ihren Mann trotz drückender Verhältnisse so leben, wie sie es mit ihm offenbar nicht gekonnt haben – freier, selbständiger, offener«[4],

und dies unabhängig davon, ob sie eine schlechte oder eine gute Ehe hinter sich hatten. Die Autoren sprechen vom überraschenden Fund des »Erleichterungssyndroms«, demzufolge sich in die Trauer um den Tod des Mannes deutliche Gefühle der Erleichterung mischen, und werfen die Frage auf, ob diese Situation für die Frauen wohl auch Befreiung bedeute, weil sie endlich über ihr Leben selbst bestimmen könnten. Die befragten Frauen erleben die Witwenschaft demzufolge als eine neue Lebensphase, in der sie selbständiger und unabhängiger ihre Entscheidungen treffen können als vorher.

Es gibt Hinweise, daß Witwer stärker unter psychischen Problemen leiden bzw. nicht so gut mit der Situation fertig werden wie Frauen.[5] Sie haben auch im Vergleich mit Witwen und verheirateten Männern und Frauen die höchste Sterbequote.[6] Die Annahme liegt jedoch nahe, daß dies nicht ausschließlich mit der Tatsache der Verwitwung zu tun hat, sondern auch mit der sich hieraus ergebenden Einschränkung des Kontaktnetzes bis hin zu sozialer Isolation, da gerade bei älteren Männern der Kontakt zur Familie, Nachbarschaft und sonstigen sozialen Umwelt in den meisten Fällen über die Ehefrauen läuft. Im großen ganzen sind Frauen, auch im Alter, kontaktfreudiger, Männer eher zurückgezogener. Nach der Verwitwung nehmen bei älteren Frauen oftmals die sozialen Kontakte eher zu, nicht ab, bei älteren Männern ist es eher umgekehrt. US-amerikanische Untersuchungen haben ergeben, daß Männer im

Alter zunehmend von ihrer Frau emotional abhängig werden und daß sich Frauen der Welt gegenüber immer offener und aktiver zeigen.[7] Trotz finanzieller Einschränkungen steigern die Witwen aus der zitierten Bremer Interviewstudie ihre Aktivitäten.[8] Die Welt scheint im Alter für viele Frauen weiter zu werden, für viele Männer eher enger.

Männer sind in ihrem Leben in der Regel ausschließlicher auf ihren Beruf konzentriert als Frauen.[9] Fällt der Berufsalltag weg, dann fallen sie häufig in ein großes, unbekanntes Loch, wenn sie vorher nicht die Chance hatten, sich mit ihrem künftigen Lebensplan und ihrer Partnerschaft rechtzeitig auseinanderzusetzen:

»Dies ist auch der Grund, warum Männer häufiger kurz nach Beendigung des Berufslebens sterben, weil dann ein Neuanfang zu schmerzlich scheint. Das Ziel ist so wenig sichtbar, daß es nicht zu lohnen scheint. Frauen mußten ihr Leben lang flexibler sein, sich auf unterschiedlichste Situationen einstellen, und konnten sich im Leben nicht so niederlassen. Das ist ein Grund, warum sie auch im Alter leichter mit neuen Herausforderungen umgehen.«[10]

Zudem haben viele Frauen mit dem Übergang in den dritten Lebensabschnitt, auch wenn sie vorher berufstätig waren und dieser Lebensbereich dann wegfällt, eher einen Bereich, in dem sie sich kontinuierlicher und stärker »zu Hause« fühlen als Männer, ihren gewohnten Haushalt, wie dies in unserer Eingangsbiographie zum Ausdruck kam.

Eine weitere Belastungsdimension wurde in unserer Leitbiographie deutlich: das Zuständigsein für die Versorgung und Pflege der Eltern, für die absehbare Pflege des Ehemannes. Hierbei handelt es sich trotz der landläufigen Rede von der »Familienpflege« um ein ganz typisches

Frauenschicksal. In einer Zeit, wo die heranwachsenden Kinder noch begleitender Zuwendung bedürfen oder gerade dabei sind, aus dem Haus zu gehen, tritt die Situation ein, daß die alternden Eltern zunehmend Unterstützung und Pflege brauchen. Dies wird in der Fachliteratur mit dem Terminus der »Sandwich«-Position der mittleren Generation umschrieben, bedeutet präziser aber, daß gerade Frauen in einer Zeit, wo sie unmittelbar davorstehen, nochmals über einen eigenen Neuanfang nachdenken zu können, mit neuen Verantwortungen und Aufgaben konfrontiert werden.[11] 80–90% der sogenannten »Familienpflege« wird von Töchtern, Schwiegertöchtern, Ehefrauen geleistet.

So ist es sehr nachvollziehbar, wenn in unserer biographischen Schilderung auch unter dieser Perspektive zunächst Befreiung erlebt wird, auch wenn sich eine mögliche neue Aufgabe und neue Zwänge auf diesem Gebiet bereits andeuten.

Die Mehrfachbelastung reduziert sich, das Machtungleichgewicht in der Partnerschaft kann sich zugunsten der Frau verschieben, wie in der einleitenden biographischen Schilderung beschrieben, oder die Frau lebt alleine weiter und kommt mit dieser Situation recht gut zurecht, sie bezieht über die Verbindung mit einem bisher schon gewohnten Lebensbereich Stabilität, sie entdeckt neue Freiräume und neue Selbständigkeiten – so ist es nicht verwunderlich, wenn wir bei unserem Typus der »Befreiten« eher Frauen als Männer fanden, die ihren »Ruhestand« unter dieser Perspektive besonders genießen:

»Ja, ich denk' einfach, ich hab' mein Leben lang was machen müssen. Ich bin 1933 in die Schule gekommen – da kam ich schon mal nicht in die Schule, in die ich wollte, weil die den Nazis nicht genehmen Schulen gleich geschlossen wurden. Dann hab' ich kein Abitur gemacht, weil unsere Schule aufgrund der Bombenangriffe ins sogenannte Generalgouvernement, d. h. nach Polen, verlegt

werden sollte. Da hat mein Vater mich in so'ne Handelsschule, die ich entsetzlich fand, aber irgendeinen Abschluß mußte man ja machen – also das ging schon nicht. Dann mußte man sehen, daß man irgendwo 'ne Stelle bekam. 1943 ausgebombt, aufs Land verschlagen, bei einem Bauern widerwillig aufgenommen, keine Freunde – 1944 Arbeitsdienst, erst im Mai 45 im größten Chaos entlassen, zu Fuß nach Hause. Gleich wieder dienstverpflichtet, jetzt von der britischen Besatzungsmacht. Es war schrecklich.

Also ich hab' eigentlich nie machen können, was ich wollte. Dann hab' ich meinen Mann kennengelernt, der kam nach sieben, acht Jahren aus der Gefangenschaft wieder nach Hause, fand dort auch keine Arbeit in seinem Beruf. Er hat sich hier 'ne Stelle gesucht, na ja, damals konnte man nicht zusammen leben, und bei der Stelle war's auch, sie hätten lieber einen Verheirateten gehabt. Also hab' ich geheiratet, nicht so ganz hundertprozentig freiwillig. Ich hätt' sonst vielleicht noch 'ne Weile gewartet. Ja, Kinder, die Pille gab's nicht – ich hab' meine Tochter von Herzen gern –, aber da hätt' man vielleicht noch 'n bißchen gewartet.

So kam eins zum anderen. Ich hab' mein Leben lang nie machen können, was ich wollte, und ich glaub', daß es auch das ist, was ich jetzt so ungemein genieß'. Jeden Morgen, wenn ich wach werde, so als erstes denkt man dann, was ist heute für ein Tag, was machst du? Das ist herrlich, daß ich denke, was ist denn für'n Wetter, jetzt scheint die Sonne, jetzt könntest du dich anziehen und losgehen und einfach wiederkommen, wann du wolltest. Ich sag's immer zu den Freundinnen, die noch arbeiten und die dann manchmal so sagen, ach Gott, wie mag das sein. Da sag' ich, ich weiß nicht, ich freu' mich jeden Morgen.« (Frau V.)

Es soll nicht behauptet werden, daß die bisher geschilderten Dimensionen der Belastung und Befreiung nicht auch auf Männer zutreffen könnten. Nur werden wohl gerade diese Belastungs- und Befreiungskonstellationen seltener bei Männern und eher bei Frauen anzutreffen sein. Nicht zufällig war es so, daß sich der einzige Mann unter unseren »befreiten« Interviewpartnerinnen und -partnern eben lediglich von seiner in den letzten Jahren extrem belastenden beruflichen Situation befreit fühlte.

Herr U., zum Zeitpunkt unseres Interviews 59 Jahre alt, hatte nach einem über viele Jahre hinweg sehr befriedigenden Berufsleben in der Baubranche, bei der Steuerung und Koordinierung großer Bauvorhaben, auf eine sich extrem verschärfende, hektische und belastende Arbeitssituation mit einem gesundheitlichen Zusammenbruch reagiert:

»Ich wußte irgendwo – meine Frau wußte es schon länger –, daß das für mich da auf diese Art zu Ende ging. Ich verfiel dann in eine Erschöpfungsdepression und kam in die Klinik.«

Im Anschluß daran konnte er am Arbeitsplatz nicht mehr so richtig Fuß fassen,

»...und da habe ich mich also quasi von 1984 bis 1988 mit mehr oder weniger Klinikaufenthalten über die Runden gebracht. 1988, wie es mir wieder schlechtging, habe ich dann gesagt, es hat keinen Zweck mehr, und habe dann aufgehört. Also ich war so fertig, ich hab' hier nur gelegen – daß meine Frau das beispielsweise durchgehalten hat, diese ganzen Jahre. Ich konnte gar nichts mehr, ich war total auf Null, und dann wurde ich im Juni 1989 in den vorzeitigen Ruhestand versetzt.«

Vor diesem Hintergrund wurde der Ruhestand als Freiheit von Streß und als Freiraum zur Selbstverwirklichung erlebt:

»Und das ist so, daß da auch – was für Menschen nicht geht – keine Pause ist, von morgens bis abends pausenlos. Es ist keine Luft. Es gibt Menschen, die das vertragen können, die das durchhalten, das hab' ich z. B. nicht. Insofern sehe ich das nicht als Scheitern und hab' da auch nicht so die Schwierigkeiten gehabt. Für mich war's eine Erleichterung, und insofern ist das, was ich da jetzt machen kann, viel wichtiger. Ich bin nicht traurig drüber. Ich möchte da gar nicht mehr arbeiten, weil sich das inzwischen auch rapide verschlechtert hat. Also ich kann sagen, ich befinde mich jetzt in der zweiten Bildungsphase. Da öffnet sich etwas, was während der Berufstätigkeit verschlossen war, wo man überhaupt keine Zeit hatte.

Das ist jetzt – daß man einfach unabhängig ist, daß man sich selbst verwirklichen kann.«

Aus dem bisher Geschilderten könnte der Eindruck entstehen, Frauen täten besser daran, im mittleren Lebensabschnitt z. B. auf berufliche oder »außerhäusliche« bzw. außerfamiliäre Tätigkeit zu verzichten, um es gar nicht erst zu der beschriebenen »Mehrfachbelastung« kommen zu lassen, von der sie sich dann im Alter »befreit« fühlen. Unsere »Pionierinnen« sind hier jedoch ganz entschieden anderer Meinung: Sie sehen gerade die berufliche Tätigkeit als Voraussetzung für »erfolgreiches Altern« an, auch wenn sie zu den geschilderten Belastungssituationen beiträgt.

»Da kommen wir dann auf das ganz allgemeine Thema der Frauenemanzipation zu sprechen. Denn ich glaub', daß 'ne Frau, die eigenständig war, die 'nen eigenen Beruf gehabt hat, anders reagiert, anders lernt, mit Menschen umzugehen und infolge dessen viel fähiger ist, auf Menschen zuzugehen und Freundschaften zu schließen, auch im Alter. Wie gesagt, ich glaub' von allen Ratschlägen ist der der wichtigste, so früh wie möglich unabhängig zu sein.«
(Frau V.)

Bei allen »Typen erfolgreichen Alterns« fanden wir einen – ganz besonders für diese Generation – hohen Anteil von berufstätigen Frauen, die teilweise ihre Kinder alleine großgezogen haben, geschieden oder relativ früh verwitwet sind. Einige fühlen sich ganz explizit der Emanzipationsbewegung nahe. Viele haben, so wie sie dies in den Interviews betonen, ihr Leben mit innerer Selbständigkeit gelebt.[12]

Fassen wir zusammen: Das Lebensgefühl der »Befreiten« im dritten Lebensabschnitt ist zunächst dominiert von dem Gefühl, daß Fremdzwänge, Belastungen und Einengungen, die den mittleren Lebensabschnitt prägen, nun zumindest schrittweise zurückgelassen und abgeschüttelt werden können.

Führt man sich alle diese geschilderten Belastungen vor

Augen, so fragt man sich natürlich: Was heißt denn nun »erfolgreich Altern« für diese »Befreiten«? Liegt das »Erfolgreiche« dieses Lebenspfades allein in der Tatsache, diesen Belastungen nun entronnen zu sein? Sind alle, die dieses Befreiungsgefühl verspüren, damit auch »automatisch« auf einem erfolgversprechenden Weg in den dritten Lebensabschnitt hinein?

Belastungen, denen man bislang nahezu »wehrlos« ausgeliefert war, »nun endlich« entrinnen zu können: dies ist sicherlich ein Lebensgefühl, das viele Menschen im Übergang zum dritten Lebensabschnitt für sich so empfinden. Doch wie wir wohl alle aus eigener Anschauung wissen: Nicht wenige Ältere reagieren hierauf so, daß sie ihrer in langen Jahren entwickelten und aufgestauten Resignation und Verdrießlichkeit nun die Zügel schießen lassen, daß sie ihrem angesammelten Überdruß an dieser Welt und ihren Verhältnissen nun breiten Platz in ihrer Gefühlswelt einräumen, daß sie aggressive Bitterkeit fast zum Mittelpunkt ihres Lebens machen, daß sie Kontakte zu anderen Menschen, »die ja doch nur enttäuschen«, immer weiter einschränken – und darüber passiv, ja apathisch werden, für sich selbst keine sinnvollen Aufgaben und Tätigkeitsfelder mehr sehen können. Sie geraten damit in jenen oft beschriebenen, sich immer weiter selbst verschärfenden Teufelskreis, in dem alle positiven Erlebnisse, die dieser resignativ-verbitterten Grundhaltung offensichtlich widersprechen, als seltene Ausnahmen wahrgenommen werden, denen nicht zu trauen ist, und alle negativen Erfahrungen und Erlebnisse als weitere Bestätigung und Vertiefung dieser Grundhaltung.

Andere wiederum leiten aus diesem alles andere überlagernden Lebensgefühl des »Nun-endlich-befreit-Seins« für sich nun sozusagen ein lebenslanges »Recht auf Passivität« ab: »Ich habe in meinem Leben genug gelitten und gekämpft, jetzt will ich endlich meine Ruhe und von wirklich gar nichts mehr was wissen.« So verständlich und berechtigt diese Reaktion nach einem als sehr belastend erlebten mittleren Lebensabschnitt auch ist, so wenig gegen ein genießerisches Zurücklehnen als Lebenselement auch einzuwenden ist, so nahe liegt auch die Gefahr, daß das Ergebnis dasselbe ist wie bereits oben geschildert: Der dritte Lebensabschnitt wird eher passiv-konsumierend angegangen, das Wegfallen der Fremdzwänge wird nicht in die Chance umgemünzt, sich nun stärker selbst-bestimmt Aufgaben und Ziele zu setzen.

Unsere Gespräche mit »Befreiten« zeigen dagegen Menschen, die sich – aus demselben Lebensgefühl des »Nun-endlich-befreit-Seins« heraus – auf einen sehr viel mehr als »erfolgreich« zu bezeichnenden Alternspfad begeben haben:

»... daß ich mich irgendwie auch entwickelt habe – jeder hat sich ja entwickelt –, aber zum Positiven hin. Ich finde eigentlich, daß ich das jetzt so gut habe wie noch nie, mein drittes Leben, das muß ich schon sagen...

Ja, also das andere ist irgendwie ganz weg, ist merkwürdigerweise völlig abgeschlossen. Mich rufen manchmal noch Schülerinnen an, ich soll zurückrufen. Das laß' ich so gerne, ich hab' einfach keine Lust mehr dazu. Es ist für mich ein völlig neues Leben, und ich bin so glücklich jetzt. Warum bin ich glücklich? ... ich leb' doch gut. Ich kann Geschenke machen, was ja auch immer ganz was Schönes ist, ich kann für andere was tun. Ich hab' natürlich auch bestimmte Sachen, die ich machen muß. Das ist nicht so, daß ich die völlige Freiheit habe. Ich hab' noch Essen zu kochen... für Hans und für meinen Mann, dem es jetzt im Augenblick sehr schlecht geht. Dann nehm' ich montags immer die Kinder und dies und das, das ist ganz klar. Und ich hab' ja auch so selbst meine Aufgaben mir gesetzt.« (Frau Z.)

Da ist keine verbittert-resignative Grundhaltung zu spüren. Und vor allem: Die belastenden Fremdzwänge der Vergangenheit, die ja teilweise noch in die Gegenwart des dritten Lebensabschnitts hereinragen – Frau Z. etwa hat nun ihren schwerkranken Mann zu betreuen, der nicht unerheblich zu den Belastungen ihres mittleren Lebensabschnitts beigetragen hat –, werden zwar gesehen, bedauert, und sicher sind daran auch teilweise Haßgefühle geknüpft. Sie werden jedoch konstruktiv, als Basis für die Zukunft, sozusagen als »Schule des Lebens«, betrachtet: eben als Fremdzwänge, denen zwar nicht auszuweichen war und unter denen man litt, die einen aber gleichzeitig »gelehrt« haben, wie wichtig und wie belohnend auf der anderen Seite Lebensabschnitte sein können, in denen man sich Selbstzwänge setzt, in denen man Zielen zustrebt und Aufgaben anpackt, gleich welcher Art und »Bedeutung«, die man sich selbst setzen konnte.

Genau dafür bietet sich der dritte Lebensabschnitt geradezu an. Was man im früheren Lebensalter, vor allem in der Jugend, wohl sehr viel weniger erleben kann, ist das Zusammentreffen zweier Lebensgefühle bzw. -erfahrungen: Da ist das Gefühl, befreit zu sein von etwas »Schlimmem«, Einengendem, das viele andere Interessen und Fähigkeiten erstickte, und gleichzeitig kann man in sich die Fähigkeit spüren und weiter entwickeln, diese Freiräume jetzt besonders genießen und selbstbestimmt nutzen zu können. Man hat ja erlebt und erfahren, daß es auch ganz anders sein kann:

»Ich mein', als Kind oder als junges Mädchen hatte das ja auch 'ne Rolle gespielt, da hatte ich ja die Komplexe, denn als Frau hatte ich die Zwänge, und jetzt habe ich die Freiheit.« (Frau Z.)

Aus dieser Perspektive heraus werden auch kleine Freiräume gesehen und geschätzt, es kommt nicht auf deren Zahl, Größe oder »Bedeutung« an. Das Wichtigste ist das selbstbestimmte Ausfüllen des Freiraums:

»...was Neues noch mal zu machen, ...ich hatte das dann schon als befreiend erlebt, weil ich hab' ein Laster: Ich lese gerne, und ich geh' abends spät ins Bett. Dem steht natürlich 'ne regelmäßige Be-

rufstätigkeit, wo man morgens spätestens um sieben aufstehen muß, ungeheuer im Wege. Ich glaub', das war für mich das Wichtigste, daß ich einfach noch Zeit hatte, zu lesen, daß ich nicht abends sagen mußte, ich muß das Licht ausmachen, ich muß ja morgen um sieben Uhr aufstehen. Das war der Punkt, daß ich das machen konnte. Ich find's auch so faszinierend, man kann hinschauen, wo man will, was sich so im Laufe meines Lebens verändert hat oder was man an neuen Erkenntnissen hat, ob das jetzt die Psychologie ist oder Pädagogik. Das ist alles so rasend interessant, daß ich da noch Zeit für haben wollte. Wie gesagt, dadurch kam auch die Idee, ursprünglich noch mal was mit dem Studium oder so zu machen.« (Frau V.)

Zeit zu haben, mehr Zeit als Menschen im mittleren Lebensalter, wird z. B. als »kleines Glück« empfunden:

»Ich darf nicht über den Träumen das kleine Glück vergessen, was ich hier so Tag für Tag erlebe. Ich finde, das zu sehen und das zu reflektieren, das sollte man möglichst früh anfangen, daß man das einfach so eingeübt hat. Ich glaub', dann gibt's auch keine Altersprobleme – ich seh' da eigentlich keine.« (Frau V.)

Diejenigen Älteren, die ihren dritten Lebensabschnitt als »Befreite« leben, hatten in vielen »mittleren« Jahren keine oder nur ganz eingeschränkte Möglichkeit, ihr Leben selbst zu steuern, selbst zu bestimmen. Sie hatten sich überwiegend mehr oder weniger belastenden Fremdzwängen zu unterwerfen:

»Ich hab' mein Leben lang Magengeschwüre gehabt, immer durch irgendwelche Sachen. Jetzt ist das erste Mal, daß ich keine habe, weil ich wirklich nichts mehr muß, was ich nicht will.« (Frau V.)

»Erfolgreiches Altern« heißt für sie nun, daß sie glücklich und dankbar sind, daß sie es jetzt so gut haben: Sie erleben zum ersten Mal, daß sie einen Freiraum haben, in dem sie sich ihre Aufgaben, ihren »Außenhalt« selber setzen können – daß sie über ihr Leben in bisher ungekanntem Ausmaß selbst bestimmen.

»...ich denk' manchmal, ich kann jetzt wieder so leben, wie ich als Kind gelebt habe. Ja, schon 'ne gewisse Ordnung, gewisse Regeln,

in denen man das macht und jenes macht und ein paar Termine hat. Aber sonst so einfach in den Tag hineinleben und staunen, wie spannend die Welt eigentlich ist. Und ich find', das sind Sachen, die einem so in dem mittleren Lebensalter ein bißchen abhanden kommen, weil man einfach die Zeit nicht hat, die Muße – Muße find' ich das richtige Wort fürs Alter.

Ich weiß nicht, was ich will – ob man das je genau weiß, was man will, das bezweifle ich. Aber ich weiß, was ich nicht will: nämlich allein in meiner Wohnung sitzen und mich um keinen Menschen mehr kümmern. Ich will weiterhin Kontakt haben, ich will mich weiter über Gott und die Welt unterhalten können, damit ich mich auch nicht selber im Kreis drehe.

Es gibt so viele Möglichkeiten, wo man auch immer wieder ein Stückchen für sich selber weiterkommt. Das halte ich fürs Wichtigste, daß man im Alter nicht irgendwann abstumpft, sondern daß man lebendig bleibt. Und ich glaub', daß einen dann auch die Wehwehchen, wenn sie einmal kommen, nicht auffressen, wenn man immer irgendwie noch was anderes hat, mit dem man sich beschäftigt...« (Frau V.)

Anmerkungen

1 Greta Tüllmann: Über »weibliche Produktivität«. Skizzen und Gedanken entlang der Projektberichte. In: Detlef Knopf/Ortfried Schäffter/Roland Schmidt (Hrsg.): Produktivität des Alters, Berlin: DZA 1990, S. 114–117.
2 Elisabeth Beck-Gernsheim: Familie und Alter: Neue Herausforderungen, Chancen, Konflikte. In: Gerhard Naegele/Hans Peter Tews (Hrsg.): Lebenslagen im Strukturwandel des Alters. Alternde Gesellschaft – Folgen für die Politik. Opladen 1993, S. 161.
3 Vgl. hierzu z. B. Insa Fooken: Zur Situation von Witwen/Witwern unter psychologischen Aspekten. In: Zeitschrift für Gerontologie 12/1979, S. 266–273.

4 Hartmut Dießenbacher (Hrsg.): Witwen. Vom Leben nach dem Tod des Mannes. Frankfurt/M.: Extrabuch, 1985, S. 9.
5 H. Z. Lopata: The widowed family member, Manuskript (Vichy 1977), zitiert nach I. Fooken, a.a.O., 1979, S. 270.
6 Zitiert nach I. Fooken, a.a.O., 1979, S. 270.
7 Zitiert nach Henk Nies/Joep Munnichs (Hrsg.): Sinngebung und Altern. DZA-Beiträge zur Gerontologie und Altenarbeit 66, 3. unveränd. Aufl., Berlin 1992, S. 53. Vgl. hierzu auch: Ursula Lehr, Alterszustand und Alternsprozesse – biographische Determinanten, in: Zeitschrift für Gerontologie, 13/1980, S. 452.
8 H. Dießenbacher: a.a.O., 1985, S. 9.
9 Eine explorative Studie zur Lebenssituation älterer Frauen an der Universität Münster ergab, daß selbst bei ledigen, berufstätigen Frauen der Beruf weder zu dem zentralen Lebensbereich wurde, wie dies bei Männern der Fall ist, noch der Wichtigkeit von Ehe und Familie bei den verheirateten Frauen entsprach (B. Wilken/ L. Kemmler / A. Schmitt-Stögbauer / St. Everwien / A. Vogt / B. Schämann: Kritische Lebensereignisse und deren Bewältigung in einer Gruppe älterer lediger Frauen, in: Zeitschrift für Gerontologie, 26/1993, S. 54).
10 Ursel Bucher: Der Traum vom großen Glück. Wunsch und Wirklichkeit in Paarbeziehungen. Kösel 1992, S. 160–161.
11 Vgl. hierzu z. B. Elisabeth Beck-Gernsheim: a.a.O., 1993, S. 162 und 165–167.
12 Ursula Lehr formuliert in diesem Sinne die in ihren Augen herausfordernde These: »Die Berufstätigkeit der Frau ist die beste Geroprophylaxe« (Ursula Lehr, unter Mitarbeit von Beate Fachinger: Zur Situation der älterwerdenden Frau. Bestandsaufnahmen und Perspektiven bis zum Jahre 2000. C. H. Beck'sche Verlagsbuchhandlung, München 1987, S. 201).

6. Die »Nachholer«:
»...jetzt wirst du mal das machen, wofür du dich vorher schon interessiert hast, aber nie die Zeit gehabt hast, dich intensiv damit zu beschäftigen.«

Die »Nachholer« sind mit ihrem bisherigen Leben im großen und ganzen eigentlich zufrieden und »im reinen«, wie man so sagt. Es war da in ihrem Leben kein so großer Leidensdruck wie bei den »Befreiten«. Es gab jedoch das eine oder das andere ganz wesentliche Interessengebiet, für das man sich bisher intensiv aber vergeblich wünschte, ausreichend Zeit und Kraft übrig zu haben – und das man nun endlich anpacken, weiterentwickeln und genießen kann.

Während die »Befreiten« dementsprechend ihren dritten Lebensabschnitt als »ein völlig neues Leben« empfinden, nehmen die »Nachholer« (ähnlich wie die »Anknüpfer«) ein Tätigkeitsfeld auf, zu dem sie auch schon im mittleren Lebensabschnitt nicht ganz ohne Bezug waren, das sie jetzt aber viel intensiver und ernsthafter betreiben wollen und können. Sie nehmen eine Linie in ihrem Leben auf, die es auch schon bisher gab. Es ist jedoch eine Linie, die bisher gar nicht oder sehr viel weniger, als man sich das wünschte, gelebt werden konnte und die nun, sozusagen das Leben vervollständigend, aufgenommen und möglichst intensiv weitergegangen wird.

Eine in diesem Sinne ganz typische »Nachholerin« ist **Frau J.** (68 Jahre alt, verheiratet, ein Sohn). Wir wollen Sie daher etwas ausführlicher aus ihrer Lebensgeschichte erzählen lassen und vor allem dazu, warum sie nun im dritten Lebensabschnitt so begeistert zum Studieren an die Universität geht:

»Man muß mit der Schilderung wahrscheinlich schon in der Jugend anfangen, denn da liegt ja eigentlich der Grund, warum man jetzt so wißbegierig geworden ist. Sehen Sie, ich bin '31 in die Schule gekommen, komm' aus dem tiefsten Land aus Hinterpommern. Unser Dorf hatte 500 Einwohner, war also sehr abgeschnitten. Wenn einer ins Nachbardorf geheiratet hat, dann war das schon ›Ausland‹. Dann kam die Nazizeit, oder wir waren da schon mitten drin. Ich hatte Glück, daß wir einen Lehrer hatten, der aus einer Stadt kam, wo er sich unbeliebt gemacht hatte. Der hatte wohl irgendwie eine Lobby, jedenfalls wurde er nicht eingesperrt. Und der hatte dann natürlich ein bißchen andere Interessen, weiterführende. Ich war immer sehr wißbegierig, wir waren zu dritt, und er hat uns dann noch zusätzlich unterrichtet, so daß ich schon so'n Grundwissen hatte.

Als ich dann konfirmiert war, gab's das nicht, daß man ein Mädchen so weit zur weiterführenden Schule schickte: Die nächste Stadt war 60 km entfernt. Da war die Nazizeit, dann war der Krieg, und gleich nach dem Polenkrieg bestand ich eine Aufnahmeprüfung und ging auf eine Aufbauschule, die gleich kombiniert war mit dem Landjahr. Wir sollten eben die deutsche Kultur nach Polen bringen. Mußten uns selber Kleider nähen und kriegten eine Uniform, aber, wissen Sie, auf dem Lande war alles so ein bißchen – nicht so kraß wie in der Stadt. Aber ich konnte lernen, hab' denn nachher auch die Prüfung bestanden, so daß ich noch ein Jahr auf einer Mittelschule hätte weiter lernen können.

Aber dann kam ich zurück, und da sagten meine Eltern und auch der Lehrer: ›Der Krieg, der läuft nicht gut für uns aus, das Mädchen muß was Praktisches lernen.‹ Sie haben mich dann auf eine ›Höhere Handelsschule‹ geschickt, ein Jahr. Und dann kam der

Zusammenbruch. Wir kamen schließlich hier an und hatten nichts. Da mußte man natürlich erst sehen, daß man über die Runden kam, daß man was zu essen hatte.

Mein Wunsch war immer, Lehrerin zu werden. Aber das ging ja nicht. Im nachhinein hab' ich gedacht, hättest du das man doch getan. Aber da hätte ich Abitur machen müssen, und wovon hätte man leben sollen? Meine Eltern hatten nichts, die waren noch drüben, wir haben uns nachher erst hier getroffen. So daß ich immer das, was ich hätte gern machen wollen, nicht hab' können. Dann hab' ich geheiratet, 1950 kam unser Sohn. Und durch diese ganzen schlechten Zeiten bekam ich eine Tuberkulose und war sehr lange krank. Mein Mann, dem ging es fast genauso. Er hat Maurer gelernt und wollte auch immer mehr. Aber in Ostpreußen weit hinten – und dann war das ja sehr gut, als Maurer hatte er ja hier Aufbauarbeiten.

Ich war vier bis fünf Jahre schwer krank und hab' in dieser Zeit – ich hatte ja viel Zeit zum Lesen – versucht Russisch zu lernen. Wir hatten sehr wenig Geld, da hab' ich also Übersetzungen gemacht. Aber ich durfte ja nicht im Bett liegen und laut sprechen, also ich konnte nur lesen. Und hab' dann aus medizinischen Zeitschriften immer die Überschriften übersetzt, kriegte für eine Zeile neun Pfennig. Zehn Zeilen hab' ich am Tag gemacht, 90 Pfennig, das war sehr, sehr viel Geld 1954. Na ja, als ich schließlich entlassen wurde, ging's mir sehr schlecht. Mein Mann hatte immer versucht, abends – weil ich nun auch nicht da war – in der Volkshochschule und im Fernkurs die Technikerprüfung zu machen, und hat das auch geschafft. Aber dann wurde er krank und hat danach seine Meisterprüfung machen können.

Sie haben dann zwanzig Jahre…

…dreiundzwanzig Jahre gearbeitet, als Sekretärin. Erst in einem chemischen Institut und dann an einem agrarwissenschaftlichen Institut und immer als Alleinige. Man kann was draus machen – oder auch nicht. Ich hab' so viele Kontakte noch, auch im Ausland, immer werd' ich noch eingeladen. Wir hatten sehr viele Ausländer,

die bei Problemen immer zu mir kamen, so daß ich ihnen helfen konnte. Oder sie haben zwei Monate bei mir gewohnt, so daß sie dann nur deutsch sprechen mußten, weil sie sich anders nicht verständigen konnten. Insofern ist mein Wunsch, also dieser ›Lehrerwunsch‹, mit jungen Leuten zusammen zu sein, denen ein bißchen zu helfen, quasi ein wenig in Erfüllung gegangen. Ich muß sagen, wenn ich mal krank wurde...

...dann brach das ganze Institut zusammen?

Na ja, als ich nachher pensioniert wurde, man mag das gar nicht sagen, aber das war eine Katastrophe. Und dann hinterher mußte ich immer wiederkommen. Und auch heute, ich bin schon seit acht Uhr hier an der Uni. Ich hab' da noch ein paar Rechnungen angewiesen, meine Nachfolgerin ist in Urlaub. Also da brach wirklich alles zusammen. Aber jeder spricht von sich und denkt, er hat am meisten geleistet, also das will ich damit nicht sagen. Aber ich wollte damit sagen, daß ich das nun nachher nicht mehr so bereut hab', nicht doch Lehrerin geworden zu sein. Wenn ich mal krank wurde, hab' ich mich ganz schnell wieder gesund schreiben lassen – und da war ich auch gesund. Da wurde ich gefordert, man hat ja hier Wehwehchen, da Wehwehchen. Ich hab' auch mal 'ne Krebsoperation gehabt, aber so wie ich wieder gearbeitet hab', da war ich wieder voll da.

Also, das war nicht nur ein Job, sondern es war ein Stückchen auch Ihre Welt? Sie haben sich in Ihrer Arbeit auch wohlgefühlt?

Ja, ja. Also, ich hab' sogar davon geträumt, daß ich mal zur Uni gehe. Ich war ja hier als Sekretärin, ungefähr 23 Jahre. Ich hab' immer gedacht, wenn du jetzt pensioniert bist oder in Rente gehst, dann machst du irgendwas hier. Aber es war damals noch nicht so, wissen Sie, ich hab' kein Abitur, es gab nicht so diese nachberuflichen Studien. Also, unser Lernprozeß ist nie richtig abgeschlossen gewesen: immer der Drang, wir möchten noch was dazulernen. Weil wir doch ziemlich einseitig erzogen wurden in der Nazizeit, das kann keiner nachempfinden, der die Zeit nicht erlebt hat. Und da hab' ich immer gedacht, hättest du jetzt wenigstens dein Abitur, dann hättest du ja ganz regulär was machen können. Nicht zur Prüfung, nur einfach weil mich sehr viele Gebiete immer interessiert haben.

Da haben wir in der Zeitung über die nachberuflichen Studien hier an der Uni gelesen. Und da hab' ich gesagt: ›So, das machst du, da gehst du jetzt mal hin.‹ Und hab' dann auch versucht, meinen Mann zu überreden, der erst nicht wollte. Aber er ist dann auch mitgekommen. Wir haben uns ein Fach ausgesucht, was uns beide interessierte, erstmal. Weil wir gesagt haben, das Land hier, in dem wir wohnen, das kennen wir überhaupt nicht. Wir sind hier voll in der Arbeit gewesen, haben uns also was aufbauen müssen, und es war eigentlich immer Streß. Und jetzt möchten wir doch mal das Land kennenlernen. Und dann nahmen wir Kirchenbau, weil mein Mann ja vom Fach ist. Er hat immer landwirtschaftliches Bauen gemacht, hat sich weitergebildet, ist auch vorlageberechtigt beim Bauamt, so daß er auch Häuser entwerfen kann und so weiter. Und er hatte gesagt: ›Wenn, dann möchte ich schon was Berufsbezogenes machen, mich interessieren Kirchen.‹ So hat er diese Scheu überwunden. Ich selbst hab' ja nie 'ne Scheu gehabt, weil ich ja auf der Uni beruflich schon war. Ich kannte alles und hab' gewußt, daß Professoren auch nur Menschen sind. Und ich stell' mir vor, daß das bei sehr vielen eine Hemmschwelle ist. Ich hab' sehr häufig auch andere Ältere gefragt: ›Dann komm doch mal mit.‹ ›Ach nee, die sind so hochnäsig.‹

Da haben wir dann Geschichte belegt, und das hat uns so viel gebracht, so mehr oder weniger die Aufarbeitung unserer erlebten Geschichte. Und das war eigentlich so unser Einstieg. Daß wir gesagt haben: ›Wir können uns jetzt nicht einfach so fallen lassen.‹ Mich hat das schon immer gestört: Man setzt sich dann vor den Fernseher und läßt sich berieseln, und das ist doch alles ziemlich einseitig. Und so Kaffeefahrten, das ist eigentlich nicht das, was wir möchten. Wir möchten ja nicht stehenbleiben.

In meiner Schulzeit, wir konnten ganz gut ›Heil Hitler‹ sagen, das war alles so sehr ausgerichtet. Sprachen – ich interessiere mich *sehr dafür, aber wir haben sie einfach nicht gelernt. Alles sollte ja deutsch sprechen. Ich bin ein Jahr Fahrschülerin gewesen, da war ich schon 15 oder 16. Und dann waren da die Militärtransporte, eingleisige Spur, 60 km morgens hin, 60 km zurück, morgens früh um fünf aufstehen, um zur Schule zu kommen, denn in der Stadt waren oftmals schon Angriffe. Da haben die Eltern gesagt: Du kommst zurück. Die wollten die Tochter denn zuhause haben. Wir waren zwei Mädchen, ja, ach Gott, ich weiß noch, ich hab' meine langen Zöpfe versteckt, wir wollten doch mehr Eindruck bei den Soldaten machen. Die haben uns dann oft noch die Schularbeiten gemacht. Da fehlt einfach was. Und das wird uns jetzt so richtig bewußt.*

Dieser Wunsch, Lehrerin zu werden, Sprachen zu lernen, oder dieser Drang, mehr zu lernen oder zu wissen, hatte der auch irgendwas mit Ihrem Elternhaus zu tun?

Ja, das möchte ich sagen, denn meine Eltern sind gebürtige Westfalen und sind vor dem Ersten Weltkrieg nach Posen umgesiedelt. In Westfalen herrscht ein Erbschaftsgesetz – also ich komm' aus der Landwirtschaft, meine Eltern und Großeltern beiderseits sind Bauern – das war so, daß jedes Kind einen Teil vom Hof bekommt. Und so wurde der immer kleiner. Bei meinen beiden Großeltern war es so, daß so acht bis zehn Kinder, die nachher noch überlebten, da waren. Und da war die Möglichkeit, daß man eben ins Posensche Gebiet ging, da kriegten sie mehr Land. Da gab es neues Land, und dann haben sie also hier diesen Hof, der immer kleiner wurde, verkauft und sind dann dort hingegangen. Haben einen sehr schönen Hof gebaut und haben somit auch Verpflichtungen übernommen. Mein Großvater war Bürgermeister, und sie haben sich also mehr betätigt. Sie mußten was aufbauen und konnten nicht einfach so im Trott weitermachen.

Nun kam aber der Erste Weltkrieg. Und da mußten die, die von einem bestimmten Datum an dort hingegangen sind, die mußten raus. Die Eltern meiner Mutter, die durften dableiben, und die von meinem Vater, die mußten raus. Also mußten sie noch mal neu anfangen, bekamen hier Land zugewiesen. Da wurden große Güter aufgeteilt, und meine Großmutter, die hatte auch zehn Kinder, und sie lebten dann so in Baracken. Da hat mein Vater gesagt, ›das mach' ich nicht mit, ich will hier nicht als Knecht warten, bis das Haus fertig ist‹, und ist ins Bergwerk gegangen. Also mußte er wieder dazulernen und umlernen, das ist ja ein Unterschied. Und dann, als da der Bauernhof nun stand und sie alle wieder zurück konnten, dann ist er auch zurückgegangen, hat meine Mutter aus Polen geholt, das war ja jetzt Polen. Sie haben geheiratet, und nun saßen sie da alle zusammen – es waren noch sehr viele Geschwister da, mein Vater ist der Älteste, mein Großvater war fünfzig. Und so wäre er wieder nur ein besserer Knecht gewesen, so wie das früher war. So hat er gesagt: ›Das kann ich meiner Frau nicht zumuten. Nein, das mach' ich nicht, ich geh' nach Hinterpommern und versuche, da irgendwas aufzubauen und was zu machen. Denn warten auf das Erbe und inzwischen hier nur als Knecht arbeiten mit meiner Frau, das will ich nicht.‹

So sind wir nach Hinterpommern gegangen. Mein Vater fing in der Fabrik erst mal an, um überhaupt über die Runden zu kommen. Also mußten wir uns wieder anpassen und wieder aufbauen. Da waren wir natürlich die Polaken, denn das war ja ein geschlossenes Dorf. Und so waren wir immer ein bißchen Außenseiter und haben das kompensiert durch Lernen. Man wollte ja anerkannt werden, und wir Kinder konnten das nur in der Schule, indem wir eben besser waren als die anderen. So seh' ich das heute, ich hab' das damals nicht so empfunden: Von sich selbst aus versuchen 'rauszukommen und nicht warten und sehen, was die anderen machen. Wahrscheinlich kommt daher mein Drang, daß ich eben mehr wollte als die anderen, ich weiß es nicht.

Wie gesagt, ich hab' das in der Zeitung gelesen. Hab' versucht, meinen Mann zu motivieren, und hab' jetzt auch sehr viele neue Kontakte. Es baut sich da ja doch ein Kontakt auf, man sieht sich ja dann. Und man trifft auch andere, die aus den gleichen Gründen jetzt zur Uni gehen, weil sie einfach sagen: ›Wir haben dazu früher nicht die Zeit gehabt.‹

Ich nehme an, daß Sie während Ihrer Arbeit weniger darüber nachgedacht haben, was Sie danach machen wollen, oder ob Sie danach noch irgendwas mit der Universität zu tun haben wollen. Oder wie war das? Sie sagten ja auch, danach kam erstmal so eine Art von Schock?

Ich habe nicht nur daran gedacht – ich hab' es mir immer gewünscht, manchmal sogar geträumt, ich stehe vor einer Diplomprüfung. Ich wollte immer ganz gerne doch etwas mehr wissen. Dann waren die ganzen Studentenunruhen hier, und ich hab' so oft gesagt: ›Kinder, ihr wißt gar nicht, wie gut ihr es habt, daß ihr lernen könnt.‹ Und hab' dann manch' einem erzählt, wie mir das ergangen ist, oder wie anderen das ergangen ist in unserer Zeit.

Und wie war das für Sie, als Sie dann im Beruf aufhörten?

Ja, das war – mit sechzig. Da war mein Vater sehr krank, und er hat gesagt: ›Ja, wann hörst du auf?‹ Ich muß ehrlich sagen, ich hatte auch ein schlechtes Gewissen. Ich bin 90% schwerbeschädigt, durch eine halbe Lunge, durch eine Krebsoperation. Und da hab' ich gedacht, du nimmst ja einem anderen den Arbeitsplatz weg, du kannst ja mit 60 aufhören. Und da hab' ich dann aufgehört, hab' noch jemanden eingearbeitet. Und mußte mich natürlich jetzt um meinen Vater kümmern, der ist leider sechs Wochen später gestorben.

Und da war auf einmal ein Loch, dies' Aufhören war schwierig. Und so zwischendurch kamen immer Hilferufe: ›Können Sie nicht, können Sie nicht?‹ Zwei wurden eingearbeitet, die haben das dann nicht gebracht, also es war ein Tohuwabohu. Und mein Chef, der war ganz hilflos: ›Ja, können Sie nicht wieder?‹ Ich hab' noch mal einen Halbjahresvertrag gekriegt, um noch eine dritte einzuarbeiten. Na ja, insofern war das nicht so ganz abrupt. Und vor allen Dingen, ich hatte das Gefühl – ich mein', das ist ja sehr schön, wenn man merkt, die kommen ohne dich nicht aus oder du hast doch was geleistet in den Jahren. Im nachhinein ist es ganz schön, wenn man das zu hören kriegt. Also insofern ging es ganz gut mit dem Loch. Trotzdem, manchmal war ich doch recht traurig, mir fehlte was.

Weil ich auch rein körperlich nicht so die Hausarbeit machen konnte. Ich hatte immer eine Frau, die mir geholfen hat, weil ich das körperlich nicht konnte, ich kann z. B. nicht staubsaugen und nicht Fenster putzen, all' diese Dinge. Ich koche sehr gerne und mach' Handarbeit und nähe, aber das füllte mich dann doch einfach nicht so aus, da fehlte was. Und ich muß sagen, jetzt fühl' ich mich wesentlich wohler, wo ich nun hier eingestiegen bin.«

Das Senioren-Studium dient demnach nicht nur dem Nachholen eines »alten« und aktuell gebliebenen Bedürfnisses nach »Bildung« oder »Mehr-Wissen«. Es befriedigt auch Frau J.'s derzeitige Bedürfnisse nach Kontakten. Und es hat eine neue, zusätzliche »Brücke« zwischen ihr und ihrem Mann geschlagen – eine wohl ganz wichtige Angelegenheit für Paare, die sich gerade auf den ungewohnten Weg machen, gemeinsam erfolgreich zu altern:

»Ich habe mit meinem Mann zusammen angefangen, das war ein wesentlicher Punkt. Das mit dieser Kirchengeschichte, Kirchenbaugeschichte, das hatte er sich ausgesucht. Er hat gesagt: ›Wenn, dann mach' ich nur das.‹ Sehen Sie, unsere Wege waren ja so ein bißchen auseinandergelaufen, er in seine Richtung, ich in meine. Er war ziemlich ausgelastet, ich auch. Er war nicht selbständig, sondern in einer überregionalen Gesellschaft und war dann sehr viel unterwegs. Und jetzt muß man ja so langsam im Alter wieder zusammenfinden, gemeinsame Interessen entwickeln. Nun ja, und wenn man älter wird, dann kommt man von der Arbeit nach Haus' und möchte seine Ruhe haben. Mein Bedarf an Diskussionen und an Kommunikation war nach einem Arbeitstag ja auch gedeckt, so daß ich ihm dann auch seine Ruhe gelassen hab'.

Und jetzt, wo man das nicht mehr hat, und man möchte mal so ein bißchen dies diskutieren, das diskutieren – und da merkt man, also so irgendwie hat man so gar keine gemeinsame Basis mehr. Und dadurch, daß wir jetzt studieren, da hab' ich mir gesagt: Also gut, dann machst du eben Kirchenbau mit. Das interessiert mich auch. Wenn man mal wohin fährt, wenn man sich 'ne Kirche an-

guckt, daß du weißt wie und was. Und ich hab' noch zusätzlich Landesgeschichte genommen, und da fragt er dann schon: ›Ja, Mensch, das würde mich auch interessieren. Und was willst du denn jetzt belegen?‹

Aber Sie sind – hab' ich das richtig verstanden – ganz froh, daß das, was Sie da in Geschichte machen, daß das ein Gebiet ist, das Sie gemeinsam haben? Wo Sie auch sich austauschen können?

Ja, man kann doch so vieles nachher mal durchnehmen. Wir haben jetzt verschiedene Bücher in die Hände bekommen, die so in diese Zeit hineinspielen. Man kann darüber mal reden, man kann diskutieren darüber. Nicht, daß wir nicht zusammen reden können, aber ich finde, es ist wichtig, daß man irgendwie was gemeinsam unternimmt. Und der eine hat dann dies mal gesehen und gehört und gelesen und der andere das mal. Und dann kann man über etwas anderes auch diskutieren, als nur über Alltagsprobleme. Gut, man hat mal hier ein Wehwehchen, da ein Wehwehchen oder dies oder jenes. Aber wichtig ist, finde ich, daß man gemeinsam etwas unternimmt. Das finde ich sehr schade, wenn ich das so bei anderen sehe, da wird oft das Gesichtsfeld immer kleiner.

Wir haben viele Bekannte auch von früher noch, und die sagen: ›Was? Ne, da geh' ich nicht hin, ich will meinen Ruhestand genießen. Und die Jugend, die ist ja so überheblich, die gucken auf uns herab.‹ Ich hab' gesagt: ›Die Erfahrung hab' ich aber nicht gemacht. Wenn ihr meint, daß die auf uns herabgucken – was haben wir geschaffen? Wir haben die schwere Zeit durchgestanden, wir haben uns ein Haus gebaut, wir haben jetzt unsere Rente. Und jetzt möchten wir nachholen, was wir vorher nicht konnten.‹«

Was Frau J. trotz aller Gegenargumente und »Wehwehchen« in der Verfolgung der Ziele, die sie sich für ihr Studium gesteckt hat, nachholen will, was sie antreibt und aktiv macht in dieser ersten Phase ihres dritten Lebensabschnitts, ist das – in ihren Augen allzu lange durch äußere Zwänge allzu unbefriedigt gelassene – Bedürfnis nach Bildung, das Bedürfnis nach einem größeren Wissen auf manchen Gebieten, vielleicht auch das Bedürfnis nach dem höheren sozialen Status, der Aktivitäten dieser Art anhaftet.

Da teilt sie bei aller Unterschiedlichkeit zumindest die zweite Hälfte des Mottos, unter das der um zehn Jahre jüngere **Herr G.** (58 Jahre alt, verheiratet, zwei Kinder) seinen persönlichen Übergang in den dritten Lebensabschnitt gestellt hat: »Fitness für den Körper und die grauen Zellen.« Was er tut und, vor allem, wie er es tut, ist so interessant für unser Thema, daß wir uns auch seine Lebensgeschichte zumindest in den wichtigsten Linien etwas näher anschauen wollen:

»*Ich bin von Beruf Elektroingenieur, habe an der Fachhochschule studiert und habe außerdem noch 'nen zweiten Beruf als Feinmechaniker, als abgeschlossener Facharbeiter, den hab' ich vorher gemacht. Ich hab' dann Elektrotechnik studiert und war dann bei einer großen Firma tätig auf elektronischem Gebiet, graphisch-elektronischem Gebiet. Dort bin ich von Anfang an gewesen. Ich bin Jahrgang '35 und stamme ursprünglich aus der DDR, aus Mecklenburg, bin auch in Mecklenburg bis zu meinem Abitur gewesen. Ich habe dort noch Abitur gemacht, und für mich ergab sich in der damaligen DDR keine Möglichkeit, irgend etwas zu werden: Ich hatte eine schlechte politische Beurteilung in meinem Abiturzeugnis. Ich hab' mich politisch nicht genügend engagiert oder wenn, in die falsche Richtung.*

Sie waren also politisch unzuverlässig?

Na ja, ich gehörte mit zu dieser Generation an den Oberschulen damals Anfang der 50er Jahre, die also manchmal recht unvernünftig, sehr offen opponiert hat. Und wir haben dann auch entsprechend darunter leiden müssen. Trotzdem ist es mir gelungen, mein Abitur noch zu machen, obgleich ein Teil meiner Freunde vorher schon verschwinden mußte, sonst wären sie irgendwo anders untergetaucht. Und dann ist etwas dazugekommen: daß auch meine Eltern schlechte Erfahrungen mit dem Regime machten. Sie sind völlig unschuldigerweise auch verhaftet worden vom Stasi und haben im Gefängnis gesessen und so weiter, bis sie dann wieder entlassen wurden, weil man ihnen nichts nachweisen konnte. Aber das alles hatte Auswirkungen auf mich, daß also eine Karriere für mich, in irgendeiner Form, beruflich was zu werden, völlig ausgeschlossen war.

Wir hatten Verwandte hier in H., eine Tante von mir und ein Onkel, der mir geholfen hat und mir eine Lehrstelle hier besorgt hat. Ich bin also weggegangen, noch unter recht günstigen Umständen. Ich bin einfach mit der Bahn hierhergefahren und mußte meinen Paß da drüben abgeben, bin also nicht in dem Sinne unter dramatischen Umständen geflüchtet. Das ging damals Gott sei Dank noch.

Ich hab' also meine Lehre gemacht, ein Jahr frühzeitig beendet, und habe mich dann angemeldet auf der Ingenieurschule. Ich mußte aber noch ein Jahr warten und hab' dieses Jahr in der Firma gearbeitet, als normaler Feinmechaniker, und konnte dann anfangen zu studieren. In meiner damaligen Leichtgläubigkeit und Blauäugigkeit hab' ich versucht, dieses Studium alleine zu bewältigen, was natürlich schiefgehen mußte. Ich hab' in der Zeit, wo ich ein Jahr als Mechaniker gearbeitet habe, jeden Pfennig gespart und auf die hohe Kante gelegt. Aber nach einem Semester war das Geld zu Ende. War natürlich klar, das hätte ich mir vorher überlegen können. Aber ich hab' das halt mal versucht.

Und dann blieb mir leider keine andere Möglichkeit, gerne hab' ich's nicht gemacht. Ich hab' mich an die Firma gewandt und hab' gefragt, ob die das Studium bezahlen, wenn man sich dann verpflichtete, hinterher bei der Firma zu bleiben. Ich hab' schließlich mit der Firma so einen Vertrag gemacht, daß die mir den nötigsten Lebensunterhalt – sehr karg und sehr mager, aber immerhin – finanziert haben, so daß ich das Studium machen konnte. Ich hab' dann 1960 meinen Ingenieur gemacht, bin selbstverständlich wieder zur Firma zurückgegangen und hab' seitdem in der Firma 'ne recht gute Stellung gehabt, in der Forschung und Entwicklung, also immer im Labor.

Ich bin mit Leib und Seele Segler gewesen, bin in einer Seglerfamilie aufgewachsen, allerdings in Schwerin auf einem Binnensee. Nun sind ja die Mecklenburger Seen nicht gerade klein, also da gab's gute Möglichkeiten zum Segeln. Und ich habe mich auch sportlich in der DDR damals sehr aktiv betätigt, bin 1952 DDR-Meister geworden in der Piraten-Junioren-Klasse. Der Sport hat in meinem Leben immer eine große Rolle gespielt, und die Segelei war natürlich nun hier ideal.

Nun kam etwas Besonderes dazu: Der Inhaber der Firma, bei der ich arbeitete, war Segler. Und damals, wie die Firma noch sehr klein war, stellte der Chef persönlich ein. Der war absolut autark und stand in der Hierarchie absolut allein, völlig einsam oben an der Spitze als der liebe Gott und hat also noch, ob es ein Lehrling war oder ein Doktor oder sonst etwas, alle persönlich eingestellt, hat auch mich persönlich eingestellt. Dabei hatte er gesehen, daß ich DDR-Meister war im Segeln und so weiter. Er hatte sich gerade eine neue Yacht gekauft, natürlich ein ganz anderes Segeln, Segeln mit großen Yachten. Eines Tages mußte ich zum Chef kommen, ziemlich ungewöhnlich, ich hatte 'nen ziemlichen Bammel. Mein Meister, also der Ausbildungsmeister, fragte mich, was ich denn ausgefressen hätte. Ich mußte jedenfalls hinkommen. Er war sehr freundlich zu mir und erzählte mir von seiner Segelei, zeigte mir Bilder von seinem Schiff und fragte, ob ich nicht Bootsmann bei ihm an Bord werden wollte.

Ich bin natürlich mit fliegenden Fahnen übergelaufen. Selbstverständlich hab' ich das gemacht – ohne zu wissen, was da eigentlich auf mich zukommt. Denn durch meine Erziehung, auch durch die politische Beeinflussung in der DDR, da klafften doch eigentlich zu diesem Leben und besonders zu einem Leben, das so reiche Leute führten, so ziemlich extravagant, Riesen-Lücken. Ich wußte also überhaupt nicht, auf was ich mich eingelassen hatte. Und ich muß sagen, im nachherein hab' ich's auch nicht bereut, obgleich ich im Grunde genommen mehr Nachteile hatte als Vorteile. Erstens mal wurde mir das natürlich in der Firma außerordentlich geneidet, und ich hatte einen recht schweren Stand. Denn es war natürlich so:

Der Chef, nicht er selbst, aber seine Sekretärin, rief an, irgendwann, ob nun Arbeitszeit war oder nicht, spielte keine Rolle – und ich mußte an Bord, das Schiff klarmachen, und so weiter. Egal ob ich nun mitten in einer Arbeit war oder nicht. Das wurde natürlich von anderen nun sehr geneidet. Und außerdem war für mich sehr, sehr ungewohnt das Bedienen von so einem Mann. An Bord ging das immer nur ›Herr Dr. Y hier‹, ›Herr Dr. Y. da, Ihre Jacke und Ihre Schuhe und hier und da‹ – und nur die Befehle ausführen und prompt und sofort. Das war etwas, was mir außerordentlich schwerfiel. Aber trotzdem, ich bekam eine gute seemännische Ausbildung, und es war für mich natürlich auch ein tolles Erlebnis. Ich bin damals in der Zeit mit dem Schiff nach Dänemark und Schweden gekommen, da träumten die anderen Lehrlinge nur von, ins Ausland zu kommen.

Die erste Frau des Chefs, die war prima, die war leider nicht immer mit. Aber die nahm sich meiner an, so wie 'ne Mutter, und ich ging mit ihr Einkaufen und so weiter. Ich war natürlich richtig so wie ein dummes Ding, mußte die Taschen tragen und so. Das hab' ich aber gerne gemacht, denn ich bekam alle Leckereien, die ich gerne mochte. Und ich war so ein halb verhungerter Hering, wie ich da aus der DDR kam. Na, ich war nicht verhungert, das kann ich nicht sagen, aber ich war ein recht dürrer, in die Länge geschossener junger Mann, dem man das Vaterunser so durch die Backen blasen konnte, wie man so sagte. Ich durfte mir also alles wünschen, was ich gerne aß, und das kochte sie dann. Nur war sie natürlich nicht immer mit. Wenn sie an Bord war, dann war das schön.

Denn der Dr. Y. war so 'ne Persönlichkeit, bei dem ging das nur nach Zeitplan, nach Termin und nach Technik. Aber ich hab' was bei ihm gelernt, das muß ich sagen. Er hat mir das Segeln mit großen Yachten beigebracht und hat mir Navigation beigebracht. Und zwar wie in der Schule. Ich kriegte Aufgaben gestellt, die mußte ich zuhause rechnen. Ich wurde am nächsten Tag oder 'ne Woche später abgefragt deswegen. Er hatte einen Kompaß in der Kajüte, und wenn die Herrschaften gegessen haben, saß ich natürlich draußen am Ruder und hab' gesteuert. Und wehe, ich hab' mal nicht aufgepaßt, so'n paar Strich vom Kompaß abgewichen, denn kam aus der Kajüte so'n Spruch, unser Steuermann schläft schon wieder, schon wieder drei Strich vom Kompaßkurs abgewichen, und so. Also, ich hatte Schwierigkeiten damit. Und ich war froh, muß ich sagen, wie das Jahr 'rum kam und wie ich zur Ingenieurschule gehen konnte. Dann hörte die Segelei zwangsweise etwas auf, denn ich konnte nun nicht mitten aus dem Semester 'raus, das ging nicht.

Ich bin also bei der Firma weiter gewesen und hab' mich denn mühsam bis zum Abteilungsleiter 'raufgekämpft, über viele Jahre. Und die Firma, die hat einen Riesenaufschwung genommen. Dann wechselte schlagartig das gesamte Management, der Dr. Y. selber schied auch aus. Letztlich wurde die Firma dann verkauft, das heißt fusioniert mit einer anderen Firma, die ganz andere Vorstellungen hatte: Personalabbau mit allen diesen Dingen, wie das in der Industrie eigentlich gang und gäbe ist.

Mittlerweile war ich nun auch in einem Alter, wo ich keine Perspektiven mehr gesehen hab' in der Firma. Und dann, na ja, das muß ich sagen, ich hab' mir's eigentlich immer schwer gemacht. Ich bin nie den Weg des geringsten Widerstands gegangen, im Gegenteil, ich hab' mir immer die schweren Wege ausgesucht. Hab' immer gekämpft, aber hab' auch 'ne Menge Niederlagen einstecken müssen. Und als ich so fünfzig war, da hab' ich mal so'n bißchen Bilanz gezogen und hab' gesagt, Mensch, was hast du eigentlich bisher gemacht, was hast du erreicht, kannst du noch mehr erreichen? Da wurde mir dann plötzlich klar, mein lieber Mann, wenn du fünfzig Jahre alt bist, denn gehört man zum alten Eisen. Und irgendwie eine Karriere dann zu machen ist nicht mehr drin. Und Gehaltserhöhungen sind mit fünfzig auch nicht mehr drin.

In der Entwicklung und Forschung war ich Projektleiter – und nun ging das mit der Firma bergab. Ein Projekt nach dem anderen hat man mir weggenommen, war kein Geld mehr da, wurde gestrichen. Ich sah keine Zukunftsperspektive mehr. Also, wenn ich sag', es gab nichts mehr zu tun, dann ist das übertrieben. Aber ich sah meine ganzen Projekte davonschwimmen, an denen ich gerne gear-

beitet hätte. Durfte ich nicht mehr, da gab's kein Geld mehr für. Da hab' ich überlegt, also du mußt wirklich was tun. Eh' die Leute auf dich zukommen und dich irgendwohin stopfen, wo du nicht hin willst, mußt du selbst aktiv werden.

Da hab' ich gesehen, daß es in der Fertigung, in einem ganz anderen Bereich, eine Abteilung gab, mit deren Abteilungsleiter ich gute Kontakte hatte. Dadurch hatte ich auch erfahren, daß dieser Abteilungsleiter in den Vorruhestand ging. Das war die Abteilung Werkstofftechnik, etwas ganz anderes, als was ich gelernt und studiert hatte. Aber es war ein Gebiet, das mich interessierte, und es hatte vor allem viel mit Mikroskopie zu tun. Und mit Mikroskopie hatte ich mich in meiner Entwicklungszeit auch schon sehr viel beschäftigt und hatte mir durch zähen Kampf um Investitionen so einen ganz schönen Park von moderner Mikroskopie angeschafft.

Ich hab' mich dann auf eine innerbetriebliche Stellenausschreibung als Abteilungsleiter für diese Stelle beworben. Und wider Erwarten klappte das. Da bin ich mutig geworden und hab' ein bißchen gepokert, hab' zwei Bedingungen gestellt. Einmal, ich möchte meinen gesamten Mikroskop-Park mitnehmen. Denn ich wußte genau, damit kann ich die Abteilung aufwerten und kann mehr leisten.

Und das zweite: Ich möchte nochmal studieren. Dieser Gedanke des Studierens, der ist gekommen aus Gesprächen mit Freunden, die ich natürlich vorher so'n bißchen konsultiert habe. Da kam natürlich raus: Das Arbeitsgebiet ist ein völlig anderes als das, was ich gelernt hatte. Obgleich ich auch in meinem Studium mit dem Thema Werkstofftechnik schon in Berührung gekommen war, aber das war ja nebensächlich. Außerdem hatte sich da ja 'ne Menge getan, und ich war lange nicht mehr auf dem neuesten Stand. Das mit dem Studieren, das hab' ich deshalb zur Bedingung gestellt. Und damit hab' ich in ein Wespennest gestochen. Das war natürlich nun etwas völlig Ungewöhnliches, denn ich hatte ja gesagt, ich bleib' weiter Angestellter der Firma, bezieh' mein Gehalt weiter – und wollte nebenbei studieren. Das gab also ein halbes Jahr Querelen zwischen Betriebsrat, Personalabteilung, Geschäftsführung, hin und her. Die wollten keinen Präzedenzfall schaffen und diese ganzen Schwierigkeiten. Aber ich bin von Natur aus zäh, ich hab' nicht nachgelassen, hab' aber doch beinah' aufgegeben. Und dann, eines Tages, ich hab' selber nicht mehr dran geglaubt, haben sie mir gesagt: Gut, okay, du kannst studieren, kannst kommen und gehen, wann du willst. Das Gehalt läuft weiter – aber die neue Abteilung, die muß laufen. Wie du das machst, ist deine Sache.

Das hab' ich akzeptiert, hab' den Vertrag unterschrieben, bin noch am selben Tag zur Fachhochschule, um mich einzutragen. Ich hab' dann das Studium Maschinenbautechnik gemacht, aber nicht das gesamte Studium, sondern nur die Fächer, die mich interessierten, das war Werkstoffkunde, Werkstofftechnik und Werkstoffprüfung. Das hab' ich fünf Semester gemacht und hab' dann freiwillig von mir aus noch ein Semester Chemie hintendrangehängt, weil ich merkte, ich brauchte da 'ne Menge chemische Kenntnisse.

Das hat mir so viel Spaß gemacht und ich hab' mich derart engagiert, daß ich so'n bißchen den Blick, das muß ich ganz ehrlich sagen, für die Gesamtfirma und für die Situation verloren hab'. Ich hatte so viel um die Ohren, und mir ging's gut, und es hat mir so'n Spaß gemacht, daß ich – ich wußte natürlich, daß es um die Firma nicht sehr gut stand. Aber ich hab' das einfach verdrängt, das wollt' ich nicht sehen, das waren nicht meine Probleme. Ich hatte genug Probleme mit mir, und die machten mir Spaß und so weiter. Erst als ich merkte, es wird immer schwieriger, Investitionen gestrichen, da hab' ich mich wieder ein bißchen mehr für die anderen Sachen interessiert. Da hab' ich erst gemerkt, wie schlecht es um die Firma steht.

Der Streß wurde immer größer, die Ungerechtigkeiten in der Firma wurden immer größer, was ganz natürlich ist bei so einer Geschichte. An Investitionen war überhaupt nicht mehr zu denken. Und wenn eine Firma nicht mehr investiert, dann ist Feierabend. In so einer modernen High-Tech-Firma, da braucht man nur ein Jahr an Investitionen nichts mehr zu machen, das ist fast schon nicht mehr aufzuholen. Ich hatte also jetzt etwas aufgebaut, wo ich wirklich dran gehangen hab' – und ich stand wieder mal, und diesmal sehr schnell, vor einem Ende.

Das war nun eine sehr schwere Entscheidung. Es ist eine Lebensentscheidung für mich unbedingt gewesen: Machst du das mit dem Vorruhestandsvertrag, oder machst du's nicht? Also das hat mich schlaflose Nächte gekostet. Ich hab' natürlich auch mit meiner Frau viel diskutiert. Und dann haben mir eigentlich Kollegen und auch Geschäftsfreunde, die möglichst objektiv waren, geraten, das zu tun.

Ich hab' dann den Schritt getan, bin zur Personalabteilung gegangen. Dort war man nicht überrascht, denn da war'n schon ganz andere Leute als ich gewesen, und immerhin war ich jetzt mittlerweile über fünfzig. Die Personalabteilung hat mir dann mit meinen persönlichen Daten das durchgerechnet. Damit hab' ich mich dann mit meiner Frau zusammengesetzt und jetzt unsere persönliche Lage ausgerechnet: Können wir damit finanziell leben, oder können wir nicht? Aber es hat sich 'rausgestellt, daß die Verluste sich in Grenzen halten, so daß wir mit unseren persönlichen Ansprüchen und persönlichen Bedürfnissen damit leben können. Es gibt einige schmerzliche Einschnitte, aber es läßt sich leben damit.

So, und dann war für mich also zum 31. März 1990 der letzte Arbeitstag, unwiderruflich. Damit war eine wichtige, ganz, ganz wichtige Weiche in meinem Leben gestellt. Ich muß Ihnen sagen, ich hab' einen Riesen-Dusel gehabt, ein Glück, wenn ich es jetzt bedenke, denn das war nicht geplant. Dieser Ausstieg aus dem Berufsleben ist ja nicht ganz freiwillig gewesen.

Das Glück war das Studium, das ich zuvor gemacht hatte. Denn das hatte ich ja nun nicht geplant im Hinblick auf eine Beschäftigung nach dem Arbeitsleben, sondern das hatte ja ganz andere Ursachen. Aber trotzdem: Ich hab' gesehen, ich pack' das noch. Es hat mir Spaß gemacht. Ich hab' gesehen, wie gut ich mit jungen Menschen umgehen kann und was mir das bringt und wieviel Spaß mir das macht. Und dann hab' ich gesagt, so, also wenn du jetzt die Firma verläßt, dann studierst du weiter.

Und jetzt *hab' ich gesagt, aber nichts mehr mit Technik und nichts mehr mit dem ganzen Quatsch, den hängst du an'n Nagel. Ich bin wirklich ein Vollbluttechniker, und auch heute vergeß' ich die Technik nicht ganz, ich les' immer noch technische Zeitschriften, und das interessiert mich immer noch, selbstverständlich. Aber ich hab' auch andere Interessen. Und ich hab' gesagt: Jetzt wirst du mal das machen, wofür du dich vorher schon interessiert hast, aber nie die Zeit gehabt hast aus beruflichen Gründen, dich intensiv damit zu beschäftigen.«*

Diese »nachholende« intensive Beschäftigung mit Dingen, die ihn immer schon interessiert haben und die dennoch immer zu kurz kamen, nimmt bei Herrn G. nun zwei Formen an: Er macht einerseits als Kontrastprogramm zur beruflichen Tätigkeit etwas ganz »Nicht-Technisches«, nämlich ein Studium im Bereich Geschichte (»Fitness für die grauen Zellen«). Denn er verspürt schon seit langem das Bedürfnis, über das Niveau der »Biertisch-Politik«, wie er es nennt, hinaus die Dinge besser durchschauen zu können. Er intensiviert andererseits seine sportlichen Aktivitäten (»Fitness für den Körper«). Und er beginnt schließlich, beide »Fitness-Bereiche« miteinander zu kombinieren, indem er auch sportwissenschaftliche und sportmedizinische Lehrveranstaltungen an der Universität besucht, weil er schon immer genauer wissen wollte, was bei sportlicher Belastung im Körper vor sich geht:

»Den Übergang aus dem Berufsleben, den hab' ich kaum bemerkt. Ich hatte am 31. März meinen letzten Arbeitstag, und am 8. April begann das Sommersemester, die ersten Vorlesungen. Das Motiv bei mir, ich hab' mir schon Gedanken darüber gemacht. Sie wissen, wie das ist: Im Freundeskreis, in Kollegenkreisen diskutiert man natürlich auch viel über Politik, zwangsläufig kommt Geschichte denn auch ein bißchen da mit rein. Und da hab' ich eines Tages gemerkt: Das, was man so diskutiert, auch in der Familie, im Kollegenkreis, mit Freunden, ist im Grunde genommen nichts anderes als Biertisch-Politik. Ich hab' mich manchmal direkt erschrocken, was ich selber gesagt habe. Im stillen hab' ich dann gesagt, Mensch, was du da gesagt hast, ist ja eigentlich Blödsinn. Du weißt ja gar nicht genug darüber. Die Dinge, die heute passie-

ren, haben ihre Wurzeln unter Umständen ja schon Jahrhunderte weiter früher. Und man kann das kaum richtig beurteilen, man redet viel dummes Zeug.

Und ich hab' so eine Neigung, ich bin so'n bißchen, das muß ich sagen, das hat auch Nachteile, so'n bißchen ein Perfektionist. Ich möchte alles perfekt machen, obwohl ich natürlich genau weiß, daß es im Leben nicht immer geht, meistens sogar nicht funktioniert. Und ich mach' dadurch mir viele Dinge zu schwer, geh' dadurch auch Umwege, um zum Ziel zu kommen. Das Motiv war eigentlich, daß ich irgendwann einmal erkannt hab', wenn man so über geschichtliche Ereignisse oder politische Ereignisse spricht, manchmal redet man wirklich dummes Zeug. Und das ist nicht so meine Art. Dann bin ich entweder ruhig, ich beteilige mich dann nicht an der Diskussion, weil ich davon nichts verstehe. Aber manchmal tu' ich's natürlich doch, und denn redet man auch schon mal dummes Zeug. Und da hab' ich gedacht, du müßtest eigentlich über Geschichte mehr lesen.

Ich hatte mir schon länger Bücher gekauft über den Zweiten Weltkrieg und so weiter. Die meisten sind liegengeblieben, weil ich keine Zeit hatte, sie zu lesen, weil ich technische Literatur oder Arbeit von der Firma mit nach Hause gebracht hab'. Ich hab' sie einfach aus Zeitgründen nicht lesen können. Dann hab' ich sie mir in den Urlaub mitgenommen, hab' einiges im Urlaub geschafft davon, aber lange nicht das, was ich wollte, und hab' immer hinterhergehinkt. So, und nun hab' ich mir gesagt, Mensch, wenn du jetzt Zeit hast, studieren willst du noch mal, dann gehst du an die Uni und dann studierst du Geschichte. Nun hatte ich im Moment auch noch keine richtige Ahnung davon. Aber ich sagte mir, packen wirst du das, du hast ja jetzt schon einige Erfahrung. Du hast zwar Technik studiert, aber ungefähr weißt du ja, wie's läuft. Vor allen Dingen, und das war bei mir ein großer Vorteil, ich hatte überhaupt keine Berührungsängste. Ich wußte, daß man in der Uni mehr oder weniger alles alleine machen muß und das auch für sich alleine organisieren muß. Aber da hatte ich überhaupt keine Bedenken vor.

So ein ›Senioren-Studium‹ hat den Vorteil, und den fange ich *jetzt allmählich an zu genießen: Ich mache ein Studium ohne Streß. Und trotzdem mache ich das allein, aus eigenem Antrieb genauso wie ein anderer Student. Aber ich spare mir den Streß einer Klausur. Das hab' ich mir gesagt, ganz bewußt, den brauch' ich nicht. Damit hab' ich natürlich auch keinen anerkannten Abschluß, aber den strebe ich auch nicht an. Wichtig sind die Erkenntnisse, die ich da draus gewinne.*

Ich interessiere mich weiter selbstverständlich für Sport, klar, das hab' ich allerdings auch neben meinem Beruf immer gemacht. Seitdem ich aufgehört habe zu arbeiten, hab' ich mich voll aufs Fahrradfahren verlegt. Ich benutz' den Wagen also nur dann, wenn wir mal was zu transportieren haben oder größer einkaufen. Ansonsten fahr' ich jeden Tag zur Uni mit dem Fahrrad, selbstverständlich. Das sind acht Kilometer, die fahr' ich immer, bei jedem Wind und Wetter, auch im Winter, eben um körperlich fit zu bleiben.

Ich bewege mich wirklich gerne sportlich, obgleich ich das früher oft nicht richtig gemacht habe, was ich jetzt erst erkenne. Jetzt natürlich versuche ich alles das, was ich lerne, in erster Linie für mich persönlich umzusetzen und es jetzt richtig zu machen. Das ist selbstverständlich und das macht mir auch Spaß. Die wichtigste sportliche Betätigung im Moment ist das Laufen, was ich jetzt kontrolliert mache. Ich laufe mit Pulsfrequenzmesser und so weiter. Ich führe Buch da drüber, trage das ein, um das jetzt mal an mir praktisch auszuprobieren, was ich theoretisch im Sportstudium lerne. Und letzten Endes auch, um keine Fehler zu machen und um mich nicht zu überfordern und nicht eines Tages durch falsches Training auf der Nase zu liegen.

Was fasziniert Sie an diesem Sportstudium?

Da gibt es einen ganz konkreten Grund: Ich habe früher im Sport viel falsch gemacht. Ich hab' mich durch meine Interessen und Neigungen leiten lassen, ohne mich um theoretische Hintergründe, die's im Sport ja zweifellos auch gibt, zu kümmern, und um Sportmedizin schon gar nicht. Das ist auch wieder ein glücklicher Umstand in meinem Leben gewesen: Wie ich noch in der Firma tätig war, hab' ich die Möglichkeit nutzen können, in ein sogenanntes Herz-Kreislauf-Training geschickt zu werden. Und die Sportlehrer und die Sportärzte dort haben phantastische sportmedizinische Vorträge gehalten, die mich sehr begeistert haben. Ich hab' dort eine Art Aha-Erlebnis gehabt und hab' festgestellt: Mensch, jetzt sind dir ja erst diese Zusammenhänge begreiflich, was passiert durch Risikofaktoren im Körper. Ich hab' die Zusammenhänge begriffen, was man durch Bewegung und durch ein Fitneßprogramm im Körper alles Gutes anrichtet und was man da alles mit beeinflussen kann, positiv beeinflussen kann.

Diese Zusammenhänge hab' ich zum ersten Mal begriffen, und da kam von mir der Wunsch, mehr darüber zu wissen. Im Moment eben zum Beispiel durch die sportmedizinischen Vorlesungen bei Prof. R., die ich auch weitermache. Regelrecht lerne ich jetzt die grundsätzlichen Zusammenhänge, was die körperlichen Organe und Herz-Kreislauf-System und Stoffwechselsysteme unter sportlicher Belastung, was da passiert im Körper. Ja, und das ist vielleicht bei mir wieder der kleine Perfektionist, wenn ich denn nun schon etwas mache, möchte ich auch gerne wissen, was passiert da wirklich? Und ich möchte es wirklich wissen, ich möchte kein dummes Zeug reden und mir nicht einbilden, das ist gut, sondern ich möchte wirklich wissen warum.

Im Grunde genommen ist das jetzt so ziemlich die Geschichte, wie ich dazu gekommen bin. Und ich habe vor, für die nächsten zehn Jahre an der Uni zu bleiben. Ich habe im Moment keine konkreten Vorstellungen, wie das mal endet. Ich weiß ja auch nicht, ob ich gesund bleibe oder irgend etwas dazwischenkommt. Aber ich habe den festen Wunsch dabeizubleiben. Mein Interesse und meine Begeisterung dafür ist im Moment noch auf dem aufwärtsstrebenden Ast, stagniert noch lange nicht. Und ob ich mal mich mehr in Richtung Sport begebe oder in Geschichte bleibe, das weiß ich noch nicht. Das wird sich ergeben. Aber ganz bestimmt mache ich diese beiden Richtungen weiter.«

Daß sich Herr G. mit einer, wie er sagt, noch im Wachsen begriffenen Begeisterung diesen beiden Aktivitäten –

dem Geschichtsstudium und, praktisch wie auch theoretisch, dem Sport – widmet, hat sicherlich mehrere Gründe. Was er selbst für einen ganz wesentlichen Antrieb hält, ist sein Bedürfnis, sich »körperlich fit zu halten und die grauen Zellen zu trainieren« – und dies möglichst gründlich, möglichst fundiert, mit einem deutlichen Hang zum Perfektionismus:

»Ich habe schon Kollegen, die ausgeschieden sind, nach einigen Jahren wiedergetroffen, und war erschreckt darüber, wie alt die geworden sind. Alt, nicht nur im äußerlichen Aussehen, sondern auch, wenn man sich mit ihnen unterhält, richtig alt geworden. Und diese Erfahrung hat sicherlich in mir einen Eindruck hinterlassen. Ich hab' mir immer gesagt, obgleich mein Ausstieg aus dem Berufsleben anders gekommen ist, als ich ihn mir mal vorgestellt hab', aber eins hab' ich mir gesagt: So möchtest du nicht mal werden. Ich hatte noch keine genaue Vorstellung, was ich tun müßte. Aber ich hab' mir immer gesagt: Du möchtest nicht vorzeitig ein alter vertrottelter Greis werden.

Eines war mir klar: Ich muß zweierlei dagegen tun. Ich muß mich körperlich fit halten, und ich muß die grauen Zellen trainieren, das muß beides einhergehen. Eins alleine bringt es nicht, darüber war ich mir klar. Ich weiß nur noch nicht genau, wie's endet, aber wie's läuft, das weiß ich. Aber damals war ich mir noch nicht darüber klar, was ich mache, nur über diese zwei Punkte: die grauen Zellen trainieren und sich körperlich fit halten.

Da fällt mir noch etwas ein. Ich habe eine Erfahrung bei uns in der Familie gemacht, besonders mit meiner Mutter, die für mich sehr schmerzlich ist. Sie lebt noch alleine, kommt alleine noch zurecht. Aber was ich gemerkt hab' seit einigen Jahren: Sie lebt nur noch in der Vergangenheit. Kurzzeitgedächtnis völlig weg, aber das Langzeitgedächtnis beginnt aufzublühen. Sie nervt uns damit, sie erzählt immer wieder dieselben Geschichten.

Das ist für mich ein erschreckendes Erlebnis. Ich sag' manchmal, ›lieber Gott, laß' mich nicht so werden wie meine Mutter‹, obgleich ich weiß, daß ich nicht unbedingt gefeit bin dagegen. Aber ich möchte gerne vermeiden, im Alter so abzubauen, auch geistig so abzubauen, daß ich meinen Kindern und meiner Umgebung irgendwann einmal auch so auf die Nerven gehe und nur noch von früher erzähle, Geschichten, die sie längst alle schon gehört haben. Genau das hab' ich auch bei ehemaligen Kollegen festgestellt. Ich kenn' aber leider keinen, Kollegen schon gar nicht oder keinen Freund oder anderen, der das anders gemacht hat, der in irgendeiner Form jetzt aktiv war und wo ich sagen kann, guck' mal, bei dem hat das gewirkt, der ist nicht so geworden. Ich kann's nur für mich hoffen, und ich versuche alles mögliche dagegen zu tun. Aber ich hab' im Moment noch keinen lebenden Beweis, daß es gelingt. Gelesen hab' ich natürlich oft da drüber, und man hört ja auch oft in den Medien von ehemaligen Wissenschaftlern oder so, die sehr, sehr alt sind und die noch in irgendeiner Weise tätig sind und noch Bücher schreiben, und so etwas...«

Die Angst, körperlich und geistig abzubauen, »vorzeitig ein alter vertrottelter Greis zu werden«, das Bedürfnis, interessiert und aktiv bleiben zu können, solange es nur irgend geht – hier liegen wohl im Kern die Antriebskräfte seiner »nachholenden« Aktivitäten. Herr G. spürt sehr genau, daß es hierzu nicht genügt, sich schlicht zu »beschäftigen«:

»...ich hab' mich erschrocken über Kollegen, die ausgeschieden sind. Ich habe auch manche vorher gefragt, wenn du nun fertig bist, was willst du denn eigentlich machen? Und die Hauptantwort, die ich immer gekriegt hab', und das war für mich eigentlich ein Horror: ›Ooch, ich hab' so viel zu tun. Also wenn ich nun nach Hause komm', ich muß die Wohnung machen, ich muß das Haus machen, und ich muß die Wände tapezieren, und der Garten wartet auf mich. Da sind so viele Dinge, die wollt' ich schon immer machen, und bin nicht dazu gekommen.‹ Dann war meine Frage immer: ›Ja, natürlich, aber 'ne Wohnung tapezieren, Garten machen und so, das müssen wir doch alle. Das machen wir doch auch neben unserem Berufsleben, das ist doch ganz normal. Aber das ist doch keine Aufgabe. Eine Wohnung, wie lange willst du denn an 'ner Wohnung tapezieren? Wenn du dir viel Zeit nimmst, sechs Wochen. Dann bist du aber mindestens fertig, und du kannst doch nicht nach den sechs Wochen schon wieder anfangen, die Wohnung zu tapezieren. Und dein Garten, der ist doch auch irgendwann mal fertig? Und selbst wenn du dir 'ne Gartenbude baust und läßt dir ein halbes Jahr Zeit damit, irgendwann ist sie fertig. Dann steht sie da – ja und dann?‹

Da hab' ich, muß ich sagen, bei der Mehrzahl der Leute, die ich gesprochen hab', keine Antwort drauf gekriegt: ›Ja, ach, das wird sich schon ergeben, irgendwie.‹ Und ich hab' in meinem Kreis, den ich gefragt habe, der war natürlich nur klein und ist sicherlich nicht repräsentativ, hab' ich eigentlich keinen dabei gehabt, der genau wußte: Wenn ich mal fertig bin, dann will ich das oder will das.«

Nun würde Herr G. sicherlich nicht behaupten, daß die von ihm als Beispiel genannte Beschäftigung mit dem Garten diesen ihn so bedrückenden Charakter einer Beschäftigung, die lediglich zum »Zeit totschlagen« dient, immer und für jeden haben muß. Er würde wohl nur jedem seiner Freunde und Kollegen sehr pointiert raten: »Was immer du tust im dritten Lebensabschnitt, es muß etwas sein, was du schon immer einmal wissen oder können wolltest, etwas, was dich wirklich herausfordert, was dich Neues entdecken läßt, was sich nicht nur immer im selben alten bekannten Kreis dreht und was dich antreibt, umtreibt und damit ›fit‹ hält. Und wenn es das ist, kann es auch Gartenarbeit sein. Ich dachte zum Beispiel immer, für mich könnte es Fotografieren sein: ist es aber nicht. Und genau das, was es für dich ist, das mußt du 'rauskriegen! Und zwar möglichst bald vor dem Ruhestand, damit du vorbereitet bist.«

»Ich hab' zum Beispiel sehr viel fotografiert. Auch beruflich sehr viel, Mikrofotografie ist meine Spezialität durch meine berufliche Tätigkeit. Ich hab' auch immer gedacht, Mensch, wenn du mal fertig bist, dann wird dein Hobby Fotografieren. Ich fotografier' heute noch und sicherlich mehr als ein einfacher Knipser – aber mein wirkliches Interesse ist das zum Beispiel nicht geworden.«

Das »Nachholen« gelingt um so leichter, je früher darüber nachgedacht wird, was und in welcher Form nachgeholt werden könnte. In anderen Worten: Erfolgreiche »Nachholer« sind wohl immer insofern auch ein Stück weit »Anknüpfer«, als sie in ihrem mittleren Lebensabschnitt Interessen, Erfahrungen und Fähigkeiten entwickelt haben, an denen sie nun »nachholend« auch tatsächlich anknüpfen können. Die beiden skizzierten »Nachholer«-Biographien zeigen die Bedeutung derartiger Anknüpfungspunkte: Bei Herrn G. ist es der immer schon in unterschiedlichster Weise betriebene Sport, bei ihm wie auch bei Frau J. ist es das stets wachgehaltene Interesse am »Weiter-Studieren«, das die Hemmschwelle vor einem Studium im dritten Lebensabschnitt gesenkt und so diese Art des »Nachholens« für beide erst ermöglicht hat.

Wer derartige Punkte, an denen angeknüpft werden kann, wer solche »Standbeine« nicht auch schon im mittleren Lebensabschnitt vorausschauend bedenkt und entwickelt, läuft Gefahr, dann etwa nur mit dem Bedürfnis des »Nachholen-Wollens« dazustehen – ohne die »Standbeine« zu haben, auf denen dies erfolgreich geschehen könnte. Dann bleibt oft wirklich nicht viel mehr übrig als jene »Beschäftigungen«, von denen Herr G. so voller »Horror« sprach: Dinge, welche immer es auch sind, die getan werden, damit die Zeit vergeht, damit überhaupt etwas getan wird, weil sie vielleicht so üblich sind im dritten Lebensabschnitt – und denen man sich nicht deshalb zuwendet, weil sie wirklich herausfordern, weil man »endlich einmal hinter die Dinge kommen will«, weil man neugierig ist und aus sich heraus interessiert.

Man kann sich da leicht selbst eine Falle aufbauen, sozusagen zum »verhinderten Nachholer« werden, indem man im mittleren Lebensabschnitt ständig nur ausweichend proklamiert, im Ruhestand endlich dies oder jenes ganz intensiv und dringend nachholen zu wollen, was im Moment nun wirklich nicht möglich sei. Besonders kunstvoll und häufig (wenn auch nicht ausschließlich) bauen sich diese Falle wohl Männer, die beruflich bis an die Grenze ihrer Leistungsfähigkeit beansprucht sind – Männer, die das Vorausdenken und Planen in ihrer beruflichen Welt als überlebenswichtig betonen und es auch ständig praktizieren. Im Bereich der eigenen Lebensplanung schieben sie aber die eigentlich notwendige und wichtige Aufgabe nur ständig vor sich her: die Aufgabe, sich selbst tragfähige »Standbeine« des dritten Lebensabschnitts zu überlegen und zu entwickeln. Und wenn die »Standbeine« dann gebraucht werden, etwa um sich ans »Nachholen« zu machen, sind sie nicht da oder nur rudimentär entwickelt:

»... man tut es nicht, und ich selber hab's auch nicht getan: keine Perspektive, keine Gedanken gemacht. Bis zuletzt gearbeitet und sich nicht gekümmert. Ich war bis zuletzt in meinem Beruf und mit diesen anderen Dingen so beschäftigt, ich hab' gar keinen Gedanken da dran verschwendet, weil ich immer gesagt hab', das liegt für mich noch in weiter Ferne. Und die Leute, die ich hab' ausscheiden sehen, waren eigentlich noch so 'ne Generation vorher. Das waren also Leute, für die eigentlich die Arbeit im Mittelpunkt stand und die sich ein Leben ohne Arbeit eigentlich gar nicht vorstellen konnten. Die haben das vielleicht gewußt, für mich ist jetzt bald Schluß. Aber die haben das, nehm' ich mal an, verdrängt. Und plötzlich war der Tag da. Der begann noch mit einem vielleicht ganz netten Abschluß, Kollegenfeier und so weiter. Es war vielleicht noch ganz schön. Aber plötzlich saßen sie da – alleine.« (Herr G.)

Dieses möglichst frühzeitige und auch bewußt betriebene Überlegen und Entwickeln von Standbeinen für den dritten Lebensabschnitt drängt sich als eine »Lehre« und Quintessenz aus unseren Gesprächen mit »erfolgreich Alternden« förmlich auf. Gleichzeitig ist zu konstatieren, daß selbst unsere »Pioniere erfolgreichen Alterns« dies in der Regel kaum (und schon gar nicht bewußt) praktiziert haben – Herr G. hat das ja gerade stellvertretend für viele unserer Gesprächspartner zum Ausdruck gebracht. Hatten sie nun einfach Glück, einen »Riesen-Dusel«, wie Herr G. das nannte, daß sie dennoch erfolgreich altern? Sind sie eher zufällig auf einen erfolgreichen Alternspfad geraten? Schauen wir uns doch die beiden oben zu Wort gekommenen »Nachholer« diesbezüglich etwas genauer an.

Herr G. betont immer wieder, daß er einfach »Glück gehabt« hat:

»Ich muß sagen, ich hab' Glück gehabt. Ich weiß heute, daß man sich rechtzeitig kümmern sollte um das, was man im Ruhestand machen will. Und rechtzeitig bedeutet: Jahre bevor man ausscheidet. Nun kann man den Ausscheidenspunkt leider nicht immer bestimmen, bei mir ist er auch relativ plötzlich gekommen. Das Glück bei mir war mein Studium, das ich vorher gemacht habe, das war einfach Glück. Das hab' ich nicht geplant, das war einfach Glück. Es hat mir diesen Übergang nachher so leicht gemacht, so übergangslos, daß dieses Ausscheiden aus dem Berufsleben mir keine Probleme bereitet hat, überhaupt keine, und auch kein Knick irgendwie da war. Das ging einfach so nahtlos ineinander über. Ich weiß aber heute, daß man sich vorher über den sogenannten Ruhestand, der zweifellos einen anderen Lebensabschnitt darstellt, Gedanken machen muß. Und meine Erfahrung sagt mir, die meisten Leute tun das nicht.

Sie sagten vorher, daß man eigentlich schon lange vorher sich Gedanken machen sollte. Sie selbst haben genau das aber auch nicht getan…

Ja, das Werkstofftechnik-Studium aus der Firma heraus, das war für mich persönlich die Brücke. Obgleich es ursprünglich einmal ganz anders geplant war, aber das war für mich die Brücke. Das wird mir jetzt immer klarer, das kann ich wirklich so eindeutig sagen.«

War es nun wirklich einfach nur »Glück« oder Zufall, daß Herr G. ungeplant diese »Brücke« in den dritten Lebensabschnitt hinüber gefunden hat – oder hat sich dies nicht daraus ergeben, daß er auch noch relativ spät im Berufsleben sich nicht einfach mit der Erhaltung des Status quo zufriedengab, sondern gegen große Widerstände durchsetzte, was es vorher in seiner Firma noch nicht gegeben hatte: ein Zweitstudium für einen (ja nun schon älteren) Abteilungsleiter, der das Aufgabengebiet wechseln und sich dort nicht einfach nur auf dem üblichen Weg »einarbeiten«, sondern der es so genau wissen wollte, daß in seinen Augen gleich ein viersemestriges Weiterbildungs-Studium notwendig wurde? Führen wir uns noch einmal kurz vor Augen, wie Herr G. die Situation damals sah, er hat sie ja bereits oben ausführlicher geschildert:

»Mittlerweile war ich nun auch in einem Alter, wo ich keine Perspektiven mehr gesehen hab', in der Firma. Ich war insgesamt 36 Berufsjahre in der Firma. Von diesen 36 Berufsjahren war ich 32 Jahre in der Entwicklung und in der Forschung tätig. Und irgendwann wird auch die beste Forschungsarbeit mal zu einer gewissen Routine.

Als ich so fünfzig war, da hab' ich mal so'n bißchen Bilanz gezogen und hab' gesagt, Mensch, was hast du eigentlich bisher gemacht, was hast du erreicht, kannst du noch mehr erreichen? Und da wurde mir dann plötzlich klar, mein lieber Mann, wenn du fünfzig Jahre alt bist, denn gehört man zum alten Eisen. Und irgendwie eine Karriere dann zu machen ist nicht mehr drin. Und Gehaltserhöhungen sind mit fünfzig auch nicht mehr drin. Das hab' ich mir alles mal so klargemacht und hab' mir denn gesagt, gibt es noch irgendeinen Weg, etwas zu erreichen? In der Entwicklung und Forschung war ich Projektleiter, und nun ging das mit der Firma bergab. Ein Projekt nach dem anderen hat man mir weggenommen, war kein Geld mehr da, wurde gestrichen. Da hab' ich überlegt, du mußt wirklich was tun. Eh' die Leute auf dich zukommen und dich irgendwohin stopfen, wo du nicht hin willst, mußt du selber aktiv werden.

Da hab' ich gesehen, daß es in der Fertigung, in einem ganz anderen Bereich, eine Abteilung gab, mit deren Abteilungsleiter ich gute Kontakte hatte. Und dadurch hatte ich auch erfahren, daß dieser Abteilungsleiter in'n Vorruhestand ging... Und dieser Gedanke des Studierens, der ist gekommen aus Gesprächen mit Freunden und so, die ich natürlich vorher so'n bißchen konsultiert habe. Da kam natürlich 'raus, das Arbeitsgebiet ist ja ein völlig anderes als das, was ich gelernt hatte. Obgleich ich auch in meinem Studium mit dem Thema Werkstofftechnik und so schon in Berührung gekommen war, aber das war ja nebensächlich. Außerdem hatte sich da ja 'ne Menge getan, und ich war lange nicht mehr auf dem neuesten Stand. Das mit dem Studieren, das hab' ich deshalb zur Bedingung gestellt.«

Woraus also diese Brücke erwuchs, das war wohl eher das dringende Bedürfnis, aus einer beruflichen Sackgasse auszubrechen, in der man es sich für das überschaubare restliche Berufsleben auch hätte »gemütlich« machen können – die Sackgasse hieß immerhin »Leiter Forschung und Entwicklung«. Doch Herr G. bezog »Forschung und Entwicklung« auch auf seine eigene Person: Er folgte seinem Bedürfnis, noch einmal – auch in der letzten Phase der Berufstätigkeit – etwas Neues, Herausforderndes und wirklich Interessierendes tun zu wollen und dabei keine halben Sachen zu machen, sondern es ganz genau wissen zu wollen:

»...ich hab' so eine Neigung, ich bin so'n bißchen, das muß ich sagen, das hat auch Nachteile, so'n bißchen ein Perfektionist. Ich möchte alles perfekt machen, obwohl ich natürlich genau weiß, daß es im Leben nicht immer geht, meistens sogar nicht funktioniert.«

Da war nun auch schon während der Berufszeit das Interesse an Geschichte. Die meisten diesbezüglich für die knappe Freizeit oder den Urlaub angeschafften Bücher blieben zwar ungelesen, aber da entwickelte sich doch zumindest ein Interesse- und damit Anknüpfungspunkt für »nachholende« Aktivitäten im dritten Lebensabschnitt. Da war dieses Bedürfnis, auch auf diesem Gebiet genauer Bescheid zu wissen:

»...denn redet man auch schon mal dummes Zeug. Und da hab' ich irgendwann mal gedacht, du müßtest eigentlich über Geschichte mehr lesen. Dann hab' ich mir Bücher gekauft, die mich interessierten, während der Berufszeit schon.«

Und da war schließlich die ebenfalls bereits im Berufsleben gewonnene Einsicht, daß ein Studium zu bewältigen ist:

»...dann gehst du an die Uni und dann studierst du Geschichte. Und nun hatte ich im Moment auch noch keine richtige Ahnung davon. Aber ich sagte mir: Packen wirst du das, du hast ja jetzt schon einige Erfahrung. Du hast zwar Technik studiert, aber ungefähr weißt du ja, wie's läuft, und so weiter. Vor allen Dingen, und das war bei mir ein großer Vorteil, ich hatte überhaupt keine Berührungsängste. Ich wußte, daß man in der Uni mehr oder weniger alles alleine machen muß und das auch für sich alleine organisieren muß. Aber da hatte ich überhaupt keine Bedenken vor...«

Ganz ähnlich war es auch beim Sport, der sich später (auch recht ungeplant) als sein zweites »Standbein« für den dritten Lebensabschnitt entpuppte. Auch dieses Interesse, das mit der Segelei ja schon in der Jugend begründet wurde, bildet eine stets durchscheinende Lebenslinie: das Segeln, zunächst mit der kleinen Jolle, dann auf der großen Yacht. Als das nicht mehr geht: die Ausbildung zum Sporttaucher. Und als dies von der Belastung her nicht mehr möglich ist: Schwimmen, Laufen, Fahrradfahren. Es ist eine nie ganz aufgegebene, nie abgebrochene Lebenslinie, in ihrer Form den jeweils gegebenen finanziellen und gesundheitlichen Bedingungen angepaßt – aber eben nie völlig der Berufstätigkeit geopfert. Daher konnte an dieser Linie angeknüpft werden: Dem auch hier einsetzenden Hang zum Perfektionismus, zum »Genau-Wissen« konnte nun im dritten Lebensabschnitt »nachholend« ein weiter Raum gegeben und das Interesse am Sport, praktisch wie theoretisch, zum zweiten Standbein ausgebaut werden:

»Ich interessiere mich weiter selbstverständlich für Sport, klar,

das hab' ich allerdings auch neben meinem Beruf noch immer gemacht... Ich habe früher im Sport viel falsch gemacht. Ich hab' mich durch meine Interessen und Neigungen leiten lassen, ohne mich um theoretische Hintergründe, die's im Sport ja zweifellos auch gibt, zu kümmern, und um Sportmedizin schon gar nicht. Das ist auch wieder ein glücklicher Umstand in meinem Leben gewesen: Wie ich noch in der Firma tätig war, hab' ich die Möglichkeit nutzen können, in ein sogenanntes Herz-Kreislauf-Training geschickt zu werden. Und die Sportlehrer und die Sportärzte dort haben phantastische sportmedizinische Vorträge gehalten, die mich sehr begeistert haben. Ich hab' dort eine Art Aha-Erlebnis gehabt und hab' festgestellt, Mensch, jetzt sind dir ja erst diese Zusammenhänge begreiflich, was passiert durch Risikofaktoren im Körper. Und ich hab' die Zusammenhänge begriffen, was man durch Bewegung und durch ein Fitneßprogramm im Körper alles Gutes anrichtet und was man da alles mit beeinflussen kann, positiv beeinflussen kann.«

Eine ganz ähnliche Grundhaltung läßt sich bei näherer Betrachtung auch in vielen Details der Lebensgeschichte von Frau J. entdecken. Auch sie bringt nicht einfach nur ihren Job als Sekretärin hinter sich, sondern entwickelt bereits in und neben ihrer Berufstätigkeit eine Vielzahl von Interessen, an denen sie im dritten Lebensabschnitt anknüpfen und denen sie dann »nachholend« vertieft und intensiver nachgehen kann.

So ganz zufällig sind demnach Frau J. und Herr G. wohl nicht auf erfolgreiche Alternspfade geraten – obwohl sie nicht gerade eine frühzeitige und systematische Planung für ihren dritten Lebensabschnitt betrieben haben. Sie folgten – ohne daß es ihnen bewußt gewesen wäre – einem »heimlichen« Erfolgsrezept, das man vielleicht so formulieren könnte: Es ist wichtig (und ein erfolgreiches Altern gewollt oder ungewollt, geplant oder ungeplant konstruktiv vorbereitend), bereits im mittleren Lebensabschnitt neben der dominierenden Tätigkeit – sei es nun Berufs- oder Familienarbeit - weitere Tätigkeitsfelder und Interessen (und sei es nur nebenbei und in kleinen Schritten) zu entwickeln, denen man sich selbstbestimmt und aus eigenem Interesse, aus unmittelbarer Neugier oder aus einem immer schon vorhandenen, wenig befriedigten Bedürfnis heraus widmet, die man auch als sinnvoll empfindet, auf denen man gerne Neues kennenlernen und sich vervollkommnen möchte – was auch immer diese Tätigkeitsfelder im Einzelfall sind.

Worin liegt nun demnach das Erfolgs-»Geheimnis« der »Nachholer«? Versuchen wir doch auch hier eine zusammenfassende Antwort auf diese Frage:

Eine typische »Nachholerin«, ein typischer »Nachholer« würde zunächst sicherlich das antworten, was wir oben bereits Herrn G. in den Mund gelegt haben: »Der dritte Lebensabschnittt ist viel zu schade für Beschäftigungen, mit denen du nur die Zeit totschlagen kannst. Was immer du tust im dritten Lebensabschnitt, es muß etwas sein, was du schon immer einmal wissen oder können wolltest, etwas, was dich wirklich herausfordert, was dich Neues entdecken läßt, was sich nicht nur immer im selben alten bekannten Kreis dreht und was dich antreibt, umtreibt und damit ›fit‹ hält. Und genau das: Was es für dich ist, das mußt du 'rauskriegen! Und zwar möglichst bald vor dem Ruhestand, damit du dich vorbereiten kannst.«

Oder, etwas ausführlicher:

Vermutlich liegt das Erfolgs-»Geheimnis« der »Nachholer« in der Selbst-Verpflichtung

»*Von sich selbst aus versuchen 'rauszukommen und nicht warten und sehen, was die anderen machen.*« (Frau J.)

- zu Aufgaben (»Standbeinen«), die – bei aller Beanspruchung, die dann auch aus ihnen entsteht – deutlich mehr »Freiheit« und Gestaltungsspielräume enthalten als die Aufgaben des mittleren Lebensabschnitts:

»So ein ›Senioren-Studium‹ hat den Vorteil, und den fange ich jetzt allmählich an zu genießen: Ich mache ein Studium ohne Streß. Und trotzdem mache ich das allein, aus eigenem Antrieb genauso wie ein anderer Student, aber ich spare mir den Streß einer Klausur. Das hab' ich mir gesagt, ganz bewußt, den brauch' ich nicht. Damit hab' ich natürlich auch keinen anerkannten Abschluß, aber den strebe ich auch nicht an. Wichtig sind die Erkenntnisse, die ich da draus gewinne.« (Herr G.)

- zu Aufgaben, die als sinnvoll, ganz persönliche Interessen und Bedürfnisse befriedigend empfunden werden:

»Also, ich hab' sogar davon geträumt, daß ich mal zur Uni gehe. Ich war ja hier als Sekretärin, ungefähr 23 Jahre. Ich hab' immer gedacht, wenn du jetzt pensioniert bist oder in Rente gehst, dann machst du irgendwas hier. Aber es war damals noch nicht so, wissen Sie, ich hab' kein Abitur, es gab nicht so diese nachberuflichen Studien. Also, unser Lernprozeß ist nie richtig abgeschlossen gewesen: immer der Drang, wir möchten noch was dazulernen. Weil wir doch ziemlich einseitig erzogen wurden in der Nazizeit, das kann keiner nachempfinden, der die Zeit nicht erlebt hat. Und da hab' ich immer gedacht, hättest du jetzt wenigstens dein Abitur, dann hättest du ja ganz regulär was machen können. Nicht zur Prüfung, nur einfach weil mich sehr viele Gebiete immer interessiert haben.« (Frau J.)
   »Ich bewege mich wirklich gerne sportlich, obgleich ich das früher oft nicht richtig gemacht habe, was ich jetzt erst erkenne. Jetzt natürlich versuche ich alles das, was ich lerne, in erster Linie für mich

persönlich umzusetzen und es jetzt richtig zu machen. Das ist selbstverständlich und das macht mir auch Spaß. Die wichtigste sportliche Betätigung im Moment ist das Laufen, was ich jetzt kontrolliert mache. Ich laufe mit Pulsfrequenzmesser und so weiter. Ich führe Buch da drüber, trage das ein, um das jetzt mal an mir praktisch auszuprobieren, was ich theoretisch im Sportstudium lerne. Und letzten Endes auch, um keine Fehler zu machen und mich nicht zu überfordern und nicht eines Tages durch falsches Training auf der Nase zu liegen... Ja, und das ist vielleicht bei mir wieder der kleine Perfektionist, wenn ich denn nun schon etwas mache, möchte ich auch gerne wissen, was passiert da wirklich. Und ich möchte es wirklich wissen, ich möchte kein dummes Zeug reden und mir nicht einbilden, das ist gut, sondern ich möchte wirklich wissen warum.« (Herr G.)

- **zu Aufgaben, die an bekannten Tätigkeitsfeldern und erprobten Fähigkeiten des mittleren Lebensabschnitts anknüpfen:**

»Das Glück war das Studium, das ich zuvor gemacht hatte. Denn das hatte ich ja nun nicht geplant im Hinblick auf eine Beschäftigung nach dem Arbeitsleben, sondern das hatte ja ganz andere Ursachen. Aber trotzdem: Ich hab' gesehen, ich pack' das noch. Es hat mir Spaß gemacht. Ich hab' gesehen, wie gut ich mit jungen Menschen umgehen kann und was mir das bringt und wieviel Spaß mir das macht. Und dann hab' ich gesagt, so, also wenn du jetzt die Firma verläßt, dann studierst du weiter.« (Herr G.)

»Ich selbst hab' ja nie 'ne Scheu gehabt, weil ich ja auf der Uni schon beruflich war. Ich kannte alles und hab' gewußt, daß Professoren auch nur Menschen sind.« (Frau J.)

- **zu Aufgaben, die den derzeitigen Möglichkeiten, zum Beispiel sich einstellenden gesundheitlichen Beeinträchtigungen, auch angepaßt sind:**

Gerade »Nachholer« können von den Möglichkeiten, die sich da nun endlich für sie auftun, so begeistert und von ihrem eigenen Engagement so mitgerissen sein, daß sie sich manchmal selbst wieder ein Stück zurücknehmen müssen, um die selbstgewählten Aufgaben den gegebenen, auch altersbedingt manchmal eingeschränkten, Möglichkeiten anzupassen:

»Da ich meinen Schwerpunkt mehr auf Geschichte legen möchte, kann ich das vielleicht nur am Rande mitnehmen. Ich hatte auch schon gedacht – hier wird doch jetzt angeboten so ein Kompaktstudium Stadtplanung. Würde mich sehr interessieren, aber dann könnte ich die anderen Dinge, Geschichte, die ich nun angefangen hab', nicht mehr weitermachen, und es ist mir einfach zu viel. Das sind sechs Semesterstunden, dann noch Praktika in den Semesterferien mit den jungen Studenten zusammen. Ich meine, das wäre für mich zuviel. Auch in den Semesterferien, man hat ja auch noch...« (Frau J.)

- **zu Aufgaben, die aus all' den genannten Aspekten heraus dann auch herausfordernd, aktivierend und letztlich lebensglückspendend sind:**

»Und ich habe vor, für die nächsten zehn Jahre an der Uni zu bleiben. Ich habe im Moment keine konkreten Vorstellungen, wie das mal endet. Ich weiß ja auch nicht, ob ich gesund bleibe oder irgend etwas dazwischenkommt. Aber ich habe den festen Wunsch dabeizubleiben. Mein Interesse und meine Begeisterung dafür ist im Moment noch auf dem aufwärtsstrebenden Ast, stagniert noch lange nicht.« (Herr G.)

»Da haben wir dann Geschichte belegt, und das hat uns so viel gebracht, so mehr oder weniger die Aufarbeitung unserer erlebten Geschichte. Und das war eigentlich so unser Einstieg. Daß wir gesagt haben: ›Wir können uns jetzt nicht einfach so fallen lassen.‹

Mich hat das schon immer gestört: Man setzt sich dann vor den Fernseher und läßt sich berieseln, und das ist doch alles ziemlich einseitig. Und so Kaffeefahrten, das ist eigentlich nicht das, was wir möchten. Wir möchten ja nicht stehenbleiben.« (Frau J.)

7. Pfade erfolgreichen Alterns – allgemein gesehen und (ein wenig) theoretisch beleuchtet

*»Es ist auch eine Kunst,
mit dem Alter fertigzuwerden.
Das ist kein Zuckerschlecken
auf die Dauer.«
(Frau P., 93 J.[1])*

Vier grundsätzlich verschiedenartige Wege erfolgreichen Alterns und viele persönlich geprägte Varianten dieser vier Alternspfade ließen sich in den vorangegangenen Kapiteln aus unseren Gesprächsaufzeichnungen herauskristallisieren. Damit drängen sich spätestens jetzt Fragen auf wie die folgenden: Gibt es so etwas wie »ein einigendes Band« zwischen diesen vielgestaltigen Formen und Wegen erfolgreichen Alterns? Gibt es gewisse Gemeinsamkeiten zwischen den verschiedenen Alternsstilen und -pfaden? Oder anders gefragt: Was macht »erfolgreiches Altern« eigentlich im Kern aus? Läßt sich auf diese Frage jenseits aller persönlich-individuellen Variationen und Schattierungen so etwas wie eine übergreifende Antwort finden? Es sind in diesem Zusammenhang vor allem zwei zentrale Fragestellungen, auf die wir in den Gesprächen mit den Pionierinnen und Pionieren nach Antworten gesucht haben:

- Erstens: Ist »erfolgreich« Altern eine rein individuelle Angelegenheit? Ist jeder Einzelfall einzigartig, mit anderen nicht sinnvoll vergleichbar, nur aus sich selbst heraus und für sich selbst zu beurteilen? Oder gibt es – bei aller Unterschiedlichkeit der individuellen Alternspfade – dennoch bestimmte typische Muster und Verlaufsformen des »Erfolgreich-Alterns«, zu denen sich die Einzelfälle sinnvoll gruppieren lassen?

Diese Frage haben wir bereits mit einem deutlichen »Sowohl-Als-auch« beantwortet. Gerade das erfolgreiche Altern ist in der Tat eine höchst individuelle Angelegenheit, deren Form und Ausprägung von der Biographie und Persönlichkeit des alternden Menschen sehr stark geprägt ist. Und dennoch konnten wir in den vorangegangenen Kapiteln – jenseits der unzweifelhaft vorhandenen individuellen Variationen – typische Muster, Konstellationen und Wege erfolgreichen Alterns identifizieren, die es uns erlauben, die Entstehungsbedingungen, Chancen und Gefahren jedes dieser vier Alternspfade schärfer zu sehen. Wir haben die Älteren, die diese Wege beschreiten, »Weitermacher«, »Anknüpfer«, »Befreite« oder »Nachholer« genannt.

- Und zweitens: Lassen sich vor diesem Hintergrund Faktoren oder Prinzipien identifizieren, die – bei aller Unterschiedlichkeit der individuellen Verläufe – allen Pfaden erfolgreichen Alterns gemeinsam sind, diese überhaupt erst zu »erfolgreichen« Pfaden machen? Man könnte auch kürzer fragen: Was sind die »Erfolgsfaktoren« im Alternsprozeß?

Dieser zweiten Frage wollen wir in diesem Kapitel näher nachgehen: Was macht (das unausweichliche) Altern zum »erfolgreichen« Altern? Hieran knüpfen sich zwei weitere Fragestellungen, um die es im folgenden vor allem gehen wird: Was verstehen wir darunter, »erfolgreich« zu altern, was unterscheidet »erfolgreiche« von »nicht erfolgreichen« Alternspfaden? Und: Wie gelangt man auf einen erfolgreichen Alternspfad?

Zunächst einmal: Wenn man von Pfaden »erfolgreichen« Alterns spricht, schwingt zumindest im Hintergrund eine Vorstellung davon mit, was »nicht erfolgreiches«, »nicht konstruktives« Altern ist. Wenn wir die Menschen, die wir in diesem Buch vorgestellt und als Pionierinnen und Pioniere einer neuen, andersartigen Gestaltung des dritten Lebensabschnitts charakterisiert haben, als »erfolgreich« Alternde bezeichnen, dann stellt sich unweigerlich die Frage: Was ist eigentlich negativ zu sehen, was müßte verändert werden an den »weniger erfolgreichen« Alternspfaden, auf denen sich heute leider noch viele Ältere befinden? Einige unserer Gesprächspartner haben sich – in aller Bescheidenheit und weit davon entfernt, sich selbst als Vorbilder zu betrachten – auch zu dieser Frage geäußert:

»Die Leute, mit denen wir verwandt oder bekannt sind, die machen, von uns aus gesehen, den Fehler, daß sie ihre Woche vollstopfen mit Reisen. Die haben nie Zeit, die können nie mal spontan ob nun einen Besuch oder mit'nander irgendwas machen. Die Aussage heißt immer so, ›für's nächste halbe Jahr sind wir ausgebucht‹. Und das woll'n wir absolut überhaupt nicht.« (Frau L.)

»Da hat man manchmal den Eindruck, nicht nur bei unseren Verwandten, sondern auch bei anderen Leuten, die man so kennenlernt, daß viele sich nicht allein beschäftigen können. Die brauchen immer irgendwas, wo was unternommen werden muß...« (Herr L.)

»...ja in der Gruppe, meistens nicht alleine, nicht zu zweit, sondern immer...« (Frau L.)

»...viele können überhaupt nicht mehr alleine irgendwas mit sich anfangen, mit sich unternehmen oder auch nichts unternehmen, da muß immer irgendein Programm laufen.« (Herr L.)

»Das fand ich noch ganz wichtig zu sagen: Was ich nicht will, daß man sich darüber klar wird. Ich will nicht mein Geld ausgeben für Reisen z. B. Das war das, was im letzten Jahr, wo ich gearbeitet habe, mich meine Kollegen oft gefragt haben: Reist du? Ich reise gerne, und ich habe schöne Reisen gemacht, allerdings immer so'n bißchen gegen den Strich. Da hab' ich gesagt, im ersten Jahr werd' ich überhaupt nicht reisen. Ich muß im Alter meinen Lebensmittelpunkt hier finden, hier in T., hier in der A.straße. Hier ist mein Lebensmittelpunkt, und alles andere kann wie Planeten darum kreisen. Das kann wunderschön sein, aber ich hab' gemerkt, daß viele Reisen Fluchten sind. Grad ältere Leute, die ständig unterwegs sind, die kommen überhaupt nicht dazu, mal in sich hineinzuhören, wer bin ich, was hab' ich für Bedürfnisse? Die betäuben die, das ist im Grunde wie Alkohol oder ähnlich. So gern man reist und so schön das ist, dann die Zeit zu haben, wenn man auch noch das Geld dazu hat, aber zuerst muß man hier, ...ich muß meine Freundschaften in T. pflegen, denn ohne Pflege gedeihen keine Pflanzen und keine Freundschaften. Das kann man nicht, wenn man immer unterwegs ist, dann zerfasert das auch, was hier ist.« (Frau V.)

»...daß wir gesagt haben: ›Wir können uns jetzt nicht einfach so fallenlassen.‹ Mich hat das schon immer gestört: Man setzt sich dann vor den Fernseher und läßt sich berieseln, und das ist doch alles ziemlich einseitig. Und so Kaffeefahrten, das ist eigentlich nicht das, was wir möchten. Wir möchten ja nicht stehenbleiben. ...Die Leute, die so etwas auf die Beine stellen, die können das ja gar nicht nachempfinden, was ein alter Mensch möchte. Es wird etwas angeboten, und ich finde, sie werden geführt wie Kinder, wie im Kindergarten. Denen muß man also beibringen, wie man spielt, wie man das bastelt oder das macht oder jenes macht. Ich finde, man *sollte mehr Gruppen – ja aber wie? Daß sie eigene Dinge tun, die sie selbst sich zur Aufgabe machen. ... Vielleicht sollte man Seminare machen, daß man selbst was erarbeitet, daß man vielleicht nicht nur so Bastelkurse oder Dia-Abende veranstaltet, sondern daß man auch Themen verteilt und sagt: ›So, mach' selbst mal was und bring selbst mal was.‹ So stell' ich mir das vor. ...Ja, jeder hat vielleicht Sachen, wo er sich sehr hineinkniet – einer, der fotografiert gerne, und der andere ist eben Blumenzüchter und der dritte Hühnerzüchter oder sonst was. Daß man eben sagt: ›Gut, dann unterstützen wir das, was die Leute selbst wollen.‹«* (Frau J.)

Daß viele Ältere nichts haben, »wo sie sich sehr hineinknien« wollen und können, daß Ältere oft nur passiv konsumieren oder »wie Kinder im Kindergarten geführt werden«, anstatt das aktiv tun zu können, was sie selbst wirklich wollen – alles das wurde von vielen unserer Gesprächspartner als erschreckende Merkmale wenig erfolgreicher, wenig sinnvoller Alternspfade herausgestellt. Mehr Selbstbestimmung, mehr Selbstbewußtsein der Älteren, aktiveres Verfolgen der Interessen und Bedürfnisse, die in der eigenen Person angelegt sind (»daß man mit sich selbst auch ohne ein ständiges äußeres Programm etwas Sinnvolles anfangen kann«) – dies vor allem sind Zielvorstellungen der Pionierinnen und Pioniere, die in unseren Gesprächen immer wieder genannt wurden und von denen gesagt wurde, daß sie heute im Alltag der meisten Älteren noch kaum verwirklicht sind.

Reisen und anderes nicht zu »Fluchten« werden lassen, »mit sich selbst etwas Sinnvolles anfangen können«, sich nicht nur einfach beschäftigen, um die Zeit totzuschlagen – wie macht man das: »Sinn« in sein Leben bringen?

7.1 Erfolgreiches« Leben: Über die Produktion« von Sinn und (damit auch) Glück

In dem Maße, in dem die vordringlicheren Grundbedürfnisse wie Essen oder Wohnen im Leben des Menschen befriedigt sind, kann sich die Fragestellung, was »erfolgreiches« Leben (und damit auch: Altern) ist, auf die Frage nach den Bedingungen und Möglichkeiten eines sinnerfüllten, glücklichen Lebens, auf die Frage nach der »Herstellung« von Sinn und Lebensglück konzentrieren. Lebenssinn und Lebensglück – das sind aus dieser Perspektive jedoch keine Luxusgüter, sondern ebenfalls elementare Grundbedürfnisse des Menschen.

Wenn man sich daher auf die Suche nach den möglichen Wegen eines »erfolgreichen« Alterns begibt, stößt man schnell auf jene zentrale Frage, wie sie auch der Philosoph Hermann Lübbe[2] in einer etwas umständlich und antiquiert wirkenden, jedoch präzisen Sprache formuliert: ob und auf welche Weise die Menschen in der Lage sind, »sich auf eine lebensglückträchtige, auf eine lebensglückverheißungsvolle Weise zu sinnvollem Tun zu bestimmen« – und von welchen Fähigkeiten und Faktoren dies abhängt.

Folgt man Lübbe weiter, so ist diese Fähigkeit des Menschen, sich selbst auf eine bestimmte (nämlich: »lebensglückträchtige«) Weise zu sinnvollem Tun zu bestimmen, das zentrale Element und Kriterium für ein erfolgreiches Leben – ganz allgemein und ganz unabhängig vom Alter. So gesehen besteht die wichtigste Aufgabe darin, zu klären und zu verstehen, worin diese »lebensglückverheißungsvolle Weise« des Lebens und Alterns begründet liegt, auf welchen Wegen und woraus sich Lebens-Sinn (und damit dann auch Lebens-Glück) für den einzelnen Menschen in modernen Gesellschaften eigentlich ergeben können.

Zugegeben: Diese Fähigkeit, die wir hier in das Zentrum der Betrachtung stellen, von der wir sagen, ihr (möglichst frühes, möglichst lebensbegleitendes) Erlernen bilde das notwendige (wenn auch sicherlich noch nicht hinreichende) Fundament aller »erfolgreichen« Alternsprozesse, diese Fähigkeit des Menschen, sich selbst auf »lebensglückträchtige« Weise zu sinnvollem Tun zu bestimmen – da haben wir es mit einer sehr allgemeinen, übergreifenden, zunächst zumindest wenig konkreten Fähigkeit zu tun. Doch dies muß so sein, und zwar in dem Maße, in dem der dritte Lebensabschnitt (wie bereits in Kap. 2 skizziert) zu einer längeren, zunehmend vielgestaltigeren biographischen Reise wird, die den einzelnen auch in ihm bislang unbekannte Gebiete führt.

Das heißt: Wir suchen nach allgemeinen, übergreifenden Fähigkeiten, die es den einzelnen erlauben, auch kaum vorhersehbare Herausforderungen der verschiedensten Art flexibel zu bewältigen. Derartige Fähigkeiten werden insbesondere im Bereich der beruflichen Bildung häufig als »Schlüsselqualifikationen« oder auch als »extrafunktionale« Fähigkeiten bezeichnet. Dort meint man damit allgemeine, in der Persönlichkeitsstruktur verankerte Kompetenzen, die über konkrete Kenntnisse und Fertigkeiten hinausgehen: Teamfähigkeit, Mobilität und Flexibilität, rationales Problemlöseverhalten oder auch Kreativität.

Wenn eine gewisse »Vorbereitung« auf den dritten Lebensabschnitt überhaupt machbar und sinnvoll ist (und dafür plädieren wir allerdings sehr entschieden), dann muß es unter diesen Vorzeichen eine Vorbereitung sein, die sich nicht etwa in die Sammlung und Aufzählung relativ konkreter Regeln und »Rezepte« für ein erfolgreiches Altern verrennt und die daher in Kursen auch kaum ausreichend zu lernen ist. Wir müssen vielmehr darüber nachdenken, wie Menschen sich in der Entwicklung ihrer Persönlichkeit am besten vorbereiten – auf eine Reise, deren Verlauf sie gar nicht überschauen, auf Herausforderungen, die sie noch gar nicht kennen können.

Zunächst ist vorauszuschicken, was zu den Grundelementen des Menschenbildes in den Sozialwissenschaften gehört: Sinn, Lebenssinn ist dem Menschen nicht vorgegeben, nicht genetisch-biologisch oder irgendwie sonst. Menschen sind die einzigen Lebewesen, die über den Sinn ihres Lebens im großen und im kleinen nicht nur nachdenken können, sondern eben auch nachdenken müssen. Er ist dem Individuum nicht irgendwie oder irgendwoher vorbestimmt. Um den Menschen herum wartet eigentlich nur Chaos und ein großer sinn-leerer Raum – eine in der Tat höchst bedrohliche und angsterzeugende Erkenntnis. So haben sich etwa die Kirchen seit Jahrhunderten darum bemüht, durch übergreifende, möglichst verpflichtende Sinn-Konstruktionen diese ständige Angstquelle einigermaßen einzufassen. Ob dies dem einzelnen nun mehr oder weniger bewußt vor Augen steht, die Moderne sagt uns jedenfalls unmißverständlich: Menschen haben die Sinnhaftigkeit ihres individuellen Lebens selbst und immer wieder neu zu »produzieren«.

Damit ist erstens deutlich: Dem Menschen steht Sinn-Gebung nicht nur offen, er ist auf Sinn-Gebung durch sich selbst unmittelbar angewiesen. So angewiesen wie auf Kleidung, Lebensmittel und ein Dach über dem Kopf. Zudem stehen Menschen heute vor der Situation, daß sie Sinngehalte ihres Lebens aus einer zunehmenden Vielfalt von Möglichkeiten gleichsam wie in einem Selbstbedienungs-Supermarkt auswählen können. Wir sprechen auch von einer »Pluralisierung möglicher Lebenswelten« (vgl. auch Kap. 2). Damit stehen Menschen zunehmend auch vor dem Zwang, auswählen zu müssen, ihr individuelles Lebensmodell, ihren persönlichen Lebensstil aus der möglichen Vielfalt heraus zu finden. Und ein einmal gefundenes, mit Sinnhaftigkeit ausgestattetes, selbst »definiertes« Lebensmodell ist immer häufiger dann auch wieder sozusagen »auf den Prüfstand zu stellen«, zumindest an bestimmten Entscheidungspunkten und Scheidewegen des Lebenslaufes. Denn ausgehend von den Städten verringert sich in modernen Gesellschaften die gegenseitige soziale Kontrolle, verbreitet sich das Spektrum zulässiger Lebensweisen und Lebenswelten, relativiert sich die vereinheitlichend-sinnstiftende Kraft traditionaler Institutionen (Kirche, Dorf, Familie), reduzieren sich die sinnvermittelnde Bedeutung wie auch die zeitliche Inanspruchnahme durch Berufsarbeit als einer der Hauptquellen von Lebens-Sinn. Die Menschen müssen den Sinn ihres Lebens also nicht nur selbst produzieren – sie stehen dabei auch noch vor zunehmenden Wahlmöglichkeiten, vor der »Qual der Wahl«.

Damit wird zweitens deutlich: Die menschliche Existenz ist nicht nur eine Existenz mit prinzipiell offenen Horizonten, sie ist nicht nur von Grund auf sinn-offen. Sondern: Vor unseren Augen breitet sich heute zugleich eine immer vielgestaltigere Landschaft möglicher Lebensgestaltungen, eine wachsende Vielfalt möglicher Sinngebungen aus, die uns nicht nur »zur Auswahl« offenstehen, sondern uns auch zur Auswahl zwingen.

So stehen die Menschen in modernen Industriegesellschaften auch in steigendem Maße vor der Aufgabe, aus diesen gewonnenen, teilweise erkämpften Dispositionsspielräumen, aus der zunehmenden, disponiblen Frei-Zeit heraus Sinn, Lebenssinn über sinn-volles Tun selbst zu produzieren. Und aus eben der Bearbeitung dieser Lebens-Aufgabe des modernen Menschen, Sinn über sinn-volles Tun (in zunehmend vielfältigeren Formen) selbst zu produzieren, entsteht, so Lübbe, Lebensglück – sozusagen als »Abfallprodukt«, als nicht direkt herstellbare Konsequenz dieses sinnvollen Tuns.

Wie gesagt: Dieses sinn-volle Tun kann heute immer

vielfältigere Formen annehmen – von der klassischen Berufsarbeit bis hin zur Betätigung in fernöstlichen Sekten und zum Rückzug in privates Gärtnerglück:

»Noch unmittelbar nach dem Ende des Zweiten Weltkrieges war in Teilen des Ruhrgebiets für die Arbeiter der Garten eine Erwerbsquelle. Die Menschen hatten in Zuordnung zu ihren Werkswohnungen relativ großzügige Gartenflächen, mit 1500, ja 2000 Quadratmetern. Was dort erwirtschaftet wurde, war Bestandteil des Familieneinkommens – bei den damaligen Löhnen wäre man zum Ankauf von Frühkartoffeln auch gar nicht in der Lage gewesen.

Als sich dann das sogenannte ›Wirtschaftswunder‹ durchzusetzen begann, konnte man plötzlich in den Zeitungen lesen: ›Bürger, überlege doch einmal, was dich der im heimischen Garten gezogene Salatkopf kostet, wenn du die an ihn verwandte Arbeit in Lohnsummen umrechnest‹, und dann war in der Tat rasch klar, daß man den gleichen Salatkopf, wenn auch vielleicht nicht ganz so frisch, im Supermarkt um das Dreifache billiger kaufen konnte.

Inzwischen beeindruckt diese Rechnung niemand mehr, denn das Lebensthema ist ein ganz anderes geworden: Es heißt Selbstverwirklichung. Am schönen Beispiel mit dem Garten kann man zeigen, wie das funktioniert: Sind die Kohlköpfe erst einmal gepflanzt, wollen sie begossen sein. Und für mindestens zehn Tage ist man damit alle einschlägigen Sinnprobleme los. Wenn man das über die ganze Breite sinnvollen selbstbestimmten Tuns erweitert, bekommt man einen Sinn dafür, wie Selbstverwirklichung geschieht, nämlich durch selbstbestimmte Verschärfung eines Außenhalts, eine Selbstbestimmung zu objektiv sinnevidenten Aufgaben, die unsere Kräfte fordert.«[3]

Das individuell-persönliche »Produzieren« von Sinn geschieht demnach dadurch, daß dem Menschen die »selbstbestimmte Verschärfung eines Außenhalts« gelingt – manche Menschen jonglieren sogar mit mehreren Außenhalten gleichzeitig. Damit ist der oben bereits angesprochene Gedanke gemeint, daß der moderne Mensch Sinn, Lebenssinn »aus sich selbst heraus« produzieren muß – und daß sich (bei der ebenfalls oben skizzierten prinzipiellen Sinn-Offenheit und Sinn-Vielfältigkeit der Moderne) hierzu nichts besser eignet als ein »fester«, ein »archimedischer Punkt« außerhalb des (sinn-offenen, sinn-suchenden) Individuums, an dem es den Hebel persönlicher Sinn-Produktion überhaupt erst ansetzen kann: eine Aufgabe, ein Ziel, ein Leitmotiv für das eigene Leben.

Im Rahmen seines Versuches, dem »Geheimnis des Glücks« mit Hilfe der Psychologie auf die Spur zu kommen, bezeichnet Mihaly Csikszentmihalyi Menschen, denen dies gelingt, als »autotelische« Persönlichkeiten:

> »Der Begriff bezeichnet wörtlich ›ein Selbst, das sich selbst die Ziele setzt‹, und er spiegelt den Gedanken wider, daß ein solches Individuum relativ wenig Ziele hat, die nicht dem Selbst entstammen. Für die meisten Menschen werden Ziele entweder direkt durch biologische Bedürfnisse geprägt oder durch gesellschaftliche Konventionen, und daher liegt ihr Ursprung außerhalb des Selbst. Die Hauptziele eines autotelischen Menschen entspringen der Erfahrung, wie sie in seinem Bewußtsein eingeschätzt wird, und daher dem eigentlichen Selbst.«[4]

Menschen, die ihr Leben in dieser »lebensglückträchtigen« Weise zu organisieren versuchen, gehen (mehr oder weniger bewußt) von demselben Grundgedanken aus: Es muß »dort draußen« irgendwo eine Aufgabe, ein Ziel geben, das meinem Leben insgesamt, einem bestimmten Bereich oder einer speziellen Phase meines Lebens »einen Sinn gibt«:

> »Menschen, die ihr Leben sinnvoll finden, haben gewöhnlich ein Ziel, das herausfordernd genug ist, um all ihre Energie in Anspruch zu nehmen, ein Ziel, das ihrem Leben Bedeutung verleiht. ...Das Ziel an sich ist gewöhnlich nicht wichtig; wichtig ist, daß es die Aufmerksamkeit eines Menschen zentriert und ihn in eine machbare, erfreuliche Aktivität einbezieht.«[5]

Doch für eine derartige Sinn-Gebung eignen sich nicht alle Aufgaben und Ziele, die die (»Außen«-)Welt für uns möglicherweise bereithält, gleichermaßen. Es geht um »Selbstbestimmung zu sinnevidenten Aufgaben«. Zum einen also: Die Aufgaben haben sinnevident zu sein, der Sinn muß sozusagen auf der Hand liegen, ins Auge springen. So sind zum Beispiel Aufgabenstellungen in der Regel dann besonders sinn-stiftend und sinnevident,

- wenn sie den einzelnen herausfordern und an einem von ihm als so »brennend« empfundenen Bedürfnis packen, daß es für sein Empfinden gar keine andere Möglichkeit gibt, als sich dieser Aufgabe mit allen ihren dann »eingebauten« Zwängen und sich »aus der Sache« ergebenden Notwendigkeiten zu stellen. Daß es sich bei dieser Aufgabe um einen echten »Außenhalt« handelt (und nicht nur um eine »Beschäftigung zum Zeit-Totschlagen«), setzt voraus, daß sich aus dieser Aufgabe eben auch Verpflichtungen und Zwänge ergeben für die Person, die sie sich selbst gesetzt hat. Und: Einer derartigen Aufgabe wird man sich – vor allem im dritten Lebensabschnitt – nur verschreiben, wenn sie als packend, herausfordernd und belohnend empfunden wird.

Es hängt sehr von der einzelnen Person und ihrer bisherigen Lebensgeschichte ab, welche Aufgaben für sie persönlich diesen Charakter entfalten. Oft sind es Aufgaben, die man als packend und herausfordernd bereits im Beruf erlebt hat, die man nun fortsetzt (»Weitermacher«), oder an denen man modifizierend anknüpfen kann. Für viele Menschen entfalten diesen Charakter auch Aufgaben, die darin bestehen, anderen Menschen zu helfen oder Tiere und Pflanzen mit den je »eingebauten« Notwendigkeiten zu versorgen;

- wenn sie den Aufbau oder die Erhaltung menschlicher Beziehungen (Freundschaften, kollegiale Beziehungen) erlauben oder gar provozieren und insbesondere wenn andere uns bedeutsame Menschen die Sinnhaftigkeit dieser Aufgabe ebenfalls und in gleicher Weise wahrnehmen und uns so in diesem Außenhalt bestätigen. Lübbe spricht in diesem Zusammenhang davon, daß es sich um eine Tätigkeit handeln muß, »die auch im sozialen Lebenszusammenhang anerkennungsträchtig ist, also auch eine soziale Rückmeldung bringt«;

- wenn unsere Kräfte angemessen gefordert, manchmal auch leicht überfordert werden, wenn damit unsere persönlichen Fähigkeiten und Kompetenzen (z. B. im Berufsleben) in Anspruch genommen, eingesetzt und auch weiterentwickelt werden.

Eine »Verschärfung des Außenhalts« über sinn-volles Tun und sinn-volle Aufgabenstellung wirkt darüber hinaus wohl nur in dem Maße »lebensglückträchtig« und »lebensglückverheißungsvoll«,

- in dem die Aufgabenstellung relativ selbst-bestimmt erfolgen konnte. Wir alle haben in der Regel unsere Schwierigkeit damit, Aufgaben als besonders sinn-stiftend anzusehen, wenn diese fremdbestimmt auf uns zugekommen sind, fremdkontrolliert ablaufen sollen,

- in dem die Aufgabenstellung auch Chancen zu Erfolgserfahrungen bietet, die persönlich zugerechnet werden können, und

- in dem die Aufgabenstellung gegenwarts- und (am besten auch) zukunftsorientiert gewählt wird. Aufgabenstellungen, die nahezu ausschließlich darum kreisen, die eigene Vergangenheit in dem Sinne zu »bewältigen«, daß nicht wahrgenommene Lebenschancen oder rückblickend als Sackgassen empfundene Lebenswege nachträglich zwanghaft immer wieder »begründet«, »nachgeholt« oder »gerechtfertigt« werden müssen, können wohl nur in geringem Maße sinn-stiftend wirken. So wichtig und positiv ein »Hereinnehmen«, ein Nicht-Verdrängen, ein Reflektieren der eigenen Vergangenheit gerade im dritten Lebensalter ist, so wenig sinn-stiftenden Außenhalt kann eine Vergangenheits-»Bewältigung« entfalten, die nahezu ausschließlich und zwanghaft um vergangene, nicht mehr rückholbare Lebenschancen der eigenen Person kreist.[6]

Besonders sinnevident und einen Außenhalt bietend ist eine Aufgabe in der Regel wohl immer dann, wenn möglichst viele oder gar alle genannten Aspekte gleichzeitig angesprochen werden. Zum Beispiel: Eine junge Juristin gründet gemeinsam mit befreundeten Frauen eine neue amnesty-international-Gruppe und empfindet dies als äußerst sinnvolle Aufgabe, da sie dabei Menschen helfen kann, aus dem Kreis der ihr wichtigen Freundinnen Anerkennung und Bestätigung erfährt, gleichzeitig ihre juristischen Kenntnisse gefragt und gefordert sind – und sie dies als selbstgewählte und frei bestimmte Aufgabe ansehen kann.

Folgt man diesen Überlegungen, so könnte die »Formel« für »erfolgreiches« Leben und Altern zusammenfassend wie folgt formuliert werden: Glück und Sinnhaftigkeit des Lebens ergibt sich aus einer gelungenen selbstbestimmten Verschärfung (das heißt: Entwicklung, »Zuspitzung«) von möglichst sinnevidenten und sinnstiftenden Aufgabenstellungen außerhalb der eigenen Person (»Außenhalte«).

Der nachstehende Kasten faßt aus dem bisher Gesagten zusammen, welche Charakteristika solche Aufgabenstellungen aufweisen sollten, damit die »Arbeit« an ihnen möglichst sinn-stiftend wirken kann:

Eine persönliche Aufgabenstellung ist in der Regel besonders dann sinn-evident und wirkt insbesondere dann sinn-stiftend,

▷ wenn sie Verpflichtungen und Zwänge beinhaltet, deren »Bearbeitung« von der Person, die sich der Aufgabe verschrieben hat, als notwendig, herausfordernd und befriedigend erlebt wird,

▷ wenn sie von anderen Menschen anerkannt und/oder geteilt wird, wenn sie mit anderen Menschen verbindet,

▷ wenn bereits erworbene Kompetenz ohne stärkere Überforderung dabei in Anspruch genommen und/oder weiterentwickelt wird,

▷ wenn die Aufgabenstellung relativ selbstbestimmt und das Ausmaß an Aktivität relativ selbstgewählt erfolgen kann,

> ▷ wenn sie Erfolgserfahrungen bietet, die persönlich zugerechnet werden können,
>
> ▷ wenn sie im Schwerpunkt gegenwarts- und zukunftsorientiert gewählt und empfunden wird.

Bei dem, was bis hierher skizziert wurde, handelt es sich um ein theoretisches Modell. Es trifft relativ abstrakte Aussagen zu den Bedingungen eines »erfolgreichen«, weil sinn-vollen und lebensglückträchtigen Alterns. Wie alle »guten« Theorien ist dieses Modell jedoch keineswegs wirklichkeitsfremd oder etwa für das Alltagsleben irrelevant. Im Gegenteil: Das Modell benennt, begründet und erklärt nicht nur plausibel die Leitlinie eines erfolgreichen Alterns, es bringt zudem ziemlich genau das auf den Punkt, was wir an »Lehren« oder an Quintessenz den Gesprächen immer wieder entnehmen konnten – auf welchem der vier Alternspfade wir unsere Gesprächspartner auch immer angetroffen haben. Man könnte fast meinen, unsere »Pioniere« hätten dieses Modell gekannt, hätten ihr Leben und Altern nach diesem (mehr oder weniger) »geheimen Erfolgsrezept« eingerichtet – die einen mehr und konsequenter, die anderen weniger und eher in Teilen. Welche Schwerpunkte unsere Pioniere auf den verschiedenen Alternspfaden hierbei setzen, dies genau war Gegenstand der obigen Kapitel.

Führen wir uns nach den abstrakten Betrachtungen doch daher nochmals ein ganz typisches Beispiel vor Augen. Sie erinnern sich sicher an Frau T., deren Lebensgeschichte wir in Kap. 4 betrachtet haben: Die ehemalige Leiterin eines Kindererholungsheimes lebt nun in einem Wohnstift und hat dort für sich Aufgaben gesucht und gefunden, die in allen Punkten dem oben skizzierten »Anforderungsprofil« für sinn-stiftende Aufgaben entsprechen:

Wie ist das bei Frau T.? Unser oben skizziertes »Modell erfolgreichen Alterns« argumentiert ganz allgemein, eine Aufgabenstellung sei besonders dann sinnstiftend und lebensglückträchtig,

- wenn sie Verpflichtungen und Zwänge beinhaltet, deren »Bearbeitung« von der Person, die sich die Aufgabe gestellt hat, als notwendig, herausfordernd und befriedigend erlebt wird:

»Es sind bei uns natürlich auch viele, deren Geist nicht mehr so rege ist. Da habe ich eine Liste gemacht mit den Nummern der Appartements. Und die rufe ich dann mittwochs morgens alle an, alle 21, und sage, denken Sie dran, um vier Uhr ist Chorsingen. Die bedanken sich, es gibt natürlich auch welche, die sagen, das wissen wir doch, mein Gott, das brauchen Sie uns doch nicht immer sagen. Aber die kommen dann nicht, weil sie's doch vergessen haben. Und dann kommt auch die Heimleiterin zu mir und sagt, wenn Sie Frau X. sehen, sagen Sie ihr bitte, dann und dann kann der Chor nicht singen, da haben wir etwas anderes. Und da kann ich dann vermitteln, muß ich dann wieder absagen. Neulich hörte das unsere Gymnastiklehrerin, und da sagt sie, ich hab' gehört, sie rufen die Leute alle an, wir sind jetzt nur vier, sonst waren wir zwölf. Ich sage, ich weiß die zwölf, ich schreib' sie mir auf, rufe ich auch an.«

- wenn sie von anderen Menschen anerkannt und/ oder geteilt wird, wenn sie mit anderen Menschen verbindet:

»Ich wollte Kontakt mit den Leuten haben. Ich sitze sonst den ganzen Tag hier. Außer Telefonaten und so gehe ich wohl zum Essen runter, aber ich habe gerne Kontakt zu Leuten.«

- **wenn bereits (im mittleren Lebensabschnitt) erworbene Kompetenz ohne stärkere Überforderung dabei in Anspruch genommen und eventuell auch weiterentwickelt wird:**

»Und wissen Sie, wenn ich zum Beispiel anrufe zum Chor, dann heißt es, aber bitte nicht vor halb zehn, da trinke ich gerade Kaffee, oder, können Sie es wohl vor neun machen, weil ich um halb zehn mit dem Bus fahren will...

...haben Sie das alles aufgeschrieben, oder haben Sie das so gespeichert?

...das habe ich gespeichert. Die kommen manchmal zu mir und sagen, woher wissen Sie das? Es ist zum Beispiel auch sehr schön, wenn ich die Leute besuche, dann haben sie so das Gefühl, jetzt kannst du mal reden, du bist jetzt hier abgeschieden von deinen Leuten. Dann erzählen sie mir auch von ihren Krankheiten, von ihren Leiden und so oder von Angehörigen, die krank sind, was sie sehr belastet. Da kann ich dann nach ein paar Tagen mal sagen, haben Sie schon wieder Nachricht von Ihrer Tochter oder von Ihrem Schwiegersohn, wie geht es denen?...

...und das bringen Sie auch nicht durcheinander bei über 100 Menschen hier im Haus?

...nein, nein, das habe ich noch nie, nein...

...das haben Sie bei Ihren Kindern geübt...

...ja, das war ein gutes Training, ganz bestimmt, da sagt manch einer: Sagen Sie mal, daß Sie das noch wissen! Doch, Sie haben's mir erzählt, und das merk ich mir. Ja, ich bin auch sehr, sehr dankbar dafür, wirklich.«

- **wenn die Aufgabenstellung relativ selbstgewählt, wenn Form und Ausmaß der Aktivität relativ selbstbestimmt erfolgen können:**

»Ich hab' das dann übernommen, daß ich die Neuankömmlinge begrüßt habe. Dadurch bin ich gleich mit jedem in Kontakt gekommen. Ich hab' morgens, wenn sie in den Eßraum kamen, sie gleich mit Namen angesprochen. Und schon fühlten sie sich zu Hause und sagen heute noch immer, wir sind so froh, daß Sie damals gekommen sind und uns ein bißchen eingeführt haben.«

- **wenn sie Erfolgserfahrungen bietet, die persönlich zugerechnet werden können:**

»Ich habe zum Beispiel auch der Heimleiterin angeboten, daß ich Sterbehilfe mache. Das habe ich auch schon gemacht, natürlich nur tagsüber. Und ich habe gerade im Herbst eine Dame sechs Tage lang begleitet, auf ihrem letzten Weg. Sie merkte die letzten zwei Tage nichts mehr. Aber wenn ich bei ihr war und ihre Hand nahm, dann merkte ich, wenn ich mit ihr sprach, am Druck, daß sie merkte, es war jemand da...

So steh' ich morgens um sechs auf, um halb sieben muß ich die ersten zwei per Telefon wecken. Die eine hat einen Wecker, der ist so vornehm leis', den hört sie nicht. Die andere hat einen kaputten Wecker und sagt, wissen Sie, es ist viel einfacher, wenn Sie mich anrufen, dann brauche ich den nicht reparieren lassen. Und die andere möchte aber erst zehn vor sieben geweckt werden. Das mach' ich dann, ich sitz' dann sowieso hier. Und dadurch hab' ich viel Verbindungen mit allen. Es ist eine schöne Aufgabe, ich bin froh, daß ich das habe. ... Und so arbeite ich immer noch mit und freue mich, daß ich auch viel Anklang finde. Wir haben vor anderthalb Jahren jetzt wieder eine Wahl gehabt, und da hatten 100 gewählt, und ich habe 80 Stimmen bekommen. Das ist natürlich schön, das muntert einen auf, weiterzumachen.«

- **wenn sie im Schwerpunkt nicht vergangenheitsorientiert und -bewältigend, sondern gegenwarts- und zukunftsorientiert gewählt und empfunden wird:**

»Ich werde von vielen auch ›Mutter T.‹ genannt. Die sagen dann immer, das soll nicht abwertend sein, sondern anerkennend. Ich hab' z. B. ein Paar gehabt, da grüßte ich und nannte auch den Namen, und die sagten ›Guten Tag‹ und der Kopp ging weg. Und da hab' ich mir gedacht, die kriegst du. Und dann hab' ich sie auch im Fahrstuhl mal angesprochen. Ich sage, fühlen Sie sich nun wohl hier, nein, ich sage, das tut mir aber leid, also ich fühl' mich so wohl, na, ist Geschmackssache. Ich hab' sie weiter angesprochen. Heute kommt sie zu mir an den Tisch und sagt: Kann ich Sie mal was fragen? Ich sage, natürlich, dafür bin ich ja da. Also man kriegt die Leute, nicht...?«

Frau T. hat keine großen finanziellen Mittel zur Verfügung, sie ist durch die Folgen eines Schlaganfalls zudem gesundheitlich stark beeinträchtigt. Dennoch hat sie in dem Wohnstift, in dem sie lebt, sofort und von Anfang an Aufgaben für sich gefunden und ergriffen, in denen sie ihren Mitbewohnerinnen und Mitbewohnern helfen und hierzu die ihr persönlich zur Verfügung stehenden, im mittleren Lebensabschnitt erworbenen Fähigkeiten und Möglichkeiten einsetzen kann. Es sind keine »Beschäftigungen«, sondern Aufgaben, in deren Rahmen sie auch Pflichten übernommen hat – selbstgewählte und -gesetzte Pflichten zwar, aber das macht sie eher noch verpflichtender. Sie läßt sich durch diese Aufgaben und Verpflichtungen im Wohnstift herausfordern. Sie spürt deutlich, daß dieser selbstgesetzte »Außenhalt« sie immer wieder weitertreibt, sie aktiv und in Kontakte eingebunden hält, sie von der ständigen Betrachtung ihrer »Wehwehchen« abhält:

»...es ist eine schöne Aufgabe, ich bin froh, daß ich das habe... sinnlos ist es hier im Altersheim nicht, wenn Sie sich mal um einen anderen Menschen kümmern, dem es noch schlechter geht als Ihnen...«

7.2 Erfolgreiches« Altern:
Die Fortsetzung erfolgreichen« Lebens unter etwas veränderten Bedingungen

> *»Biologisch geht es mit uns bergab, während es sozusagen mit unserer Biographie bergauf geht. Wer sich also der Torschlußpanik hingibt, der vergißt, daß sich neue Tore öffnen, während sich die alten schließen – neue Tore und neue Möglichkeiten.«*[7]

Wir haben bislang die Möglichkeit von Sinngebung und Glück im menschlichen Leben ganz allgemein diskutiert. Welches sind nun aber die spezifischen Bedingungen für sinn-volle und lebensglückträchtige Pfade in den dritten Lebensabschnitt hinein? Welches sind die Bedingungen dafür, daß sich neue Tore und neue Möglichkeiten öffnen, auch und gerade dann, wenn es biologisch mit uns bergab geht? Fällt es Menschen in diesem dritten Lebensabschnitt nun besonders leicht oder besonders schwer, Lebenssinn und Lebensglück für sich zu »produzieren« und damit – gemäß unserem Modell – »erfolgreich« zu altern? Und: Lassen sich möglicherweise erschwerende oder erleichternde Faktoren dingfest machen und näher beschreiben? Um diesen Fragen nachzugehen, wollen wir im folgenden die oben genannten sechs Charakteristika einer sinnstifenden und lebensglückträchtigen Aufgabenstellung speziell unter den Aspekten des dritten Lebensabschnitts näher betrachten – und dies vor allem mit dem zusammenbringen, was unsere Gesprächspartnerinnen und Gesprächspartner uns dazu im einzelnen aus ihrem Leben berichtet haben.

Sich herausfordern, packen lassen und befriedigt fühlen durch Aufgaben, die auch Verpflichtungen und Zwänge beinhalten:

>»*Ich wollte noch etwas Sinnvolles tun und nicht plötzlich nur noch Fotos sortieren müssen. Hobbys füllen einen keine acht Stunden aus.*«[8]

»Eigentlich ein Horror« sei für ihn die Vorstellung eines dritten Lebensabschnitts, in dem es lediglich »Beschäftigungen« gibt, sagte uns **Herr G.** im Kapitel 6. Damit das Ganze sinnvoll und lebenswert sei, müßte da doch auch eine »Aufgabe« sein:

»*... ich hab' mich erschrocken über Kollegen, die ausgeschieden sind. Ich habe auch manche vorher gefragt, wenn du nun fertig bist, was willst du denn eigentlich machen? Und die Hauptantwort, die ich immer gekriegt hab', und das war für mich eigentlich ein Horror:* »*Ooch, ich hab' so viel zu tun. Also wenn ich nun nach Hause komm', ich muß die Wohnung machen, ich muß das Haus machen, und ich muß die Wände tapezieren, und der Garten wartet auf mich. Da sind so viele Dinge, die wollt' ich schon immer machen und bin nicht dazu gekommen.*‹ *Dann war meine Frage immer:* ›*Ja, natürlich, aber 'ne Wohnung tapezieren, Garten machen und so, das müssen wir doch alle. Das machen wir doch auch neben unserem Berufsleben, das ist doch ganz normal. Aber das ist doch keine Aufgabe. Eine Wohnung, wie lange willst du denn an 'ner Wohnung tapezieren? Wenn du dir viel Zeit nimmst, sechs Wochen. Dann bist du aber mindestens fertig, und du kannst doch nicht nach den sechs Wochen schon wieder anfangen, die Wohnung zu tapezieren. Und dein Garten, der ist doch auch irgendwann mal fertig? Und selbst wenn du dir 'ne Gartenbude baust und läßt dir ein halbes Jahr Zeit damit, irgendwann ist sie fertig. Dann steht sie da – ja, und dann?*‹«

Eine Aufgabenstellung, so haben wir oben gesagt, ist

insbesondere dann sinnvoll und lebensglückträchtig, wenn sie den einzelnen herausfordern und an einem von ihm als so »brennend« empfundenen Bedürfnis »packen« kann, daß es für sein persönliches Empfinden gar keine andere Möglichkeit gibt, als sich dieser Aufgabe mit allen ihren »eingebauten« Zwängen, allen sich »aus der Sache« ergebenden Notwendigkeiten und weiteren Entwicklungen dann auch zu stellen. Daß es sich bei einer Aufgabe um einen derart sinnstiftenden »Außenhalt« handelt (und nicht nur um eine »Beschäftigung zum Zeit-Totschlagen«), setzt voraus, daß sich aus dieser Aufgabe eben auch Verpflichtungen und Zwänge ergeben für die Person, die sie sich selbst gesetzt hat – und daß die Aufgabe die Person, die sich ihr verschrieben hat, sozusagen nicht allzu schnell »langweilt«, sondern neue Herausforderungen bereithält und zu weiteren Aufgaben führt.

Nun hängt es sicherlich sehr von der einzelnen Person und ihrer bisherigen Lebensgeschichte ab, welche Aufgaben für sie persönlich diesen Charakter entfalten. Eine derartige Aufgabenstellung kann »so, wie sie ist, aus dem Beruf mitgebracht« oder sie kann erst im dritten Lebensabschnitt so richtig entdeckt und ausgebaut werden. Sie kann wahrscheinlich auf allen und den unterschiedlichsten Tätigkeitsfeldern gefunden werden, die Menschen überhaupt bearbeiten können, wobei sich Aktivitäten wohl besonders anbieten, bei denen anderen Menschen geholfen werden kann oder z. B. Tiere versorgt werden.

»Auf der Suche« nach derartigen Aufgaben und Aktivitäten für den dritten Lebensabschnitt liegt es manchmal sehr nahe, sich (mit möglichst geringen, etwa gesundheitsbedingten Abstrichen) genau diejenigen Aufgaben zu stellen, die als packend, herausfordernd und befriedigend bereits im Beruf erlebt wurden. Wir haben derartige Lebenssituationen, die dann oft in den Alternspfad der »Weitermacher« münden, im Kapitel 3 bereits näher untersucht und haben dort **Herrn E.** kennengelernt, der die sinnstiftende Wirkungsweise derartiger Aufgabenstellungen sehr pointiert auf den Punkt bringt:

»*...das Schöne ist die Spannung. Daß man sagen kann, ich arbeite und ich vergnüge mich. Wobei ich beides für gleichwertige Dinge halte. Das Vergnügen ist nicht die Schlagsahne, die auf dem Kaffee schwimmt, sondern das sind wirklich diese zwei Pole. Und der eine Pol wäre weg, das Spannungsverhältnis wäre weg.*«

Herr E. ist Verleger, das »Machen« schöner und anspruchsvoller Bücher ist das Thema seines Lebens, wie er uns im Kapitel 3 eindringlich geschildert hat. Er konnte diesem Lebensthema intensiv nachgehen, seinen eigenen Verlag aufbauen – insofern ein sehr privilegierter Berufstätiger. Ihm konnte daher klarwerden, was ein abhängig Beschäftigter, der im Akkord Staubsauger montiert, kaum am eigenen Leibe erfahren wird: Auch Berufsarbeit kann eine Aufgabenstellung der oben skizzierten Art sein und damit sinnstiftende und lebensglückträchtige Wirkungen entfalten – Wirkungen, die reine »Beschäftigungen« oder jene »Vergnügungen« nicht aufweisen, die Herr E. zwar liebt und praktiziert, auf die er aber unter keinen Umständen allein und ausschließlich »angewiesen« sein möchte.

Ganz ähnliche Erfahrungen lassen sich durchaus auch außerhalb des Berufslebens machen. Eines seiner »Standbeine« für den dritten Lebensabschnitt, über die **Herr G.** bereits im Kapitel 6 berichtet hat, ist der Sport[9], praktisch wie auch theoretisch:

»*Das Sportstudium ... hat mich ... so gepackt und mich festgehalten, daß ich dabei geblieben bin. Im Moment eben zum Beispiel durch die sportmedizinischen Vorlesungen bei Prof. R., die ich auch weitermache. Regelrecht lerne ich jetzt die grundsätzlichen Zusammenhänge, was die körperlichen Organe und Herz-Kreislauf-System und Stoffwechselsysteme unter sportlicher Belastung, was da passiert im Körper. Ja, und das ist vielleicht bei mir wieder der kleine Perfektionist, wenn ich denn nun schon etwas mache, möchte ich auch gerne wissen, was passiert da wirklich. Und ich möchte es wirklich wissen, ich möchte kein dummes Zeug reden und mir nicht einbilden, das ist gut, sondern ich möchte wirklich wissen warum.«*

Da ist zunächst das immer schon vorhandene und auch gelebte Bedürfnis, sich sportlich zu bewegen. Aber dabei beläßt es Herr G. nicht, er könnte sich ja auch einer gemütlichen Trimm-Trab-Altherrenrunde mit anschließendem Umtrunk anschließen. Im Gegenteil: Er läßt sich von dieser selbstgestellten Aufgabe so packen und herausfordern, er will seine Aktivitäten auf diesem Gebiet so perfektionieren und über die Hintergründe Bescheid wissen, daß er sich intensiv begeistert den Zwängen »unterwirft«, die ein Sportstudium daraus dann eben macht: zum Beispiel Pulsfrequenzmessung, dokumentierende Buchführung und sportmedizinische Vorlesungen.

Es muß jedoch nicht immer gleich ein Universitätsstudium sein: Man kann sich, wie **Frau V.** es schildert, auch durch weniger zeitintensive Dinge herausfordern lassen, etwa indem

»*... man sich dann irgendwas ›raussucht‹ und das dann auch weiter vertieft. Ich hatte z. B. da bei diesem Vortrag – ›Freundschaften oder Machenschaften‹ war das Thema – und wie gesagt, sein Fazit war, daß es eben drei Punkte sind, die wichtig sind für 'ne Freundschaft: die Empfindsamkeit, die Langsamkeit und die Askese. Das ist auch so'n Wort, was bei uns so'n negativen Touch bekommen hat. Und dann traf ich zufällig die Leiterin vom Kommunalen Theater, die ich ewig nicht mehr gesehen hatte, und dann haben wir draußen geschwätzt, und dann sind wir weitergelaufen, und dann haben wir weitergeschwätzt bis Mitternacht. Und dann bin ich am Samstag zu ihr ins Theater, wir hatten jetzt in der Zwischenzeit über diese drei Begriffe soviel nachgedacht, sie hatte das in ihrer Theatergruppe dann wieder ein bißchen getestet. Und* *da denk' ich, es gibt so viele Möglichkeiten, wo man auch immer noch wieder ein Stückchen weiterkommt für sich selber, und das halte ich ja eigentlich fürs Wichtigste, daß man im Alter nicht irgendwann abstumpft oder so, sondern daß man lebendig bleibt.«*

Andere Ältere wiederum finden und stellen sich selbst herausfordernde und sinnstiftende Aufgaben, die darin bestehen, Mitmenschen zu helfen oder Tiere und Pflanzen zu versorgen. Wir sprachen etwa mit dem **Ehepaar H.**, das die zentrale Aufgabenstellung und Herausforderung des gemeinsamen Alternspfades darin sieht, die aus dem Verkauf des – im mittleren Lebensabschnitt aufgebauten – Industrieunternehmens gewonnenen und in eine Stiftung eingebrachten Mittel sowie seine Lebenserfahrungen in verbesserte, neuartige Wohn- und Betreuungsformen für ältere Menschen zu investieren:

»Die geistige Regsamkeit und die physische Verfassung sind ja grundsätzliche Voraussetzungen, um in der Lage zu sein, sich nicht nur mit sich selbst zu beschäftigen, sondern sich auch um das Wohl von anderen Leuten zu kümmern. Denn nur, wenn ich selbst frei von Hemmungen psychischer oder physischer Umstände bin, kann ich mich auch solchen Sachen widmen. Ich schreibe meine relativ gute Verfassung unter anderem dem Umstand zu, daß ich ständig Sport getrieben habe und mich vor allem vernünftig ernährte. Und ich möchte sagen, der zweite Grund meiner guten Verfassung ist, daß ich mich geistig ständig trainiert habe.« (Herr H., 95 Jahre, verheiratet, keine Kinder)

Wir finden auch hier wieder das oben skizzierte Muster: Frau und Herr H. müßten sich diese Aufgabe nicht stellen. Sie hätten wohl genügend Möglichkeiten, ihren Lebensabend irgendwo zwischen Kreuzfahrten und Opernabonnement »einfach nur zu genießen« – und sie tun dies sicherlich auch. Doch auf einem erfolgreichen, weil sinnvollen und lebensglück-trächtigen Alternspfad befinden sie sich letztlich erst dadurch, daß sie sich zusätzlich auch selbst eine Aufgabe stellen, deren Verpflichtungen und Zwänge sie immer wieder als herausfordernd und befriedigend erleben können.

Anderen Menschen helfen zu wollen, das gestaltet und formt auch das Leben der helfenden Person, indem man sich den Notwendigkeiten und Zwängen der Situation zu stellen hat, in der man helfen will und kann, und weil das eigene Leben in vielerlei Hinsicht (Gesundheit, Finanzen etc.) so zu führen ist, daß man zum Helfen überhaupt in der Lage ist. Genau das meint der Begriff vom »selbstbestimmten Außenhalt«: Es ist eine Aufgabe anzunehmen und aufzugreifen, irgendwo »dort draußen« in unserem Verflochten-Sein mit anderen Menschen, die dann, wenn wir sie uns selbst setzen und engagiert betreiben, auch unserem eigenen Leben Sinn gibt:

»... und da hat sich dann gleichzeitig eben gegeben, daß mein Mann dieses Haus hier gebaut hat. Ich hab' auch wiederum als Gastgeberin immer dabeigesessen, wenn der Kreis, der das geplant hat, beisammen war, so daß ich es mit wachsen sah. Bis ich dann eines Tages gesagt hab', wär doch 'ne Aufgabe, die wir eigentlich wahrnehmen könnten. Wir hatten gar keinen äußeren Anlaß, hierher zu gehen. Wir sind gesund, wir beide, mein Mann und ich. Wir haben drüben in K. gewohnt und haben da also unser Haus gehabt. Es gab von außen her eigentlich nichts, wo wir hätten sagen können, jetzt wird's nötig, in ein Altersheim zu gehen. Aber das wachsen zu sehen und das Bedürfnis zu haben, da möchte ich mich mit integrieren, da was entstehen lassen, nicht nur rein baulich, sondern nachher auch im Zusammenleben der Menschen. Ja, also einfach eine Lebensgemeinschaft im Alter – das ist ja der Untername unseres Hauses – die wird nicht von alleine, die kann nur werden, wenn viele Menschen etwas einbringen, und ich glaubte etwas zu haben, was ich einbringen könnte. Es ist mehr geworden, als ich ursprünglich vorhatte.« (Frau F.)

Auch das Versorgen von Tieren führte dazu, daß »man sich zwingt«: Man tut regelmäßig etwas für die Gesundheit und pflegt nachbarschaftliche Kontakte:

»...*ich geh' jetzt jeden Tag lange spazieren, einmal der Hunde wegen, aber zum anderen auch, weil ich das für wichtig halte. Und ich finde, durch das Rausgehen und durch das Bewegen kriegt man auch bessere Laune. Das ist ganz merkwürdig, wenn so'n schlechtes Wetter ist und man keine Lust hat und so'n bißchen dröselig ist, dann ist es das Beste, wenn man sich zwingt. Also für mich ist es selbstverständlich, daß ich einfach losziehe, Regenmantel an, und dann treffe ich auch so viele Leute. Das ist ja nicht nur, daß ich jetzt irgendwo rumrase, sondern als Hundebesitzer spricht man mit anderen Hundebesitzern – das ist ganz witzig... Ich bin fast zwei Stunden unterwegs, denn hab' ich bestimmt mit mehreren Leuten gesprochen, ganz gewiß, nicht nur mit Hundebesitzern, sondern man trifft sich und hallo, man grüßt sich und kriegt Kontakte auch durchs Rausgehen, und man fühlt sich wohl.*« (Frau Z.)

Das Element des »Anderen-Helfen« ist sicherlich kein neues, für den dritten Lebensabschnitt allein typisches Phänomen. Insbesondere weibliche Lebensverläufe werden im mittleren Lebensalter sehr stark durch dieses Element geprägt. Doch genau deswegen kommen viele Frauen im dritten Lebensabschnitt diesbezüglich in eine neue Situation: Sie wissen, was es heißt, zu helfen, für andere dazusein, und sie wissen, was es heißt, aus gesellschaftlichen Erwartungen heraus zum Helfen gezwungen zu werden. Daher können sie jetzt im dritten Lebensabschnitt, in dem früher eingegangene Hilfeverpflichtungen (Kinder, Ehemänner) sich allmählich verringern oder auslaufen, freier und selbstbestimmter neue Verpflichtungen eingehen, könenn dabei andere Schwerpunkte setzen und sich selber mehr zum »steuernden« Subjekt dieser Prozesse machen.

Wie immer dies aus feministischer Sicht auch bewertet

werden mag: Frauen haben im mittleren Lebensabschnitt in der Regel lernen müssen, ihrem eigenen Leben Sinn dadurch zu geben, daß sie für andere sorgen. Insbesondere Frauen können daher im dritten Lebensalter nach vielen, auch negativen Erfahrungen mit diesem Mechanismus »Sinn für das eigene Leben durch das Sorgen für andere« wissender und dosierter, das heißt ihren eigenen Bedürfnissen und ihren persönlichen Kompetenzen und Kräften entsprechender umgehen. Es ist beim »Sorgen für andere«, wenn es kompetent betrieben werden soll, ja zum einen die Rolle des Umsorgten zu definieren und einzugrenzen, und es ist zum anderen die Rolle des Sorgenden dabei nicht allzu klein zu schreiben. Beides muß gelernt werden, und beides können Frauen eher besser als Männer – und im dritten Lebensalter wahrscheinlich besser als im zweiten.

»Durch das Tun mit anderen wieder neue Kraft« zu bekommen, so faßt Frau D. die Wirkung sinnstiftender Aufgaben zusammen. In ihrem Fall handelt es sich dabei um vielfältige musische Aktivitäten, etwa die Initiierung und Leitung eines Orchesters für Ältere:

Was ist das, was Sie da vorantreibt, was den Sinn für Sie ausmacht bei dieser Tätigkeit?

»Den Sinn seh' ich darin, anderen durch die Musik einen Weg zu zeigen, ihnen zu helfen, wenn sie in der Gefahr sind, in ein Loch zu fallen, sie aufzumuntern, sie von Schmerzen – wenn auch nur vorübergehend – abzulenken.

Was bedeutet es für Sie selbst?

Das bringt mir ein großes Glücksgefühl. Denn all' dies strahlt ja positiv auf mich zurück, bringt mir neue Kraft, hält mich innerlich und äußerlich beweglich, ist wie Arznei für mich.«

Durch andere Menschen bestätigt werden, mit ihnen verbunden sein

»Der Kontakt mit anderen ist... eine wichtige Voraussetzung und Quelle der Sinngebung«[10]: Es gilt wohl für alle Altersgruppen und Lebensphasen gleichermaßen, daß Aufgaben in dem Maße an Sinnhaftigkeit gewinnen, in dem sie in einem Kreis von gleichgesinnten und für wichtig gehaltenen Personen angesiedelt sind, die sich gegenseitig unterstützen. Es ist auch naheliegend, daß dieser Zusammenhalt, dieses gegenseitige Sich-Unterstützen, für Menschen im dritten Lebensalter heute besondere Bedeutung gewinnt, weil bezüglich derjenigen Rollen und Lebensstile, die mit einem »erfolgreichen« Altern in Zusammenhang stehen, wenig Leitbilder und Erfahrungen vorliegen. Und dort, wo Neuland beschritten wird, wo unübersichtliches und unbekanntes Terrain erst noch zu erkunden ist, ist die Selbst-Sicherheit der Reisenden eher noch prekär. Um so wichtiger und um so bestärkender ist das Bestätigt- oder auch Korrigiert-Werden durch Mit-Reisende, durch Gleichgesinnte und Sympathisierende:

»...ich weiß, was ich nicht will: nämlich allein in meiner Wohnung sitzen und mich um keinen Menschen mehr kümmern. Ich will weiterhin Kontakt haben, ich will mich weiter über Gott und die Welt unterhalten können, damit ich mich auch nicht selber im Kreis drehe...

Mich interessieren einfach Menschen, ganz egal, in welcher Form. Deswegen erschien mir auch dieses Zusammenleben, dieses Zusammenwohnen faszinierend. Ich denk', wenn man zusammen wär', könnte man sich auch gegenseitig helfen. Auf der einen Seite vom Menschlichen, vom Kontakt her, und auf der anderen Seite auch vom Finanziellen her. Was mir so vorschwebt, wär' so etwas hier in der Stadt, so 'ne tolle Riesen-Altbauwohnung, mit vier oder meinetwegen auch fünf Frauen, wo man sich lange genug kennt, daß man weiß, mit denen könnte ich, die kommen mit meinen Mak-

ken klar und ich mit deren. Und jeder seinen Raum – heute ist es auch kein Problem, in jeden Raum eine Naßzelle zu installieren. Und 'ne gemeinsame Küche zu haben, da seh' ich bei fünf Frauen kein Problem. Bei Wohngemeinschaften so unseligen Angedenkens, da war ja immer die Küche das Problem. Bei fünf Frauen, die verheiratet waren, Kinder großgezogen haben, berufstätig waren, da seh' ich kein Problem in der Küche, daß man sich da irgendwie streitet um Schmutz oder so etwas. Daß man dann auch mal gemeinsam kochen kann, daß man sagen kann, und heute essen wir miteinander, man muß es nicht permanent machen, aber so hin und wieder. Jeder seinen Raum, und dann einen gemeinsamen Raum, wo man sich treffen kann, wenn einem nach Geselligkeit zumute ist. Nach Möglichkeit auch noch irgendwo 'ne Gelegenheit, wo man einen Gast schlafen lassen kann. Also das wär' eigentlich so das, was ich mir vorstelle.« (Frau V.)

Vor diesem Hintergrund und angesichts auch des bereits (in Kapitel 2) diskutierten Singularisierungsprozesses erklärt sich die Bedeutung etwa der Versuche Älterer, neue gemeinschaftliche Wohn- und Lebensformen (intra- oder intergenerationeller Art) zu begründen, seien es nun Wohngemeinschaften, politische Gruppen wie die Grauen Panther oder Altenselbsthilfegruppen der verschiedensten Art: Derartige Gemeinschaftsformen können einen stützenden, bekräftigenden Rahmen für die individuelle Lebensgestaltung bilden.

Eine neuartige gemeinschaftliche Wohnform Älterer und Jüngerer zu verwirklichen, in der man sich wechselseitig unterstützt, das ist die Aufgabenstellung, die sich das Ehepaar L. trotz der damit verbundenen Schwierigkeiten und Belastungen als wichtigste Herausforderung des gemeinsamen dritten Lebensabschnitts gestellt hat:

»Nein, die Gruppe hat vorher schon existiert. Wir kamen da irgendwann mal dazu, aber so arg viel war vorher nicht geschehen. Es war halt ein Treffen von interessierten Leuten – und hat

uns dann eigentlich diesen Gedanken nahegebracht, daß man im Gegensatz zu den sogenannten Wohngemeinschaften da doch vielleicht ein neues Modell entwickeln könnte, wie Leute unterschiedlichen Alters gemeinschaftlich wohnen. Also jeder für sich irgendwie in 'ner Wohnung, aber doch durch gemeinschaftliche Einrichtungen, Gemeinschaftsräume, durch gemeinschaftliche Interessen, durch gegenseitige Hilfe, durch gegenseitige Unterstützung usw. sich ein Wohnumfeld aufbauen, das viel besser ist, als wenn jeder bloß für sich irgendwo sitzt. Obwohl wir zugeben müssen, daß wir sicherlich noch viel lernen müssen, um in so einer Gemeinschaft auch wirklich positiv zu arbeiten. Das ist natürlich auch eine Übungssache. Wenn man bisher sozusagen alleine sein Leben bewältigt hat, natürlich im Kontakt mit Freunden und Bekannten – das ist ja was ganz anderes, wenn man zusammen mit anderen in einer doch etwas engeren Gemeinschaft lebt –, sind wir uns drüber klar, daß das noch viel Übung erfordert. Und wir wissen auch nicht, ob das bei uns klappt.« (Ehepaar L.)

Vorhandene Fähigkeiten ohne größere Überforderung einsetzen und (soweit möglich) weiterentwickeln

Genauso wichtig wie die selbstbestimmte Auswahl und Bewältigung von Aufgaben ist eine angemessene Aufgabenstellung – angemessen in bezug auf die im bisherigen Lebensverlauf erworbenen Kompetenzen des einzelnen, an die angeknüpft werden kann und sollte, angemessen aber auch in bezug auf die derzeit gegebenen Möglichkeiten etwa im gesundheitlichen Bereich, in dem Abbauprozesse berücksichtigt werden müssen.

Sehr konsequent und planvoll geht in beiden Aspekten etwa **Herr O.** seinen dritten Lebensabschnitt an, einer unserer »Anknüpfer«, dessen Geschichte bereits in Kapitel 4 erzählt wurde:

»Also es ist für mich vor allem das Umweltrecht eine ideale Verbindung von einem Betätigungsfeld meiner Überzeugung auf der einen Seite und dem Recht auf der anderen Seite, dem ich natürlich als Jurist verhaftet bin und das ich liebe. Vielleicht noch mehr als andere Juristen, würde ich sagen. Also nicht nur als Handwerk betrachtet. Und mit den Mitteln des Rechts die Umwelt schützen zu helfen, das find' ich 'ne ganz tolle Sache. Und nun das andere Bein, das Anliegen der Kirche mit allem, was dazugehört, wiederum mit dem Umweltgedanken zu verbinden, das ist auch etwas Packendes...

... aber ich halte das für gut, daß ich dann sowohl Unterrichtstätigkeit als auch dieses kirchliche Amt jedenfalls ab 70 Jahren nicht mehr machen möchte. Daß ich dann, wenn ich noch gesund bin, noch genügend privat zu tun hab', dann ist auch nicht Schluß. Dann ist die Möglichkeit oder die Wahrscheinlichkeit, na, ich sag's mal sehr grob, Schaden anzurichten, doch größer. Führerschein, das geht dann auch nicht mehr, mit 70 Jahren möchte ich nicht mehr fahren. Und in der Öffentlichkeit Schaden anrichten möchte ich nicht, ab 70 Jahren nicht mehr. Sondern dann wirklich nur noch im überschaubaren Kreis, wo es eigentlich kein Schaden ist.

Und das gilt für beide »Beine«, Lehrtätigkeit und Kirche...?

Ja, das gilt für beide Beine. Und auch für den Führerschein gleichzeitig, alles drei.«

Und wenn die beiden »Standbeine«, die ihn bisher erfolgreich in den dritten Lebensabschnitt hineingetragen haben, nicht mehr so ganz rüstig sind, dann hat Herr O. bereits Pläne für Aufgaben und Herausforderungen, die ihm dann aus heutiger Sicht als angemessen erscheinen:

»Wenn sich nicht das andere so ausgeweitet hätte, dann wäre das jetzt schon drangekommen. Aber das hab' ich fünf bis sechs Jahre noch zurückgestellt, das ist Familienarchiv, Familienforschung. Ich bin in der glücklichen Lage, daß ich fast ohne eigenes Zutun, durch verschiedene Vorfahren und Onkel hab' ich unheimlich Material... Wenn ich's gesund erlebe, dann freu' ich mich heute schon

darauf, wenn ich das noch schaffe, das aufzuarbeiten. Das füllt mich auch wirklich arbeits- und mengenmäßig 'ne ganze Zeit, glaub' ich, aus. Und dann wird die Arbeit auch nicht mehr so schnell gehen wie heute.« (Herr O.)

Abbau-, Verlust- und Krisenerfahrungen bilden einen normalen Bestandteil des Lebenslaufes älterer Menschen. Die Anpassung an Verlusterfahrungen stellt eine der wichtigsten Aufgaben des dritten Lebensabschnitts dar:

> »Altern in dem positiven Sinne des Reifens gelingt dort, wo die mannigfachen Enttäuschungen und Versagungen, welche das Leben dem Menschen in seinem Alter bringt, nicht zu einer Häufung von Ressentiments, von Aggression und Resignation führen, sondern wo aus dem Innewerden der vielen Begrenzungen des eigenen Vermögens die Kunst zum Auskosten der gegebenen Situation und dem, was sie bietet, entsteht. Sicher ist der Verlust mancher körperlicher Fähigkeiten mit zunehmendem Alter nicht abzustreiten; sicher bedeutet Älterwerden auch Konfrontation mit ›Verlusterfahrungen‹. Diesen Verlust gilt es zu verarbeiten, sie in den gesamten Lebensablauf einzuordnen, nach ihrem Sinn zu befragen. So kann manchem Verlust ein Gewinn seelisch-geistiger Reife, ein Gewinn tieferer Einsichten in Sinnzusammenhänge und daraus resultierend zunehmende Ausgeglichenheit und Gelassenheit sowie zunehmende soziale Kompetenz gegenüberstehen.«[11]

Und so muß auch die hier diskutierte Fähigkeit, sich selbst sinn-stiftende Aufgaben zu stellen, die den jeweils gegebenen Kompetenzen auch angemessen sind, in ständiger Konfrontation mit Verlusterfahrungen erprobt werden. Selbst **Frau S.**, der es mit ihren 87 Jahren gesundheitlich sehr schlecht geht, hat sich im Rahmen ihres Altenheimes ihr angemessene Aufgaben gesucht, die ihr, wie sie sagt, »innere Zufriedenheit« bereiten:

»... *man muß sich eben immer vor Augen stellen, daß man nicht so bleibt, wie man ist, daß das alles noch kommt, und mit dem muß man sich also abfinden. Da muß man sagen, ja, das kommt so, und da kannst du gar nix machen, und jetzt überleg' dir, was du da tun willst. Wie g'sagt also, des ging bei mir problemlos eigentlich, und – ich wußte ja schon, daß ich net z'haus bleiben kann, dann ist's gut, wenn man sich beizeiten mit dem befaßt, daß man ins Altenheim geht. Man muß sich geistig vorbereiten.«* (Frau S.)

Aufgaben selbstbestimmt wählen bzw. bearbeiten und das Ausmaß an Aktivität beeinflussen können

> *»Älter- und Altwerden als schwieriger Tatbestand kann zur Selbstaufgabe führen, wenn man nicht den Prozeß ... des Reifens als Selbst-Aufgabe begreift.«*[12]

Die Formel von der selbstbestimmten Verschärfung der Außenhalte stellt Menschen im Übergang vom zweiten zum dritten Lebensalter vor eine besondere Herausforderung. Denn da werden zwei einander entgegenstehende Seiten derselben Medaille sichtbar.

Einerseits ist dies zweifelsohne ein Lebensabschnitt, in dem eher fremdbestimmte Aufgabenstellungen, insbesondere die der Berufsausübung und der »Familienarbeit«, immer mehr wegfallen. Es ist ein Lebensabschnitt, in dem die Zwänge früher getroffener Lebensentscheidungen sich oft allmählich abschwächen, insbesondere etwa Entscheidungen im Bereich der Familie, der Partner-, aber auch der Berufswahl. In diesem Lebensabschnitt kann und muß man es sich leisten, die oben angesprochenen Fragen nach der Produktion des eigenen Lebenssinns und Lebensglücks, wenn auch nicht immer ganz bewußt, nach längerer Zeit wieder einmal und neu zu stellen. Insofern ist dies ein Lebensabschnitt, der deutlichere Anstöße und damit auch höhere Chancen und bessere Möglichkeiten für eine selbstbestimmte Auswahl neuer Aufgabenstellungen zumindest bereithält – unabhängig davon, ob und in welchem Maße sie im Einzelfall dann auch wahrgenommen, angenommen und genutzt werden.

Andererseits birgt dieser Lebensabschnitt die besondere Schwierigkeit, daß ein großer Teil des Lebens mit vielen der prägenden und langfristig wirkenden Entscheidungen und Entwicklungen schon »gelebt« ist. Nochmals ganz neu und ganz von vorne zu beginnen erscheint schwieriger und ist wohl auch schwieriger als möglicherweise noch in der Lebensmitte. Die noch zur Verfügung stehende Zeit und die Kräfte für Neues werden als begrenzt empfunden. Insofern scheint dieser Lebensabschnitt oft doch auch sehr enge Grenzen für eine selbstbestimmte Auswahl neuer Aufgabenstellungen zu setzen.

Bei der näheren Betrachtung beider Seiten wird jedoch deutlich: Aufgaben entfalten ihre sinnstiftende Wirkung zwar erst in dem Maße, in dem sie auch selbstbestimmt (als »Außenhalt«) ausgewählt und bewältigt werden – es brauchen jedoch weder »große«, d. h. bedeutungsvolle, noch sehr umfangreiche noch solche Aufgaben zu sein, die alle bisher verfolgten Lebenslinien abschneiden und in der Luft hängenlassen. Im Gegenteil: Es geht gerade um Aufgaben, bei denen das Ausmaß des eigenen Engagements selbst bestimmt werden kann.[13] Und es geht um Aufgaben, die an den bislang entwickelten Kenntnissen, Fähigkeiten und Fertigkeiten angemessen anknüpfen und – möglicherweise auch unter leichter Überforderung – zur Weiterentwicklung dieser Kompetenzen anregen.

Wichtig ist: Die Aufgaben müssen selbstbestimmt gewählt worden sein, und sie sollten in möglichst ausgeprägtem Maße auch selbstbestimmt anzupacken sein:

»*Trotz allem Eingespanntsein in diese verschiedenen Beine ist es doch mehr Freiheit. Also die genieß' ich doch bewußt. Auch nicht alles, was ich jetzt mache, macht mir Spaß. Aber der Anteil der Dinge, die mir Freude machen von meiner Tagesarbeit, ist doch jetzt erheblich größer.*« (Herr O.)

»*Ich hab' immer die Vorteile gesehen: Ich war gerne ein junges Mädchen, ich war gern Frau, ich war gern Mutter. Und dann hatte ich aber auch 'ne Phase, wo ich von Kindern mal ein paar Jahre am liebsten überhaupt nichts gehört und gesehen hätte. Und das Alter, das schwebte mir immer so vor, einfach diesen Freiraum zu haben, den man ja sonst nie hatte. Man hatte immer irgendwelche Pflichten, man mußte immer funktionieren in 'ner gewissen Weise, und da hat mich dieses Freiraum-Haben fasziniert. Ich hab' mein Leben lang Magengeschwüre gehabt, immer durch irgendwelche Sachen. Jetzt ist das erste Mal, daß ich keine habe, weil ich wirklich nichts mehr muß, was ich nicht will. Und deswegen hat mich das Alter eigentlich nie geschreckt.*« (Frau V.)

Ob man nun nachberufliche Studien- oder Ausbildungsgänge belegt, ob man sich in Seniorenbeiräten engagiert, eine Altenselbsthilfegruppe gründet oder versucht, eine Wohngemeinschaft von Jungen und Alten auf den Weg zu bringen – das Kriterium des »selbstbestimmt wählen und bearbeiten könnens« ist wohl bei allen diesen Aufgaben ein gutes Stück eingelöst und zeichnet sie damit als besonders lebensglückverheißungsvoll aus.

Erfolgserfahrungen machen können

Aufgaben sind wohl nur dann sinnstiftend, wenn sie so gewählt werden, daß sie bei allen zu erwartenden Rückschlägen und Problemen auch Erfolgserlebnisse bereithalten, die nicht zufällig anfallen, sondern die die Person sich selbst und ihren Bemühungen zumindest zum Teil zurechnen kann.

Ob er mit seiner verlegerischen Arbeit auch dann Erfolgserfahrungen wird verbuchen können, wenn er damit über die normale »Pensionierungsgrenze« hinaus »weitermacht« und dabei in Konkurrenz zu jüngeren Kollegen treten muß, das hat sich Herr E. natürlich schon auch gefragt. Daß dennoch die Möglichkeit, auch weiterhin Erfolgserlebnisse haben zu können, eine zentrale Triebfeder für ihn war, auf dieser Lebenslinie »weiterzumachen«, haben wir uns (in Kapitel 3) bereits ausführlich vor Augen geführt. Insofern ist es für ihn ganz selbstverständlich, daß es auch im dritten Lebensabschnitt fundamental wichtig ist, sich Aufgaben zu stellen, in denen Erfolgserlebnisse auch tatsächlich möglich sind:

»Da hab' ich mir immer gesagt, das kannst du nicht mithalten. Dann kam natürlich auch der Ehrgeiz. In der Zwischenzeit hat sich herausgestellt, daß ich da ganz gut mitkomme, und es ist ein sehr, sehr schönes Verhältnis. Ich lerne von meinem Kollegen dauernd wieder, und wir verstehen uns sehr, sehr gut. ...Also ich glaube, nein, ich bin sicher, ich habe das Klügste gemacht, was ich machen konnte, daß ich eigentlich mit Leuten zu tun habe, die von meiner noch vorhandenen Vitalität profitieren und ich sozusagen von deren, plus der Intelligenz, die da auf mich zukommt.« (Herr E.)

Nun könnte man denken, daß die Berufstätigkeit, insbesondere auch die eines Selbständigen, Erfolgserlebnisse noch eher und noch zahlreicher bereithält, als dies Tätigkeiten und Aufgaben des dritten Lebensabschnitts bieten können. Weit gefehlt: Wenn man sich freizumachen vermag von den gesellschaftlich gesetzten Leistungs- und Erfolgsformen und wenn man Erfolge mehr dort zu suchen vermag, wo sie von den eigenen persönlichen Kompetenzen her auch tatsächlich (noch) möglich sind, dann eröffnet, wie oben bereits dargelegt, gerade der dritte Lebensabschnitt oft sehr viel stärker als Berufs- oder Familienarbeit Möglichkeiten zum selbstbestimmten Setzen von Aufgaben, die eben der persönlichen Situation angemessen sind – und damit öffnen sich auch Räume für Erfolgserlebnisse.

Und diese Räume sind dann eben nicht nur im »Weitermachen« des Berufs wie oben im Fall von Herrn E. zu finden, sondern weit darüber hinaus, praktisch überall dort, wo man sie sich sucht. Dies wird etwa deutlich am Beispiel von Frau F., die Schneider- und Nähkurse in einer Altenwohnanlage veranstaltet. Sie betont dieses Prinzip, daß Aufgaben im dritten Lebensabschnitt in vielfältiger Weise so gewählt werden müssen und können, daß sich dabei immer wieder zumindest kleine Erfolgserlebnisse einstellen, sowohl für die Teilnehmerinnen dieser Kurse wie auch für sich selbst:

»Ich meine, es ist schon sehr wichtig, daß man immer wieder die Erlebnisse hat, ich kann noch was leisten, ich bring' noch was zustande. Und das ist im Grunde genommen ja auch das, warum wir die Schneiderei machen. Es geht ja gar nicht darum, daß die Leute Kleidle bräuchten, nein, sondern wir versuchen ganz intensiv kreative Erlebnisse zu haben, Erfolgserlebnisse zu haben, wenn wir schöne Stoffe zusammenstellen, gestalten. Wenn Sie mal 'ne Bluse genäht haben und passiert ist, daß der rechte Ärmel im linken Armloch drinsitzt, dann ist das eben sehr frustrierend. Wenn man dann beim nächstenmal sieht, ich kann's ja doch auch richtig, das ist ein schönes Gefühl. Und diese Art von Erfolgserlebnis, die sollte man so weit fördern, wie's nur irgend geht – die werden immer kleiner und immer kleiner. Das ist ja auch das, was ich versuche aufzubauen in meiner Methode. Und wenn's nur das Erlebnis ist, ich hab' doch

noch mal'n Faden durchs Öhr durchgekriegt, winzig, aber das ist ein Erlebnis.

Das ist eben die Aufgabe eines Therapeuten, oder wie wir das auch immer nennen wollen, das so stark vorzubereiten, daß die Anforderung Stückchen für Stückchen reduziert wird, so wie der alte Mensch abbaut. Ich erleb' das jetzt in diesem einen Jahr schon, was vor 'nem Jahr noch gegangen ist bei manchen, geht jetzt nach 'nem Jahr schon nicht mehr. Dann darf ich um Gottes willen nicht auf die Idee kommen, zu sagen, na ja, jetzt geht's halt nimmer, auf Wiedersehen. Nein, sondern jetzt 'ne neue Situation schaffen, daß immer noch wieder, wenn auch auf kleinerer Ebene, das Erfolgserlebnis eintritt, das ist unheimlich wichtig.

Natürlich, das Nähen ist das wenigste – die motorische Tätigkeit ist auch wichtig. Aber was ich vor allen Dingen immer sehr stark betone: Es gibt, glaub' ich, kaum ein Handwerk, das so stark aufs Gehirn und auf die Vorstellungskraft geht wie das Schneidern. Was man da alles beachten muß und sich vorstellen muß – es wird ja immer von innen nach außen gearbeitet, das Verstürzen – das ist eine Gehirnarbeit größter Sorte. Je nach den Fähigkeiten, wer das noch wie kann, wird das natürlich auch von mir ständig gefordert, weil ich meine, es wär' unheimlich wichtig, daß das lebendig bleibt. So ist mir das Therapeutische schon das Hauptanliegen.« (Frau F.)

Auch in der Gegenwart und auf die Zukunft hin leben

Die persönliche Entwicklung, die zurückliegenden Lebensabschnitte zu reflektieren und vor sich und anderen nicht vergessen machen zu wollen ist sicherlich eine wichtige Aufgabe im Altern. Zugleich jedoch ist es wohl naheliegend, daß gerade Menschen »... mit Erwartungen, Hoffnungen und Plänen das Leben auch bejahen. Sinn entsteht nur im Zusammenhang mit einer bestimmten Perspektive«.[14] Pläne, Ziele, eine Perspektive in die Zukunft hinein zu haben, das wird naturgemäß für ältere Menschen immer schwieriger. Um so wichtiger wird es, in kritischer Vertrautheit und Akzeptanz der eigenen Biographie und ihrer Umstände sich selbst auch eine Aufgabe in der Gegenwart zu geben und sich dabei zugleich einen Blick in die Zukunft hinein offenzuhalten.

Da ist zum Beispiel **Frau A.**, die es sich als eine der selbstgesetzten Aufgaben ihres dritten Lebensabschnitts vorgenommen hat, dabei mitzuhelfen, die Freizeit- und Kulturangebote für Ältere in ihrer Stadt auf eine neue Schiene zu setzen. Sie hofft nicht ohne Berechtigung, daß ihr Engagement auch Wirkungen in die Zukunft hinein haben wird:

»*Eine Idee provoziert oft neue Ideen. Daß man nicht jetzt ein breit gefächertes, möglichst endgültiges und perfektes Altenprogramm vorgibt, sondern freie Angebote – und dann die Älteren einfach mal machen läßt. Wir sehen ja wirklich bei uns in der Gruppe, daß oft eine Idee immer wieder auch neue Ideen gebiert. Und ich frage mich, ob viele Menschen, die älter werden, diesen Konsumzwang, dem ja heute viele verfallen sind, im Alter wirklich weiter mitmachen wollen. Oder ob die Chance da ist, Alter auch anders zu leben. Denn das kann man nicht ausschließlich mit Konsum. Das muß man wirklich auch mal fern von Konsum und fern von irgendwelchen fertigen Angeboten oder Programmen machen, einfach selbst in die Hand nehmen und mal anfangen.*«

Auch mehrere andere Pioniere, mit denen wir gesprochen haben, gewinnen den Sinn ihres Engagements etwa für ihr Mäzenatentum in der Altenhilfe (Ehepaar H.), für ein Wohngemeinschafts-Projekt (Ehepaar L., Frau V.) oder für ein Orchester (nicht nur) von Älteren (Frau D.) sehr stark daraus, daß sie Entwicklungen in Gang bringen, die unter Umständen nicht mehr ihnen selbst, sondern erst, wie sie sagen, der »nächsten Generation« Älterer zugute kommen werden:

»... es ist doch eigentlich ein Wahnsinn, auf allen Gebieten gibt's eine ständige Weiterentwicklung, eine Verbesserung, in der Technik – wenn ich bloß an meinen Beruf denk', was sich da alles in den letzten 30 Jahren bewegt hat. Auf allen Sektoren wird was verändert und werden Änderungen auch akzeptiert und angenommen. Und auf diesem Sektor, da macht man weiter wie vor 100 Jahren, und keiner ist in Gedanken bereit zu sagen, hier kann man doch was verändern. Die sagen, das klappt ja doch nicht. Ich geb' natürlich zu, daß es einfacher ist, 'ne neue Maschine zu erfinden als so was durchzuziehen. Aber das heißt doch nicht, daß so was nicht geht. ...Vielleicht ist das die Pionierarbeit, wenn wir wenigstens einen Grundstein legen können. Vielleicht kommen wir nimmer in den Genuß davon, aber vielleicht wird da dran weiter gearbeitet.« (Herr L.)

»... es hat kürzlich mal eine gesagt, vielleicht machen wir das auch erst für die nächste Generation. Da hab' ich gedacht, und wenn, ist es auch nicht schlimm. Wenn man überhaupt mal solche Ideen auf den Weg bringt...« (Frau V.)

In diesem Sinne tragen sicherlich auch Aufgaben dann zur Sinnstiftung bei, wenn sie mit der vorausschauenden und vorbereitenden Absicherung von Problemlagen, die mit dem eigenen Älter- und Hinfälliger-Werden auftreten können, zu tun haben. Sich zum Beispiel rechtzeitig, aktiv und planvoll um die Übersiedelung in eine geeignete und »zukunftssichernde« Wohnform zu kümmern, sei es eine Wohngemeinschaft oder ein Altenwohnstift, ist schon für sich allein sinn-evident und kann dabei zugleich die Basis für weitere sinnstiftende Aufgaben schaffen.

Anmerkungen

1 Frau P. ist eine Frau, die in einer anderen Studie so zitiert wird, und zwar in: Andreas Kruse u. a.: Konflikt- und Belastungssituationen in stationären Einrichtungen der Altenhilfe und Möglichkeiten ihrer Bewältigung. Studie im Auftrag des Bundesministeriums für Familie und Senioren. Stuttgart: Kohlhammer 1992, S. 108.
2 Diskussionsbeitrag Hermann Lübbe, »Nur der Wandel bringt Erfolg«, DIE ZEIT, Nr. 27, 28.6.1991, S. 49.
3 Diskussionsbeitrag Hermann Lübbe, »Nur der Wandel bringt Erfolg«, DIE ZEIT, Nr. 27, 28.6.1991, S. 49.
4 Das Buch, aus dem dieses Zitat stammt, ist außerorentlich gut geschrieben, hochinteressant und kann zur vertiefenden Lektüre nur dringend empfohlen werden: Mihaly Csikszentmihalyi: Flow. Das Geheimnis des Glücks. Stuttgart: Klett-Cotta 1992, S. 274.
5 Mihaly Csikszentmihalyi: Flow. Das Geheimnis des Glücks. Stuttgart: Klett-Cotta 1992, S. 283–284.
6 »Eine Verarbeitung früherer Geschehnisse und Konflikte kann den noch vor einem liegenden Jahren einen positiven Sinn verleihen. Eine Vereinnahmung durch die Vergangenheit läßt auf eine unzureichende Vergangenheit schließen, oder sie kann auch ein Indiz dafür sein, daß man dem heutigen Dasein nicht genügend Sinn zu verleihen vermag.« (Henk Nies/Joep Munnichs: Sinngebung und Altern. Berlin: Deutsches Zentrum für Altersfragen, Beiträge zur Gerontologie und Altenarbeit Band 66, 1992, S. 56.)
7 Viktor E. Frankl: Der Mensch vor der Frage nach dem Sinn. München: Piper 1989 (7. Aufl.), S. 103.
8 Ein ca. 60jähriger Techniker, der sich nach dem Schock seiner Frühpensionierung zu einem »Diakonischen Jahr ab 60« verpflichtet hat. Zitiert nach: Stuttgarter Zeitung Nr. 291 vom 17.12.1993, S. 13.
9 Weiterführende Informationen z. B. in: W. Brehm: Kompetent altern mit Sport. In: Zeitschrift für Gerontologie Jg. 20, 1987, S. 336–344.
10 Henk Nies/Joep Munnichs: Sinngebung und Altern. Berlin: Deutsches Zentrum für Altersfragen. Beiträge zur Gerontologie und Altenarbeit Band 66, 1992, S. 16.
11 Hans Thomae: Altern als mehrdimensionaler Prozeß. In: Altern

als Chance und Herausforderung. Bericht der Kommission »Altern als Chance und Herausforderung« erstellt im Auftrag der Landesregierung von Baden-Württemberg. Stuttgart 1988, S. 12.
12 Hermann Glaser/Thomas Röbke (Hrsg.): Dem Alter einen Sinn geben. Wie Senioren kulturell aktiv sein können. Beiträge, Beispiele, Adressen. Heidelberg: Hüthig 1992, S. 11.
13 So stellt etwa Rosenmayr fest, »...daß jene alten Menschen am zufriedensten sind, die das Ausmaß ihrer Aktivitäten und Interaktionen frei wählen und selbst bestimmen können.« (L. Rosenmayr: Schwerpunkte der Soziologie des Alters [Gerosoziologie]. In: Handbuch der empirischen Sozialforschung. Band 7: Familie, Alter. Stuttgart 1976, S. 360.)
14 Henk Nies/Joep Munnichs: Sinngebung und Altern. Berlin: Deutsches Zentrum für Altersfragen, Beiträge zur Gerontologie und Altenarbeit, Band 66, 1992, S. 56.

8. Was uns die Pioniere mit auf den Weg geben

Zum einen:
Erfolgreich altern heißt, das Altern unter sinnstiftende Aufgaben zu stellen

Wir haben gesehen, daß erfolgreiches Altern auf mehreren Wegen (»Pfaden«) und auch dort wieder in vielerlei persönlichen Varianten geschehen kann. Wir sind aber andererseits – zusammengefaßt im Kapitel 7 – auch immer wieder auf den gemeinsamen Kern aller dieser Alternspfade und ihrer Varianten gestoßen: ein sinnvolles und erfolgreiches Altern ist ein Altern mit und an Aufgaben,

- die herausfordernd und packend sind, aber auch Verpflichtungen enthalten,

- durch die man mit anderen Menschen verbunden ist und dabei (neben den unausweichlichen Belastungen) auch Bestätigung erfährt,

- bei denen man vorhandene Fähigkeiten ohne größere Überforderung einsetzen und (soweit wie möglich) weiterentwickeln kann,

- die selbstbestimmt gewählt und möglichst selbstbestimmt zu bearbeiten sind und bei denen das Ausmaß des eigenen Engagements beeinflußbar ist und bleibt,

- bei denen man (wenn auch kleine) Ergebnisse sieht und Erfolgserfahrungen machen kann,

- die die Gegenwart ausfüllen und zugleich ein wenig auch auf die Zukunft orientiert sind.

Vor diesem Hintergrund ist aus den Erzählungen unserer Pioniere vor allem ein Schluß zu ziehen:

Alle, die sich auf der Reise in oder durch den dritten Lebensabschnitt befinden, tun gut daran, in ihrem Leben und im Rahmen ihrer persönlichen Möglichkeiten nach Aufgaben zu suchen, die den genannten (und im Kapitel 7 ausführlicher geschilderten) Charakteristika in möglichst vielen Punkten möglichst weitgehend entsprechen.

Wie vielfältig die Möglichkeiten gerade im dritten Lebensabschnitt hierfür sind, konnten die biographischen Erzählungen unserer Pioniere nur andeuten. Jede Leserin, jeder Leser findet für sich selbst sicherlich eine ganz andere, persönlich angepaßte Aufgabe, unter die die Reise durch das dritte Lebensalter sinnvoll und lebensglückspendend gestellt werden kann. Wir hoffen, daß dieses Buch nicht das verbreitete Mißverständnis gemehrt hat, daß man um so erfolgreicher altert, je größer die Fülle an Aufgaben und Aktivitäten ist, die man sich zumutet. Es geht vielmehr darum, für sich selbst einige wenige maßgeschneiderte Aufgaben (oder nur eine einzige) zu finden, die in der Qualität den oben (und im Kapitel 7) skizzierten Anforderungen möglichst nahekommen.

Als ein sehr gutes Beispiel hierfür zitiert etwa der Altersforscher Paul B. Baltes die Geschichte eines Hochschullehrers, der nach seinem Abschied von der Universität mit siebzig noch einen kleinen Hof bestellte, mit achtzig eine kleine Wiese bearbeitete, mit neunzig einen kleinen Garten pflegte und mit hundert allein noch ein Blumenfenster zum Handlungszentrum seines Lebens machte.[1]

In der Regel werden gesundheitliche Beeinträchtigungen dazu zwingen, die selbstgestellten Aufgaben den eigenen Möglichkeiten immer wieder anzupassen. Dabei sollte jedoch nicht übersehen werden, was die amerikanische Alternsforscherin Cecilia Hurwich als überraschendstes Ergebnis ihrer Langzeitbeoachtung mit 22 Frauen bezeichnet:

> »Ich war davon überzeugt, daß man das Leben im Alter nur genießen kann, wenn man kerngesund ist. Aber das stimmt nicht. Die Frauen in meiner Studie haben Krebs, sie leiden an Arthritis, hören schlecht und sehen nicht mehr besonders gut. Das einzige, was zählt, ist ihre Einstellung zum Leben: Sie sind optimistisch. Sie haben keine Angst vorm Älterwerden.«

Eine entscheidende Voraussetzung für diesen Optimismus war,

> »...daß sie alle etwas hatten, das sie mit großer Leidenschaft verfolgten – ihren Beruf, eine Freundschaft oder ein Hobby.«[2]

Wir sind davon überzeugt, daß jeder, der sich bewußt, nachdenklich und mit offenen Augen auf die Reise in den dritten Lebensabschnitt begibt, derartig sinn- und lebensglückstiftende Aufgaben bei sich finden und weiterentwickeln kann – worin auch immer sie bestehen und wie ungünstig oder einschränkend die eigenen Lebensumstände auf den ersten Blick auch erscheinen mögen.

Zum anderen:
Man kann kaum früh genug damit anfangen, erfolgreich zu altern

Die Fähigkeit, für sich selbst Aufgaben zu finden und dann auch zu verfolgen, die die oben (und im Kapitel 7) diskutierten Charakteristika aufweisen und daher Lebenssinn und Lebensglück stiften können, ist wohl keinem Menschen bereits in die Wiege gelegt. Wie die meisten unserer Kenntnisse, Fähigkeiten und Fertigkeiten muß auch diese zentrale Lebens-Kompetenz erst mühsam erworben, gelernt, entwickelt werden. Sie ist nicht kurzfristig zu erlernen, sie ist nicht etwa in einem viermonatigen Kurs trainierbar. Wir müssen und können sie gerade im dritten Lebensalter wieder erproben, verstärkt anwenden und weiterentwickeln – aber wir tun gut daran, im zweiten Lebensalter dafür bereits das Fundament gelegt zu haben.

Insbesondere Pädagogen betonen,

»...daß die vielfältigen Probleme menschlicher Lebensführung... immer nur zum Teil durch Sofortprogramme angegangen werden können. ...Für Übergänge aus dem Berufsstand in eine wie man das gerne (freilich etwas euphorisierend) nennt: sinnerfüllte Freizeit zeigt sich die gleiche Problemstruktur. Neue Interessen lassen sich nicht erst dann ausbilden, wenn ihre Vielseitigkeit und Antriebskraft bereits gebraucht wird: Ein ›Hobby‹ als ein neuer Interessenfokus läßt sich nicht erst dann ausbauen, wenn der Pensionsschock bereits einsetzt. Kontinuierliche Übergänge brauchen vielmehr rechtzeitige Interessenverzweigungen. ...Wir finden folglich für die meisten Probleme des alternden Menschen eine sich immer deutlicher zeigende gleiche Problemlage: Langfristige Vorbereitung ist die sicherste Hilfe.«[3]

Das beste Fundament eines erfolgreichen dritten Lebensabschnitts ist ein erfolgreicher zweiter. Oder: Die beste langfristige Vorbereitung darauf, daß man seinen dritten Lebensabschnitt unter sinnvolle Aufgaben zu stellen vermag, ist das »Einüben« des Sich-selbst-Setzens derartiger Aufgaben bereits im mittleren Lebensabschnitt:

> »Leben im Alter ist *nicht planbar* im engeren Sinne des Begriffs ›Planung‹. Es ist jedoch für viele Themenbereiche *vorbereitbar* in dem Sinne, daß eine ›Bereitung‹ durch Information, durch Reflexion persönlicher Erfahrungen, Ziele und Motive und durch die Aufnahme neuer Verhaltensstrategien möglich ist.«[4]

Zu vermeiden ist in diesem Sinne etwa die allzu einseitige bzw. ausschließliche Ausrichtung der Lebensführung und Lebenskräfte auf die Familien- oder Berufsarbeit – und dies insbesondere dann, wenn die Aufgaben, die sich dort stellen, kaum den oben skizzierten Anforderungen entsprechen, die an sinn- und lebensglückstiftende Aufgaben zu richten sind. Neben der im mittleren Lebensabschnitt notwendigerweise im Mittelpunkt stehenden Familien- oder Berufsarbeit sollte gerade in dieser Lebensphase auch Raum für eine Interessenverzweigung bleiben – selbst dann, wenn Familien- bzw. Berufsarbeit dem einschränkend entgegensteht: »Nicht Schmalspur durchs Leben gehen«, wie dies eine unserer Pionierinnen formulierte. Wichtig ist, daß frühzeitig, d. h. bereits begleitend zur Berufstätigkeit oder Familienarbeit, Interessen, Aktivitäten, Fähigkeiten und Kontakte nicht verschüttet und an den Rand gedrängt, sondern gepflegt und entwickelt werden, an denen im dritten Lebensabschnitt angeknüpft werden kann: »Standbeine entwickeln« nannte dies Herr O. in Kapitel 4.

Dieses möglichst frühzeitige und auch bewußt betriebene Überlegen und Entwickeln von Standbeinen für den dritten Lebensabschnitt drängt sich als eine »Lehre« und Quintessenz aus unseren Gesprächen mit »erfolgreich Alternden« einfach auf. Es geht darum, bereits im mittleren Lebensabschnitt neben der dominierenden Tätigkeit – sei es nun Berufs- oder Familienarbeit – weitere Tätigkeitsfelder und Interessen (und sei es nur nebenbei und in kleinen Schritten) zu entwickeln, denen man sich – entsprechend den oben genannten Charakteristika – selbstbestimmt und aus eigenem Interesse, aus unmittelbarer Neugier oder aus einem immer schon vorhandenen, wenig befriedigten Bedürfnis heraus widmet, die man auch als sinnvoll empfindet, auf denen man gerne Neues kennenlernen und sich vervollkommnen möchte – was auch immer diese Tätigkeitsfelder im Einzelfall sind.

Anmerkungen

1 Zitiert nach einem Bericht von Wolfgang Borgmann in der Stuttgarter Zeitung Nr. 47 v. 26. 2. 1994, S. 56.
2 Zitiert nach dem Artikel »Keine Angst vor dem Älterwerden«. In: Stuttgarter Zeitung v. 1. 2. 1993.
3 Erich E. Geißler: Altern – pädagogische Aspekte. In: Altern als Chance und Herausforderung. Bericht der Kommission »Altern als Chance und Herausforderung« erstellt im Auftrag der Landesregierung von Baden-Württemberg. Stuttgart 1988, S. 134f.
4 Reinhard Schmitz-Scherzer: Vorbereitung auf das Alter. In: Wolf D. Oswald u. a. (Hrsg.): Gerontologie. Medizinische, psychologische und sozialwissenschaftliche Grundbegriffe. Stuttgart u. a.: Kohlhammer 1991, S. 640.

Quellennachweis

Aus folgenen Werken bzw. Artikeln wurde mit freundlicher Genehmigung der genannten Verlage, Autoren bzw. Zeitungsredaktionen zitiert:

Mihaly Csikszentmihalyi, Flow. Das Geheimnis des Glücks. Aus dem Amerik. von Annette Charpentier. © 1990 by Mihaly Csikszentmihalyi. Klett-Cotta, Stuttgart, 2. Aufl. 1992

Hermann Lübbe, Diskussionsbeitrag »Nur der Wandel bringt Erfolg«, Die Zeit/Nr. 27, 28.6.1991, Hamburg

Hans Peter Tews, Altersbilder. Über Wandel und Beeinflussung von Vorstellungen vom und Einstellungen zum Alter, in: Forum, Heft Nr. 16/1991, Kuratorium Deutsche Altershilfe, Köln

Auf Phantasiereisen Energie tanken:

Jeder Mensch wünscht sich eine harmonische Zukunft und Lebenserfolg. Das Kassettenprogramm von Bernhard Geue hilft dabei, starke Kräfte für die persönliche Weiterentwicklung freizusetzen. Doch die einzelnen Phantasiereisen führen noch weiter. Denn sie wirken wie »Hörspiele für die Seele«, ganz in der Tradition der alten Märchen und Mythen. Beim Zuhören können innere Blockaden und alte Widerstände überwunden, aber auch neue Kräfte geweckt und vorhandene Reserven belebt werden – um danach die eigenen Lebensziele mit wachem Selbstvertrauen und gebündelter Energie neu gestärkt zu verwirklichen.

> Bernhard Geue
> **Phantasiereisen**
> Entspannen – erholen –
> neue Kräfte schöpfen
> 2 Ton-Kassetten in Duo-Box

Positives für jeden Tag:

Für jeden Tag des Jahres das Zitat eines Dichters oder Philosophen und ein Bibelwort mit besonderen Seiten für die christlichen Festtage: In diesem immerwährenden Kalender sind wahrhaft humane und christliche Gedanken zu einer Sprache vereint, die jedem zugänglich ist.

> **Sonnentage**
> Ein Begleiter durch das Jahr
> Herausgegeben von Ilse und Jobst Conrad
> Neugestaltete Ausgabe des Titels
> »Ein Zweig vom Baum des Lebens«
> *400 Seiten, Hardcover mit Schutzumschlag*

KREUZ: Was Menschen bewegt.

Das Ergrauen Europas – eine Zeitbombe?

»Gesellschaft scheitert am Problem der Überalterung. Sozialversicherung vor Bankrott. Offene Gewalt gegen Pensionäre. Altersheime brennen.« Horrorphantasien oder Zukunfts-Realität? Mohl, bekannt aus »Gesundheitsmagazin: Praxis« im ZDF, zeigt ein auf bedrückende Fakten gestütztes Szenario der Lebenssituation alter Menschen in naher Zukunft. Er ruft zum dringend notwendigen Handeln auf.

> Hans Mohl
> **Die Altersexplosion**
> Droht uns ein Krieg der Generationen?
> *220 Seiten, Paperback*

Lebenskunst beginnt mit Klugheit und Genuß.

Daß Lebenskunst und Gesundheit zwei Seiten einer Medaille sind, zeigt dieses Buch auf einleuchtende Weise. Heiko Ernst führt uns anhand neuester Forschungsergebnisse in eine Kunst des Gesundseins ein, die man lernen kann. Und die auch Spaß macht, weil sie ein Kontrastprogramm zur Anstrengungskultur unserer Zeit ist.

> Heiko Ernst
> **Gesund ist, was Spaß macht**
> Reihe DIE NEUE GESUNDHEIT
> *160 Seiten, Hardcover mit vierfarbigem Schutzumschlag*

KREUZ: Was Menschen bewegt.